죽은
숙녀들의
사회

죽은
숙녀들의
사회

유럽에서 만난
예술가들

제사 크리스핀 지음
박다솜 옮김

Berlin ●

Trieste ●

Sarajevo ●

South of France ●

Galway ●

Lausanne ●

Saint Petersburg ●

London ●

Jersey Island ●

창비

방황을
시작하며

시카고

Chicago

부엌에 경찰 두 사람이 서 있다.

그들은 나를 데려갈 작정이고 나는 그러지 않아도 된다고 설득하고 있다. 내 말이 통할지는 모르겠다. 왜냐하면 두 남자가 가스레인지 위를 보지 못하도록 몸을 천천히 움직이는 데 온 신경을 쏟으면서 논리적인 주장을 펼치기는 어렵기 때문이다. 어째선지 나는 역겨운 주황색 가루가 들어간 싸구려 인스턴트 맥앤치즈를 요리 중이었다는 것이 그들이 지금 여기 서 있는 이유보다 더 민망하다.

그들이 온 이유는 내가 친구와 통화 중에 무심코 목숨을 끊겠다는 말을 내뱉었기 때문이다. 전화를 끊고 나서 나는 바로 꼬리를 내렸다. 순전한 흰소리는 아니었다―그때 나는 엉망진창으로 겁에 질려 있었으니까. 하지만 남에게 자살하겠다고 밝힐 생각은 아니었고, 간단히 휴대폰을 끄는 것으로 자살 선언의 후폭풍을 피할 수 있을 줄 알았다. 그러나 친구는 내게 연락이 닿지 않자 우리 언니에게 전화를 했고 언니는 경찰을 불렀다. 경찰이 우리 집에 들이닥친 건 나를 응급실로 데려가 정신과 병동에 가두고 감시하기 위해서였다.

내겐 실제로 계획이 있었다. 자살을 열망하는 사람이 잘하는 건 딱 하나, 스스로를 제거할 정교한 계획을 세우는 일이다. 원래 계획은 혹시라도 누가 끼어들지 않도록 멀쩡한 척하는 거였지만 이제 신경 쓸 게 더 많아졌다. 섣부른 말실수에 계획이 죄다 어그러진 거다.

경찰에게 설명을 늘어놓는다. 휴대폰을 꺼둔 건, 미술관에서 차츰 어두워지다가 주황색과 노란색으로 흐릿하게 용해되는 세계를 그린 조지 이네스George Inness의 회화를 바라보며 눈물을 흘리고 있었기 때문이지, 하수구 세척제를 마시고 있었기 때문이 아니라고 설명한다. 게다가 내가 저녁을 차렸다. 목숨을 끊으려는 참에 굳이 저녁을 차리겠는가? 그러나 내가 저녁으로 뭘 요리했는지 들키면 인생을 포기했다는 사실까지 발각당하고 말리라.

잠시 병원 신세를 지며 다른 사람들에게 돌봄을 받는 것도 괜찮겠다는 생각이 드는 걸 보니, 하느님 맙소사, 내가 정말 지치긴 했나보다. 하지만 치료의 후환이 뻔했다. 내게 더 많은 빚을 떠안길 청구서, 적어도 일년은 잡아야 끊을 수 있을 약물. 나는 방 안에 갇혀서 담당자들에게 내가 여기로 보내진 게 실수라고 헛된 주장을 펼치는 악몽을 꾸곤 했다. 분명한 건 하나, 내게는 살 이유와 계획이 필요하고 그게 내 안에서 나와야 한다는 것뿐이었다. 새로이 안정적인 삶을 찾아나서든 상황을 담담히 받아들이든, 둘 다 남이 대신 해줄 수는 없는 일이니까. 확신하건대 내 목을 조르고 있는 건 내가 처한 상황이었다.

어떻게 확신하느냐면, 내 작은 성채를 아무리 견고하고 안전하게 쌓아올려도 ─ 꾸준히 수입을 늘리고 남부끄럽지 않은 집필 경력을 쌓고 결혼을 전제로 잘나가는 남자들을 사귀고 다양한 자극을 주는 사교생활을 해나가도 ─ 결국은 집에 가고 싶다는 생각이 흰개미처럼 모든 것을 갉아먹기 시작할 것이기 때문이다. 어째서 이곳은 집이 아닌가? 내 인생은 정말로 내 것인가, 아니면 남이 나를 위해 골라준 것인가? 이 모든 게 정말 나답긴 한가? 이런 질문들이 내 존재를 잠식해나갔고 마침내 나의 성채는 몇번이고 절망으로 붕괴했다. 나는 이년에 한번씩 정확히 똑같은 지점으로 돌아와 나의 작고 가여운 모래성을 정확히 똑같은 방식으로 다시 지어나가다가 그 성이 파도 한번에 쓸려나가는 걸 보고 망연자실하기를 반복했다. 달리 사는 방법을 몰랐기 때문이다.

경찰에게 이런 설명을 구구절절 늘어놓을 수야 없었으므로 나는 그 대신 내가 회복할 때까지 친구가 같이 있어주기로 했다고 말했고 (거짓말이었다) 꼭 의사를 찾아가겠다고 말했고

내가 이야기를 나누고 싶은 이들은 죽은 사람들이었다.
밤늦은 시각 내 곁을 지켜준 작가들과 화가들과 작곡가들.
나는 언제나 실을 끊어내고 방황한 영혼들에게 매료되었다.

(거짓말이었다) 잠깐 무력감에 빠졌을 뿐 상황은 점점 나아질 거라고 말했다. 침착하게 결심한 척, 안정적인 척, 제정신인 척을 하자 결국 경찰들은 내 부엌에서 물러났다.

자살 충동이 옳았을지도 모른다. 하지만 파괴되어야 할 건 살아 있는 내 육체가 아니라 내가 그 육체로 살아가는 방식이었다.

지도해줄 누군가가 필요했지만, 내겐 이런 사안에 대해 의지할 사람이 없었다. 기혼이고 직업이 있고 보험에 가입한 친구들의 삶을 지표로 내 삶의 지향점을 정하는 건 도움이 되기는커녕 썩 그만두는 편이 나았다.

내가 이야기를 나누고 싶은 이들은 죽은 사람들이었다. 밤늦은 시각 내 곁을 지켜준 작가들과 화가들과 작곡가들. 그들이 어떻게 해냈는지 알아야 했다. 나는 언제나 기존 인생을 말끔히 지워버리고 다른 곳에서 새로 시작한, 실을 끊어내고 방황한 영혼들에게 매료되었다. 그들이 어떻게 버텼는지, 어떻게 살아남았는지 알아야 했다. 그러나 이곳에서 할 수는 없었다. 해충과 설치류가 들끓고 가끔 이웃 사람이 미쳐서 망치로 벽을 뚫으려들고 매일 밤 창밖에서 총성이 들려오는 이 작고 불안한 아파트에선 불가능했다. 그 위대한 남녀에게 접근하려면 그들의 영토에 들어가야 했다. 그들이 이곳에 현신하길 기다리는 대신 내가 그들에게 가야했다.

필요없는 것들은 전부 두고 가기로 했다. 시카고의 아파트,

가구, 책, 남자들, 사교생활. 가져갈 가치가 있는 건 일거리가 유일했다. 십년 전 창간한 작은 문예지와 정기 기고문과 한줌이 될까 말까 한 원고 편집으로 들어오는 수입은 푼돈이었지만, 기차표와 중부유럽의 조잡한 아파트 월세를 대기엔 충분했고 일거리는 전부 노트북에 들어 있어서 움직임에 지장을 주지 않았다. 움직이지 못하는 건 오로지 나 자신이었다. 발길을 떼기 위해선 불필요한 것들을 하나씩 내팽개쳐야 했다. 어차피 내게 정말로 필요한 건 전부 몸에 지니고 갈 수 있으니까.

나는 유럽에 갈 것이고, 제물로 약간의 술과 내 과거 전체를 바칠 것이다. 그래, 죽은 이들과 대화를 나눠야 한다. 지금이라면 그들에게서 응답을 받을 수 있을지도 모른다. 나 역시 인생의 끝을 향해, 혹은 무언가의 끝을 향해 다가가고 있는 지금이라면.

방황을 시작하며

1
몰락한 이들이여,
이곳으로 오라

월리엄 제임스, 베를린

William James, Berlin

윌리엄 제임스
William James, 1842–1910

미국의 철학자이자 심리학자.
19세기의 가장 뛰어난 철학자 중 한명으로 일컬어지며
동시에 미국 심리학의 아버지로도 불릴 만큼
철학·종교학·심리학에 큰 업적을 남겼다.

종교적 문제의 진정한 핵심은 여기에 있다:
도와달라! 도와달라!
— 윌리엄 제임스 『종교적 경험의 다양성』

"베를린에 온 건 스스로 낙오자라고 느끼기 때문이죠."

고작 십분 전에 만난 이 남자는 벌써 나를 한 문장으로 요약할 줄 안다. 나는 옷매무새를 정돈했다. 삐져나온 브라 끈이나 자꾸 올라가는 치맛단이 내 속내를 폭로한 범인인 양. 사실 비밀을 누설한 건 그의 질문에 대답하지 못한 나의 멍한 시선이었던 것 같지만. "그래서, 베를린에 온 이유는요?"

추측컨대 그는 이 질문을 여러 사람에게 던져봤을 것이다. 길을 잃고 시차적응이 덜 된, 자신을 너무 드러내지 않는 법을 아직 모르는 사람들, 즉 베를린으로의 세번째 망명 물결에 오른 미국인들을 맞으면서 그는 같은 질문을 던졌을 것이다. 내 앞의 이 남자는, 친구들이 해외로 나가는 나를 걱정하며 건네준 이름 목록에 두번째로 적혀 있었다. 누구나 친구에게서 '네가 이사하는 도시에 사는 지인(믿을 수 있는 사람이라는 뜻은 아님)' 목록을 받지 않는가. 나는 혼자서 일주일을 버틴 뒤, 목록에 있는 모든 사람들에게 공황 상태에 빠진 이메일을 보냈다. 처음으로 답장한 사람이 이 남자였다.

예리한 지적에 나도 모르게 얼굴이 붉어졌나보다. 그는 곧바로 덧붙였다. "베를린으로 이주하는 사람들은 모두 낙오자라고 느껴요. 그게 우리가 여기 있는 이유죠. 좋은 친구들을 만나게 될 거예요." 나는 여전히 거북한 기분으로 메뉴판을 훑어보았지만 내가 아는 네개뿐인 독일어 단어를 찾는 데 실패했고, 주문을 받으러 돌아온 웨이터에게 별수 없이 아무 메뉴나 손가락으로 가리켜 보였다. 받고 보니 내가 시킨 것은 처음 보는 스위스 소다로, 맛이 애매했다. 탄산을 넣은 나뭇가지 맛이랄까. 썩 나쁘지는 않았다. 본디 내가 마시고 싶었던 건 알코올이 들어간 음료였지만 이미 벌거벗겨진 기분이라 실수를 인정하고 새로 주문할 기운이 남아 있지 않았다.

지금 시점에서 이 미국인 남자에게 위안을 얻을 것 같지는 않았다. 나는 장렬하게 실패했고, 바닥까지 몰락했으니까. 나는 내가 패배자라는 사실을 잔뜩 의식하고 있었으나 그는 꽤 잘 지내는 것처럼 보였다. 내 맞은편에 앉은 그는 자신 있고 여유로워 보였고, 독일어로 주문을 했다. 레스토랑 사람들은 그를 보고 반갑게 이름을 불렀다. 그는 작업 중인 예술 프로젝트에 대해 이야기했다. 이 무더운 칠월에 그는 땀조차 나보다 덜 흘리고 있었다. 그가 이윽고 털어놓은 이야기는 지난 십년 동안 이곳에 모여든 미국인들의 뻔한 이야기와 별반 다르지 않았다. 글과 미술과 음악을 포기하지 않고서는 뉴욕에서 먹고살 수 없어서, 월세가 저렴하고 국가의료보험이 있고 바텐더 일로 합리적인 생활비를 벌 수 있는 도시로 온 사람들의 이야기. 그는 아파트를 소유하고 있었다. 바닥재는 견목이라고 했다. 실패 같은 소리 하네.

　그와 대조적으로 나는 새 도시에 도착한 지 열흘이 되었지만 여태 갓 태어난 송아지처럼 비틀거리고 있었다. 나라는 사람으로 존재하는 게 거의 원자 수준에서 지겨웠다. 내가 해체되기를, 나를 한데 묶고 있는 화학적 결합이 약화되고, 나의 모든 조각들이 천천히 공기 중으로 용해되기를 바랐다. 내 소망은 더는 죽는 게 아니었다. 내 새로운 소망은 나를 둘러싼 환경의 무언가로, 좀더 튼튼하고 독일적인 원자들로 대체되는 것이었다.

　베를린에는 지치고 파산한 사람, 정신병 이력 때문에 보험 가입을 거절당한 사람, 예술적으로 고갈된 사람, 커리어와 영감과 가족관계와 야망을 서서히 잃어가는 사람을 불러모으는 무언가가 있다. 질주하는 차의 뒷좌석에 묶인 채 운전대를 잡으려는 악몽을 꾸는 이들이여, 이곳으로 오라. 카페가 많고 월세가 놀라울 만큼 싼 이곳으로 오라. 당신을 이해하는 사람들 사이에서 몰락을 끝마칠 수 있도록.

도시의 성격이 거주자들에게 영향을 미치고, 또한 어떤 주파수로 이주자들을 부른다고 치자. 특정한 방식으로 조율된 사람들은 영문도 모르고 그 주파수에 귀를 쫑긋 세우게 된다. 그들은 자신이 도시를 선택했다고 생각하지, 도시가 자기를 선택했다는 건 끝내 알지 못한다. 도시의 현실적 환경이 상징의 영역으로 배어난다고 치자. 도시가 하나의 용기이며, 우리는 각기 다른 점도의 존재들로 서서히 우리가 담긴 용기의 모양을 취한다고 치자.

그렇다면 베를린이 모래 위에 지어졌다는 사실을 어떻게 받아들이면 좋을까? 자연적 방어물과 큰 강과 풍부한 자원이 전무한 평원에 느닷없이 세워진 베를린은 존재해선 안 될 도시다. 그래서 베를린은 지난 수백년 동안 ─아니 그 이상의 시간 동안, 나폴레옹의 시대를 지나, 마녀로 의심되는 자들을 성문 앞에 줄 세우고 앙다문 이 사이로 찻물을 들이붓던 중세를 지나, 이 땅에 살던 사람들은 인간도 아니었다고 속삭이던 로마인들의 시대를 지나, 도기 조각들과 청동 도구 몇점만 남긴 선주민의 시대로 거슬러올라갈 때까지 ─약간 불안정했다. 베를린을 품은 국가가 당당하게 직선으로 행진해나가는 동안 정작 베를린은 끊임없이 붕괴되고 재건축되어야 했다.

베를린의 불안정성이 불안정한 사람들을 호출하는지도 모

른다. 중부유럽에 터전을 잡은 라우지처, 야스토프, 젬노넨 사람들. 이름도 없고 문자도 없던 이들. 이 땅을 오간 정복자와 피정복민들. 침입자와 방어자들, 그리고 전쟁과 질병으로 반토막이 난 인구. 이번 세기에 제비를 잘못 뽑아 희생양이 된 이들. 20세기에 들어서 베를린은 두차례의 세계대전과 그로테스크한 관념들, 경제 붕괴와 타국의 외면 사이에서 미친듯 요동치면서 불안정성에 박차를 가했다.

독일의 북쪽 끝인 여기서도 계절은 오고 간다. 싱그러운 여름 햇살은 신이 나서 새벽같이 사람들을 깨우고 밤늦게까지 자리를 지키며 모든 것을 푸르게 비추지만, 이윽고 동지의 어둠을 향해 끝없는 하강이 시작된다. 내가 이 도시에 도착했을 때 풍성하고 찬란한 아름다움을 꽃피우던 나무들은 계절이 바뀌자 잎을 떨구고 그 뒤에 가려져 있던 유일한 것, 1900년대 중반 소련 치하에 지어진 콘크리트 '건축'을 드러냈다. 태양은 우리를 피하듯 두터운 구름 장막 뒤에서 거의 얼굴을 내밀지 않았고 머뭇머뭇 구름 밖으로 나왔을 때조차 고작 현관등 수준의 빛과 열을 내뿜었다. 잿빛 하늘이 회색 건물들과 겨우내 회색으로 얼어붙은 보도와 잘 어울렸다. 어느 겨울밤, 아니 어느 겨울 새벽, 나는 미끄러운 보도에서 넘어졌다. 가볍게 취해 있었고 혼자는 아니었다. 바에서 만난 웬 남자가 떠돌이 개처럼 아무리 쫓아내도 굴하지 않고 집까지 따라오고 있었다. 그게 그의 유일한 유혹 전략인 듯했다.

베를린 거주 육개월 차였다. 나는 양손을 허리에 올리고 거친 선원의 말투를 따라하는 두살배기처럼 짜증을 냈다. "이 도시, 엿 먹으라고 해. 엿이나 처먹으라고. 제길, 내가 대체 왜 여기까지 왔지?"

꿋꿋이 내 옆을 지키고 있던 독일 남자가 말했다.

"당신 참 이상한 사람이군요."

"일어나게 도와주기나 해요."

•

그게 내가 서가에서 윌리엄 제임스의 에세이를 뽑아든 시점이었다. 그의 철학서에서 나는 친구와 멘토와 교수와 일종의 이상화된 아버지를 만났다. 내가 의지할 수 있었던 건 전쟁이나 묵직한 주제를 다룬 그의 주요작보다는 좀더 세속적인 주제의 작품들이었다 ─ 인생을 바꾸는 법, 인생을 바꿀 수 있다고 믿는 법, 아침에 침대에서 일어나도록 스스로를 설득하는 법, 쓸모없는 무지렁이가 되지 않는 법.

오늘날 제임스는 철학에서 묘한 인물로 여겨진다. 명성보다 영향력이 더 큰 사람, 실용주의 이론과 심리학에 한획을 그은 숨은 유력자. 대개 제임스를 읽는 건 데카르트나 칸트나 니체를 읽듯이 지성을 연마하고 연구를 하려는 목적이 아니다. 제임스를 읽는 건 제임스가 필요해서다. 그는 세상의 영광과 결

나는 인생을 두개의 여행가방에 증류해 담은 뒤
베를린에 왔다.
그게 비관의 행위였는지 낙관의 행위였는지는
아직 단정지을 수 없다.

핍, 재난과 아름다움을 고요히 이해한다. 철학자 제임스는 세상의 모든 슬픔과 폭력과 고통을 머리로 받아들이면서도 어떻게든 낙관을 유지한다. 세상의 나쁜 것들은 세상의 좋은 것들을 파괴하지 않는다. 단지 그 옆에 나란히 존재할 뿐이다. 그러므로 불가지론자였던 이 철학자를 사람들이 얼마간 종교적으로 대하는 것도 이상하지 않다. 신을 불러오지 않고도 세상에 대한 믿음을 복원시킬 수 있으니까.

나도 제임스가 필요해서 제임스를 읽었다. 죽은 그와 나 사이는 한세기만큼 벌어져 있지만 우리의 전기에는 같은 문장이 적힐 것이다. "베를린에서 바닥을 쳤다."

•

윌리엄 제임스가 베를린까지 온 까닭은 실패했기 때문이었다. 그는 화가가 되려다가 실패했고, 의사가 되려다가 실패했고, 모험가가 되려다가 실패했다. 아직 작가 직함을 달지 못했고 동정이었던 것도 거의 확실하다. 이십대 중반의 그는 무엇이 되고 싶은지 정하는 것조차 실패했음을 고통스러울 만큼 자각하고 있었다. 망설임과 회의에 붙들려 그는 제자리에 못박혀 있었다. 그러는 사이 곧 유명세를 얻을 올리버 웬들 홈스 주니어Oliver Wendell Holmes Jr. 같은 친구들은 결단을 내리고 커리어를 개척해나갔고, 곧 유명세를 얻을 동생 헨리는 잡지 『애틀랜틱』

*The Atlantic*에서 문학 견습생 생활을 시작했다.

한편 그는 뭐랄까, 도망쳤다. 처음엔 드레스덴으로, 다음엔 베를린으로. 공부를 더 한다는 명분이었지만 그건 아마 나이가 꽤 찼음에도 수입이 없었던 그가 부모에게 여행 경비를 받아낼 구실이었을 것이다. 아무튼 그는 수업에 한번도 출석하지 않았다. 대신 베를린의 하숙집에 틀어박혀 독일어를 공부했고, 길 건너 여학교 학생들의 다리를 목표물 삼아 망원경 관측법을 연습했고, 아래층에서 피아노를 치는 예쁜 여자를 꾀어내는 데 실패했다. 베를린 시기 그는 동생에게 보낸 편지에서 자살을 참으려는 매일의 투쟁을 암시했다.

제임스는 이때의 실패를 『종교적 경험의 다양성』에서 아는 사람의 이야기인 척 가벼운 픽션으로 그려낸다. (가상의 지인은 누구도 알 턱이 없는 프랑스인으로 설정했다.) 이 책에서 그는 자살 충동을 "절대적이고 완전한 절망. 온 우주가 압도적 공포라는 재료로 고통받는 자를 둘러싸고 응고시켜 어떠한 틈도 출구도 주지 않는 것. 단지 그것이 덮쳐올 때의 소름이 돋고 피가 식고 심장이 멎는 감각만이 존재하며 다른 어떤 생각도 느낌도 한순간조차 공존할 수 없는, 이해 불가능하고 지적으로 인식 불가능한 악"이라고 묘사했다. 그는 부모님께 보낸 편지에 어두운 기색을 약간 드러내긴 했으나 대개는 베를린에서의 생활에 관해, 구운 송아지 요리와 맥주와 음악과 철학에 관해 이야기했다.

윌리엄 제임스가 베를린에 머문 시기에 대해 베를린은 그의 이름을 딴 건물로 응답했다. 그가 가장 심하게 고통받고 고뇌한 장소에 영구적인 건물을 세운 것이다. 그럴 도리밖에 없었을지 모른다. 무수한 공포를 기록해야 했던 20세기 이래, 베를린에선 트라우마가 남은 모든 현장에 기념비를 세우는 것이 무의식적인 반사작용이 되었는지도.

아, 엄밀히 말해 건물은 아니다. 그보다는 작은 방에 가깝다. 나는 윌리엄 제임스 센터의 존재를 알자마자 이메일을 보내 방문 예약을 했다. 제임스의 시대에 유행했던 아름다운 붉은 벽돌로 지어진 대학 캠퍼스 강당을 머릿속에 그렸다. 주소를 쪽지에 메모하고, 교외로 가는 기차에 올라 포츠담 대학교로 향했다. 대학은 프로이센 왕이 노닐던 상수시 정원 바로 옆이었다. 정원을 가로지르는 큰길은 여전히 거대한 느릅나무로 장관을 이루고 있었으나 부지 대부분은 쇠락했다. 베르사유처럼 인기 있는 관광지가 아니라서 관리 수준도 어중간했다. 아름다운 장미정원은 지저분한 넝쿨에 둘러싸였고, 독일적인 직선들은 베를린 식으로 방치당한 끝에 흐릿해져 혼돈을 이루었다.

정원 문을 지나자 캠퍼스였다. 대강당에 들어가 계단을 오르고, 복도를 지나 왼쪽으로 한번 오른쪽으로 한번 꺾으니 목적지에 도착했다. 문은 작았다. 윌리엄 제임스 센터는 권위 있어 보이는 이름과 달리 한 사람의 작품이었다. 헤어 독터 프로페서 로기 귄나르손. 아니면 헤어 프로페서 독터였던가… 집에서 올바른 순서를 찾아보지 않은 걸 후회하던 참에 그가 입을 열었다. "로기입니다. 그냥 로기라고 불러주세요." 다행히 로기 박사는 독일식 명칭 체계에 얽매이지 않는 아이슬란드 사람이었다. 윌리엄 제임스 센터에 진열된 건 사실상 로기 박사의 사무실 비품이 전부다. 책상, 컴퓨터, 책장 몇개. 몸매가 호리호리하고 옅은 모랫빛 머리칼을 지닌 로기 박사는 망자들과 너무 많은 시간을 보낸 사람 특유의 매력적인 어색함을 지니고 있었다.

그는 이 센터에 제임스의 개인 서재를 재건해서 제임스가 곁에 뒀던 책들과 똑같은 책들을 자기 곁에 둘 계획이라고 밝힌다. 이는 학문적 행위로 위장한 종교적 행위, 내가 이해할 수 있는 행위다. 로기 박사가 내온 차를 마시며 우리는 우리의 좋은 친구 윌리엄 제임스에 관해 이야기한다. 제임스가 동생에게 보낸 편지와 일기장에서 언급한, 상처만 남긴 창녀와의 경험이 화제에 오른다. 제임스는 그 창녀에게 동정을 잃었거나 혹은 그러는 데 실패해서 더 큰 트라우마를 얻은 듯했다.

"딱한 사람이죠." 내가 말한다.

"그래요, 아주 딱해요. 여자 문제에선 완전히 가망이 없었죠. 하지만 앨리스 하우 기븐스Alice Howe Gibbens와 결혼한 뒤 베를린에서 치료받았던 허리 통증 등의 질병이 사라진 것으로 보입니다."

"동정인 채로 너무 오래 지내서 몸에 부담이 갔던 건가요?"

"그럴지도 모르죠. 참 안됐어요."

나는 로기 박사의 업무 시간을 방해하고 있지만 개의치 않는다. 그 역시 신경 쓰지 않는 것처럼 보인다. 가장 좋아하는 사람에 대해 대화를 나눌 상대가 있다는 게 위안이 되는 것이리라 짐작한다. 아니, '기꺼이' 대화를 나눌 상대로 정정해야겠다. 아마 그도 나처럼 주변 사람들에게 윌리엄 제임스를 마구 들이밀 테니까.

로기 박사는 윌리엄의 현실도피가 대중에게, 친구에게, 아버지에게 보이고 싶다는 막대한 욕구에서 비롯되었다고 말한다. 제임스는 세상에 "자신의 실재를 주장"하고 싶다고 편지에 적었는데, 대략 이십년이 지나서야 뜻을 이루었다.

"그렇다면 그가 마흔아홉살까지 첫 책을 출판하지 못했다는 건 어떻게 생각하세요?" 내가 느릿느릿 묻는다.

"설마요…" 로기 박사는 말문을 열었다가 머릿속으로 산수를 한다. "제가 알고 있었는데 깜빡한 것 같군요. 제 말은… 그는 자신이 결국 성공할 걸 몰랐으리란 얘깁니다."

우리는 조용히 앉아 찌꺼기만 남은 차를 마시고 우리 앞에 펼쳐진 긴 세월을, 불확실성의 무게를 생각한다. 늦게라도 꽃을 피울까, 불모지로 판가름 날까.

로기 박사가 말하기를, 제임스는 동료나 같은 분야의 연구자

몰락한 이들이여, 이곳으로 오라

에게서 편지를 받으면 초상화를 요구했다고 한다. 한 사람의 문장뿐 아니라 그의 전체를, 적어도 아주 약간의 인간다움을 보는 것이 중요했던 거다.

같은 의미에서 나도 윌리엄 제임스의 사진을 두장 가지고 있다. 첫번째는 베를린으로 이주했을 즈음 찍은 사진이다. 그는 시들시들하고 창백하고 내향적인 얼굴을 하고선 마치 한없이 움츠러든 사람처럼 카메라의 시선을 피해 옆을 보고 있다. 심연의 무언가가 부서진 것처럼.

몇십년이 지나 찍은 두번째 사진에서 그는 수염이 희끗희끗하고 주름살이 졌다. 얼굴에선 매력과 따스함과 지혜가 배어나온다. 이 사진 속 윌리엄 제임스는 무릎에 앉아 이야기를 듣고 싶은 사람, 비밀을 몇개 숨기고 있지만 가까이 가면 기꺼이 그 비밀을 들려줄 사람이다.

나를 매혹시킨 건 두 사진 사이의 간극이다. 제임스는 단순히 나이가 든 게 아니라 본질적으로 달라졌다. 전기 작가들이 (그리고 내가) 제임스가 밑바닥을 친 베를린 시절에 흥미를 느끼는 까닭은 두 제임스가 워낙 딴판이며 두번째 제임스가 너무나 훌륭한 사람이라서다. 역경이 우리를 더 나은 사람으로 만든다는 것, 그것이 우리의 본질을 제련하고 갈고닦는 숫돌이라는 건 우리 문화에서 가장 사랑받는 미신이다. 그러나 사실 결핍과 우울과 좌절된 야망과 고통은 멀쩡했던 사람을 배배 꼬아놓는다. 여기서 못된 주정뱅이와 제멋대로 구는 개새끼들이 태어난다.

제임스는 예외였다. 여자 관계에 있어서는 꾸준히 무능했을지 몰라도 (제임스가 앨리스와 결혼식을 올리기 전 몇달 동안 그녀에게 보낸 우스울 만큼 애끓는 편지들을 읽으면 와인 한병을 비우고 감상에 젖어 애인에게 보낸 메시지가 퍼뜩 기억날 거다) 그리고 우울의 무게에 이따금 발목을 잡혔을지라도 그는 힘든 시기를 품위 있게 극복했다. 그는 깊은 연민을 배웠고, 좋고 나쁜 경험들을 바탕으로 놀랍도록 인도적인 작품세계를 창조해냈다.

이러한 마법의 공식이 뭘까? 그의 변신을 당신의 지하 실험실에서도 편하게 재현할 수 있는 하나의 과학적 공식으로 추출할 수 있을까? 윌리엄 제임스의 사례를 모범 삼아 우리의 화학적 불균형을 연금술의 과정으로 변모시킬 수 있을까?

•

하나의 기질과 다른 기질이 번갈아 우세를 점하는 지그재그 형태로 존재하는 사람들이 있다. 정신과 육체가 싸운다. 그들이 원하는 것은 양립 불가능하다. 다스리기 어려운 충동이 심사숙고하여 세운 계획을 방해한다. 그들의 인생은 회개와 실수와 잘못을 만회하려는 노력으로 구성된 한편의 긴 희곡이다.

— 윌리엄 제임스 『종교적 경험의 다양성』

몰락한 이들이여, 이곳으로 오라

오늘날 제임스가 보았던 19세기의 베를린을 상상하기란 쉽지 않다. 그 사이 흐른 세월에 이 도시의 너무나 많은 부분이 돌무더기와 재로 스러졌다. 사진을 보고 과거의 도시를 상상할 수는 있으나 실제로 바깥 거리를 걸어보면 분명해지건대, 현재의 베를린은 과거와는 전혀 다른 도시다.

제2차 세계대전 이후 베를린의 지면은 대부분 불도저로 밀렸고 거기서 구해내지 못한 것들과 주인 없는 것들은 도시 근교 그루네발트에 버려졌다. 한때 주택, 빵집, 모자가게였거나 사람의 몸에 붙어 있었던 쓰레기더미는 땅속에 묻혀 자연의 품으로 돌아갔다. 그루네발트 인공 언덕은 이제 수상쩍게 어린 나무들로 뒤덮이고, 그 사이로 언덕을 오르내리는 산책로가 나 있어 공원이나 보호구역을 방불케 한다. 늪지대에 지어진 도시에 몇 안 되는 언덕 중 하나가 이곳이다.

독일인들은 표면적으로는 점잖은 루터교도처럼 보일지 모르나 그들의 심장에는 슈바르츠발트의 이교도 신앙부터 19세기 낭만주의와 반계몽운동의 자연숭배까지 아우르는 유서 깊은 나무숭배자가 산다. 아직도 독일의 음악과 미술에는 그 신앙이 녹아 있다. 제임스가 베를린에 도착하기 몇십년 전 보구밀 골츠Bogumil Goltz는 적었다. "악하고 지나치게 영리하고 지루하고 밝고 차가운 세상이 훼방놓고 복잡하게 만드는 것을, 신비롭고 마법적이고 어둡고 문명에서 벗어나 자연의 법칙에 충실한 푸르른 숲이 자유롭게 하고, 다시 좋게 만든다."

그러니 어쩌면 제임스의 베를린은 그루네발트에, 독일인의 유전자 깊이 새겨진 신비로운 소명에서 비롯된 모종의 정화의 식 속에 묻혀 있을지 모른다. 조용히 마음을 보듬는, 그러나 야 생 멧돼지가 출몰하는 그곳에.

•

슈테판이 술을 홀짝이며 내게 중요한 인생의 조언을 건네고 있다. 메모라도 해야 할 판이다. 슈테판은 오페라하우스를 직 접 건설하는지 건설을 감독하는지 하는 중이고, 그건 그가 중 요하게 대해야 하는 종류의 사람이라는 뜻이다. 그 앞에 놓인 작은 잔에는 독일 약초술이 담겨 있다. 가닛 빛깔에 물약 맛이 난다. 나는 프렌치 75를 마시고 있다. 후에 이 칵테일 이름의 어원이 풍작이 좋았던 연도가 아니라 제1차 세계대전에서 독 일군에게 쓰인 프랑스 대포라는 걸 알고 뒤늦게 멋쩍어지긴 했 지만. 그게 이곳 베를린의 바에서 내주는 프렌치 75가 기묘한 붉은 빛을 띠는 이유일까.

어두운 색의 목재와 붉은 벽지, 묵직한 커튼과 담배 연기에 뒤덮인 이 바는 1920년대에 문을 열었고, 주택지와 마주한 뜰 을 가로지르는 지름길을 통해 들어가면 더더욱 비밀의 공간처 럼 느껴진다. 구글 지도에선 막다른 골목처럼 보이는 곳에 아는 사람만 아는 길이 나 있다. 하지만 조금 돌아서 불이 밝혀진 상업지구를 통해 들어가면 이곳의 비밀스러움은 곧바로 퇴색된다. 외벽에는 영국인이 본 바이마르 시대 베를린을 미국인의 시선으로 옮긴 뮤지컬 「카바레」의 독일 버전 공연 포스터가 붙어 있다. 시카고의 예전 집과 이곳 사이를 밥 포시(Bob Fosse, 영화 「카바레」의 감독 — 옮긴이)가 이어 준다.

슈테판의 말에 집중하기 어려운 건 오늘밤 이곳이 소란스럽고 붐비기 때문만은 아니다. 바에는 운동화, 청바지, 진회색 후드티를 유니폼처럼 차려입은 백인 남자애들 한 무리가 맥주를 마시고 있다. 진짜 문제는 은빛으로 성스럽게 빛나는 슈테판의 머리칼이 너무나 아름다워서 나도 모르게 그의 머리를 쓰다듬을까봐 양손을 엉덩이 밑에 깔고앉아 있어야 한다는 거다. 망할, 방금 슈테판이 뭐라고 했지?

"베르톨트 브레히트Bertolt Brecht처럼 되진 말아요."

꽤나 이상한 조언이다. 우리 인생의 목표는 가능한 한 베르톨트 브레히트와 비슷하게 삶을 마감하는 것이어야 하지 않나? 조금 더 설명이 필요했다.

"브레히트는 로스앤젤레스로 이주한 뒤 영어를 배우려다가 너무 어려워서 포기했어요. 의사소통이 안 되니 매사에 시큰둥해졌고 곧 미국 자체가 싫어졌죠. 그의 일기를 읽으면 무슨 얘긴지 알 겁니다."

내가 이끄는 모든 대화의 주제가 윌리엄 제임스를 향하듯 슈테판이 이끄는 모든 대화의 주제는 베르톨트 브레히트를 향한다. 나는 그의 논지를 알아채고, 그의 흠잡을 데 없는 영어 실력에 조금 부끄러워진다. 지금껏 독일어를 배우지 않겠다고 고집을 피웠다. 미래가 불확실하다는 이유였다. 몇해만 머물고 떠날 거라면 굳이 독일어를 배워야 하나? 하지만 베를린 사람처럼 살아봐야 조금 더 오래 머물고 싶은지 어떤지 알 것 아닌가? 나는 사람들이 거는 말을 알아듣지 못할 때 굴욕감을 느끼지만 한편으로는 작은 비눗방울 안에 사는 것을, 지하철에서 들리는 대화를 이해하지 못해 무시할 수 있는 것을 즐긴다.

"브레히트의 일기를 읽어요. 그리고 독일어를 배워요." 슈테판이 재차 말한다.

•

그래서 나는 브레히트의 일기를 읽는다. 영어로 번역된 것이다. 그가 미국에 대해 쓰는 건 주로 FBI가 찾아왔다고 불평하기 위해서인데, 그게 영어를 배우기 어려웠던 것만큼이나 미국에 불만을 가진 이유일지도 모른다는 생각이 든다.

1942년 3월 23일, 그는 적었다.

이곳 사람들은 모두를 보편적으로 타락시키는 싸구려 예쁘장함에 취해 반푼이라도 문명화된 방식으로, 다시 말해 품위 있는 방식으로 살지 못하고 있다. 우팅에서 머물렀던 정원 딸린 집이나 심지어는 덴마크에서 지냈던 초가지붕 아래에서도 아침에 『갈리아 전기』를 훑어보는 게 가능했지만 여기서 그랬다간 순전히 우월감에 젖은 사람처럼 보일 거다. 스웨덴 리딩외에서는 스페인공화국의 실수에 대해 토론 모임을 열었고, 융달과 헤겔의 변증법을 논했고, 젊은 노동자로 구성된 가면극단이 공연하는 「당신의 철은 얼마입니까」를 관람했다. 핀란드 마를레배크에는 집을 둘러싼 자작나무 숲과 사우나를 마친 후 농장 저택에서의 커피 타임, 헬싱키 항만지구의 방 두개짜리 아파트, 여러 좋은 사람들이 있었다. 그곳엔 디드로와 멜레아그로스의 경구와 맑스를 위한 공간이 있었다. 여기선 꼭 수족관에 갇힌 아시시의 성 프란체스코, 프라터 놀이공원(혹은 뮌헨 옥토버페스트)의 레닌, 탄광 속 국화나 온실 속 소시지가 된 기분이다. 이 나라는 다른 모든 나라를 기억에서 몰아낼 만큼 크다. 이 나라에 희곡이 없었더라면, 혹은 이 나라 사람들이 희곡을 필요로 했더라면 희곡을 쓸 수도 있었을 것이다. 그러나 이 나라에는 희곡도, 희곡에 대한 필요도 있긴 하되 무시할 만한 수준이다. 이곳의 상업주의는 모든 걸 만들어내지만 그것들은 전부 판매 가능한 상품의 형태일 뿐이다. 이곳의 예술을 수치스럽게 만드는 건 교환가치가 아닌 유용성이다.

이 글은 베를린의 미국인 망명자 모임에서 어김없이 들리는 불평을 생각나게 한다. 독일인들은 공격적으로 참견한다, 위층의 초췌한 노부인이 항상 지켜보고 있으며 어쩌면 자신의 일거수일투족을 일지에 기록하고 있을지도 모른다, 독일인들은 길거리와 지하철과 심지어는 벌거벗은 혼성 사우나에서조차 빤히 쳐다본다, 개인공간을 존중하지 않는다, 일요일에는 식료품점이 닫는데 그건 어느 시점에 독일 정부에서 여자들이 일요일엔 가정에서 지내야 한다고 결정했기 때문이며 그 덕에 우유가 필요한데 사러 갈 수가 없다, 무단횡단을 하면 사람들이 대놓고 꾸짖는다, 제산제를 사러 약국에 갔다가는 약에 의존하기보단 건강한 식단을 영위하는 게 중요하다는 일장연설을 듣고 나올 게 뻔하다. 이런 불평들이 계속되다 보면 이따금 슈타지, 나치라는 단어가 튀어나온다. 부끄러운 순간이다.

그러나 새로운 문화에 내던져져 적응하지 못했을 때, 조국을 낭만화하고 싶은 충동에 면역이 있는 사람은 없다.(젠장, 거기선 사람들이 상식적으로 행동했다고.) 반면 새롭고 낯선 거처에 분노와 "듣도 보도 못한 짓거리군!" 같은 말로 대응하는 건 쉽다. 제임스가 독일어를 배우고 현지인들과 교류를 늘려나가는 만큼 그가 집에 보내는 편지는 점점 혼란스러워진다. "독일어는 지옥의 언어입니다." 그는 가족들에게 불만을 털어놓는다.

"독일어를 하려면… 나라는 인간이 지닌 모든 유형의 자산을 찾아내서 문장에 퍼붓고 또 퍼부어야 합니다. 그러다가 마침내 무언가가 무너지고 '이데아'가 스스로를 드러내기 시작할 때까지."

제임스의 경험이 내 경험과 조금이라도 유사하다면, 그는 분명 독일인에게 덤벼들기 위해 온갖 종류의 자산이 필요했을 것이다. 나는 독일 남자들과 하룻저녁을 보내고 나면 우리가 한 것이 데이트였는지 아니었는지를 판단하기 위해 몇시간에 걸쳐 그날 있었던 일을 속속들이 해부해야 했다. "그가 식사비용을 내긴 했지만 날 만지진 않았고 그런 데이트가 다섯번째인데 세상에 맙소사, 벌써 그의 가족을 소개받았다니 대체 우리는 무슨 사이지?"

한번은 답답해하는 나를 보다 못한 친구가 설명했다. "독일 남자는 좋아하는 여자를 만지지 않아. 존중하니까. 단순히 친구로 남고 싶어도 만지지 않아. 데이트 횟수가 열번을 넘기기 전에 널 만지는 남자가 있다면 그 사람은 널 별로 아끼지 않는 거야." 독일 남자들은 아름다운 불가해성을 갑옷처럼 두르고 앉아서, 내가 먼저 접근하면 냉담한 침묵만이 돌아올지 아닐지를 판별할 단서를 결단코 내보이지 않는다. 당황스러운 일이다. 누군가 손짓 암호라도 발명해주면 좋으련만.

제임스도 베를린 거주 시절 이곳 튜턴족 여자들에게 다가가보았는지, 그들의 초연함에 나처럼 얼어붙었는지 궁금하다. 그가 집에 보낸 편지를 살펴보면 그는 여자와의 사랑만큼이나 남자와의 우정에 목말랐던 것 같다. "베를린은 음산하고 불친절한 곳입니다. 이곳 사람들은 무례하고 품위 없지만 분명 내면에는 단단한 가치를 숨기고 있어요. 제가 아는 독일인은 일곱 사람뿐인데 죄다 엘리트입니다. 독일인 친구를 사귀는 건 무척 어렵습니다. 언제나 제가 먼저 다가가야 하고, 상대는 허물없는 친구와 격식 차린 예의범절의 교관 사이를 오가기에 결코 그들과 어떤 관계라고 정확히 단언할 수 없습니다.”

윌리엄 제임스는 안타까운 숙명을 타고났다. 본인의 말을 빌리자면 그는 외로운 사람이었기에 친구로 사귀고 싶었던 남자들과의 관계에서 불평등한 입장에 놓였다. 올리버 웬들 홈스 주니어에게 답장을 좀더 빠르게 해달라고 부탁한 데에서 욕심을 부리고 안달내는 태도가 엿보인다. 베를린에서 제임스는 홀로 비눗방울 속에 갇혀 남들과 소통하지도, 고국 사람들에게 자신과 소통해달라고 강요하지도 못한 채 영 좋지 않은 자신만의 세계에 빠져 있었다. 그가 운터덴린덴 거리에 양팔을 벌리고 서서 영혼을 통째로 드러낸 채 터무니없는 욕구를 질질 쏟아내고 있었다 해도, 독일인들은 그를 그냥 스쳐 지나갔을 것이다. 경멸하는 시선조차 던지지 않고.

•

제임스의 편지는 캠퍼스 밖으로 반출이 금지되어 있기 때문에 나는 나무 아래에서 그 편지들을 읽어나간다. 캠퍼스의 행복해 보이는 스무살 청년들은 친구가 올 때마다 뺨에 키스를 하고 옅은 미소로 서로를 반긴다. 슬슬 등이 아파와 그들과 나 사이의 나이 차가 실감날 무렵 나는 로기 박사의 사무실에 책을 반납하고 알렉산더 광장까지 기차를 타고 가서 일 킬로미터 이상을 걸어 집으로 간다. 타인 소유의 가구 몇점 외에는 텅 빈 아파트로.

차를 끓이고 이메일을 확인하고 나를 가둔 비눗방울의 흠집 하나 없는 매끈한 표면을 느낀다. 시간을 돌려 제임스를 외로운 하숙집에서 꺼내오고 싶다. 그가 곁에 있었으면 좋겠다. 하지만 나는 그의 이야기가 어떻게 끝나는지 안다. 제임스는 위대한 인물이 되기 위해 베를린에 조금 더 머물러야만 한다. 나는 어떠냐고? 제길, 내가 여기서 뭘 하고 있는지 모르겠다.

제임스를 다룬 전기 작가들은 저마다 베를린 시기를 조금씩 다르게 해석하지만 그가 나락으로 떨어진 원인이 그의 아버지, 헨리 제임스 시니어와 관련이 있다는 것에는 거의 대부분 동의하고 있다.

미리 일러두는데 나는 그의 아버지를 좋아하지 않는다. 솔직히 말하자면 나 자신의 문제를 그에게 투사하고 있다는 게 명확하다 싶을 정도로 극렬히 혐오한다. 내가 그를 항상 최악의 철학자로 평가한 건 죽을 때까지 독창적인 사고를 하지 못했다는 이유 때문만은 아니다. 그는 모두에게, 특히 장남과 차남에게 부조리할 만큼 높은 기준을 들이밀었으나 스스로가 전적으로 기준 미달이라는 건 끝까지 깨닫지 못했다. 그의 철학은 노동이 진정한 인간다움의 길이자 자족의 수단이라고 찬양하면서도 평생 아버지의 돈으로 먹고살았던 엄청난 위선, 또는 신학을 왜곡하여 음주와 욕망을 다스리지 못한 자신의 죄가 어찌 된 일인지 실제로는 신성으로 향하는 길이라고 주장한 자기 합리화였다. 그는 자식들이 자아실현을 하고 스스로 자기 길을 개척할 수 있도록 부모가 허락해야 한다고 설교했으나, 막상 자기 자식들에게는 절대적 복종과 존경을 요구했다. 한마디로 그의 철학이란 자기 회의나 의문에서 빗겨가기 위한 도피 수단에 불과했다.

　장남이었던 윌리엄 제임스는 아버지를 만족시키는 동시에 어느정도 존경할 만한 직위와 명성을 얻어야 한다는 엄청난 압박을 느꼈다. 실망시켜서도 실패해서도 안 된다는 부담감이 그를 짓눌렀다. 문제는 그의 아버지가 정의하는 실패의 외연이 점점 넓어졌다는 거다. 헨리 제임스 시니어는 윌리엄이 하려는 모든 일을 실패로 규정했다. 아들이 무언가에 가볍게 관심을 보이면 격려했으나, 실제로 목표를 세우고 구체적인 행동을 시작하면 갑자기 그가 선택한 분야가 별로 훌륭하지도 중요하지도 않으며 그의 뛰어난 잠재력에 미치지 못한다고 말했다. 그는 윌리엄이 전환점을 맞이할 때마다 이렇게 기를 꺾었고, 윌리엄은 아버지에게 인정받겠다는 일념으로 여러 직업을 전전했으나 그 목표는 루시의 풋볼처럼 손아귀에 잡히지 않았다(찰스 M. 슐츠의 만화 「피너츠」의 등장인물 찰리 브라운은 동생 루시의 풋볼을 잡으려 할 때마다 실패한다 ─ 옮긴이).

헨리 제임스 주니어는 아버지의 비뚤어진 기질을 알았으며 자식들이 그로부터 "어떤 대안이라도" 제쳐두지 말라는 메시지를 받았다고 회상했다. 그는 회고록에 이렇게 적었다. "우리는 그냥 무언가가 되어야 했다. 구체적인 행동 없이, 자유롭고 구속되지 않은 채로, 간단히 말해 우리가 택한 무언가보다 더 훌륭한 존재가 되어야 했다." 헨리 제임스 시니어는 이렇듯 아들들이 무한한 잠재력 속에 살길 원하면서도 결과를 내지 못하는 것에 대해선 가혹한 비판을 일삼았다.

동료에게서 "모든 사람에겐 그가 되어야 하는 사람이 되는 데 필요한 아버지가 주어진다"라는 말을 들은 적이 있다. 부스스한 머리에 보라색을 즐겨 입고 운명이니 숙명이니 하는 단어들을 부러울 만큼 진지한 투로 내뱉던 동료였다. 실제로 윌리엄 제임스를 특별한 사람으로 키워낸 건 그가 갈피를 잡지 못하고 흘려보낸 수십년의 세월이었다. 후에 그는 예술, 의학, 철학을 공부한 경험과 영적인 실험들과 심리학 연구를 한데 아울러 몸과 영혼과 정신에 뿌리를 둔 철학을 창조해냈다. 사람을 한 방향으로 몰아붙였다가 다른 방향으로 내몰며 미치게 하는 아버지가 아니었더라면 그는 자신의 잠재력을 최대치로 끌어올릴 수 없었을 거다. 그렇다고 해서 윌리엄 제임스 부자가 주고받은 서신을 읽다가 그 아버지에게 고함을 지르고 싶은 충동이 줄어드는 건 아니지만.

막 라트비아에서 돌아온 친구가 들려준 얘긴데, 러시아 사람들은 몸집이 벌새만 한 모기에 대처하기 위해 자신들이 먹을 음식과 가축 사료에 살충제를 마구 뿌린다고 한다. 기생충을 죽이려고 자신에게, 그리고 자신의 소유물에게 독을 먹이는 거다. 헨리 제임스 시니어 같은 아버지를 뒀다면, 러시아식으로 스스로의 미래에 독을 탈 수도 있었을 거다. 자격 없는 부모가 자식의 성공에 공로를 주장하지 못하도록 말이다. 하지만 나는 윌리엄 제임스보다 더 독기에 찬 사람이다. 그에게도 같은 생각이 들었을 것 같지는 않다.

•

내 지적 활동의 통로를 깊고 좁게 만들고, 내 미미한 에너지를 절약하고, 그럼으로써 내가 에너지를 쏟고자 하는 소수의 것들을 보다 존중하고 싶다는 강렬한 욕망을 생애 처음으로 지속적으로 느끼고 있다. 일시적인 기분일지도 모른다 (…) 그러나 실질적으로 내 구원이 (…) 이 계획을 따르는 데 달려 있다는 예감이 든다.

— 윌리엄 제임스의 베를린 일기에서

나는 인생을 두개의 여행가방에 증류해 담은 뒤 베를린에 왔다. 그게 비관의 행위였는지 낙관의 행위였는지는 아직 단정지을 수 없다. 나머지 물건들은 크레이그리스트를 통해 만난 새

친구들이 가져갔다. 나는 얼음을 넣은 보드카를 홀짝이며 "이걸 진짜 공짜로 준다고요?" 하고 묻는 질문들에 고개를 끄덕여주었다. 창고에 보관하거나 계획이 뜻대로 풀리지 않아 금방 돌아와야 할 경우를 대비해 친구에게 맡긴 물건은 없었다. 먼 훗날 돌아보면 그게 모든 차이를 만들어내는 결정적 순간일지도 모른다. 정말로 그런지 확인할 수 있을 만큼 멀리 떠나려면 아주 오랜 시간이 걸리겠지만. 타로점을 보다가 광대 카드와 맞닥뜨리면, 나는 우스꽝스러운 모자를 쓰고 작은 개를 데리고 다니는 광대, 우주가 자신을 잡아줄 거라고 믿으며 대담하게 낭떠러지 아래로 발을 내딛는 광대의 이미지에서 언제나 아득히 아래에 있는 바위에 부딪혀 갈가리 찢겨나간 시체의 모습을 떠올리곤 한다.

사실 물건을 전부 내버릴 계획까지는 아니었다. 짐을 꾸리면서 주위를 둘러보았더니 소유할 가치가 있는 물건이 다 해봐야 여행가방 두개에 들어갈 만큼 적었을 뿐이다.

제임스는 (그의 인생뿐 아니라 바깥세상에서도 모든 걸 바꿔놓은) 세계 최초의 심리학 교과서 『심리학의 원리』를 집필하고 몇년 뒤, 말년의 에세이에 적었다 ― 비관주의는 영적인 문제다. 이는 자기가 틀렸음을, 혹은 자기가 이미 죽었음을 확인해달라고 하늘에 기도하는 것이다. 어쨌든 현실주의자는 모든 사소한 결정들에서 무수한 가능성이 태어남을 안다. 골짜기 아래 나뭇가지에 몸이 꿰뚫리는 것도 물론 하나의 가능한 결말이지만 매번 필연적으로 일어나지는 않는다. 그토록 깊은 냉소주의는 "종교적 대답이 돌아오지 않는 종교적 요구"에서 비롯된다.

제임스의 주된 관심사는 인생을 풍부하게 사는 것이었기에 글에서 추상적인 주제를 거의 다루지 않았다. 비관주의에 대한 그의 논평은 독일에서 보낸 시기로부터 거의 삼십년이 지난 후에 쓰인 「삶은 살 가치가 있는가?」라는 에세이에 실려 있다.

"그는 우울해서 자살 충동을 느끼던 시기에 그 에세이를 썼어요." 커다란 호텔 침대에 나란히 누운 남자가 말한다. 내가 베를린에 오기 전, 대서양 저편에 남겨두고 싶었던 인생의 기억이다. 그때 걸친 파란 원피스가 어디로 갔는지 모르겠는데 사실 뭐 어찌 되었든 상관할 바 아니다. 우리는 내가 묵던 호텔 방에 올라와 있었다. 가쁘게 몰아쉬는 숨소리가 잦아들기도 전에 남자는 호텔 바에서 나누던 대화를 이어 윌리엄 제임스를 입에 올렸다. 한편 나는 어떻게 그에게 이만 떠나라는 뜻을 내비칠 수 있을지 고민하고 있었다. "아니면 자살 충동에서 슬슬 벗어나던 때였을지도 모르겠군요. 아무튼 그때 그는 젊은 학생들에게 강의를 하고 있었어요. 그가 그 에세이를 쓴 건, 해답을 찾고 있었기 때문이죠."

그해 사월의 제임스를 머릿속에 그려본다. 재킷을 벗고 셔츠 소매는 말아올렸다. 창백한 이마에는 송골송골 땀이 맺혔다. 손이 떨리는 걸 감추려고 강단을 꽉 잡고 있다. 그는 목숨을

몰락한 이들이여, 이곳으로 오라

제임스는 어스름 속을 헤매다가
문득 자신에게 삶의 방향을 직접 결정할
자유의지가 있음을 깨달았다.
"내가 처음 자유의지로 행한 건 자유의지를 믿는 것이었다."
그날 제임스는 일기에 적었다.
북극성을 처음 찾은 날이었다.

끊을지 말지 무척 진지하게 고민하면서 농담을 던진다(제임스는 "삶은 살 가치가 있는가?"라는 질문에 "그건 사는 사람(liver, '간'이라는 뜻도 있다)에 달렸다"라는 말장난으로 자답했다. ─옮긴이). 어쩌면 그는 베를린에서 떨어졌던 몰락의 구덩이를, "권총과 단도와 술에 지나치게 정신을 쏟던" 시기를 돌아보고 있었을지 몰랐다. 그 사이에 얻은 모든 것들이 ─ 첫 저서와 함께 얻은 명성, 아름다운 아내, 하버드대 교수라는 명예로운 직위가 ─ 결국은 공허하게 느껴졌을지도 모르겠다. 그가 성취한 것들이 그를 지탱해주지 못했다면 그 모든 게 진정한 가치가 있을까? 어쩌면 제임스의 입장에서 그것들은 이미 몇년 전에 해치워야 했던 과제에 불과할지도 모르겠다.

혹은, 그때 제임스는 멀쩡히 잘 지내고 있었는데 이 남자가 알지도 못하면서 아무 말이나 던진 걸지도 모른다. 별로 호감이 가지 않는 남자가 섹스 후 떠벌리는 말에서 '역사적 논증'을 기대해선 안 되는지도.

나와 남자와 윌리엄 제임스, 우리 셋의 관계는 왜 항상 이 모양일까? 내가 윌리엄 제임스를 읽기 시작한 건 내가 좋아했던 한 남자애 때문이었다. 삼베 목걸이를 한 남자애 ─ 그래, 그때 내가 안목이 참 없었다. 어느날 밤 그는 저녁식사 중에 느닷없이 『종교적 체험의 다양성』이 가장 좋아하는 논픽션이라고 말했다. 제임스의 이름을 들은 건 처음이 아니었다. 지난 몇달 동안 그의 이름은 어딜 가든 날 따라다녔다. 내가 읽는 책에 인용

몰락한 이들이여, 이곳으로 오라

되었고 친구들의 대화에서 언급되었다. 나는 무관심으로 일관했었다. 동부해안 출신의 죽은 백인 철학자, 그것도 하버드대 교수였다고? 나와 맞을 리 없군. 마침내 항복하고 『종교적 체험의 다양성』을 읽기까지는 잘생긴 얼굴이 (그리고 삼베 목걸이가) 필요했다. 그리고 모든 것이 달라졌다.

어쩌면 우주가 아무리 애써 우연의 일치를 만들어도 도통 알아보지 못하는 내게 짜증이 나서, 내가 키스하고 싶었던 바로 그 입에 메시지를 욱여넣었는지도 모르겠다.

·

나는 모래 위에 지어진 베를린의 내 집을 꾸미는 데 큰돈을 들이지 않았다.

"오페라하우스 지반이 내려앉고 있어요." 슈테판이 말한다.

"당연한 것 아닌가요."

내 소유물은 여전히 여행가방 두개에 조금 넘치는 정도다. 인터폴에게 쫓기는 국제 도피자처럼 항시 여권을 지니고 다닌다. 이 도시와 나의 관계는 매일 새로 조정된다. 기묘한 삶의 방식이다.

지난 삶을 주춧돌까지 헐어버리는 데서 오는 자유로움은 놀랄 만큼 빠르게 희미해진다. 비 한두방울이 떨어지기 시작하면 허름했던 옛 지붕이 그리워지고 만다. 내 것이 아닌 침대에 누워 잠 못 이루던 밤들, 내가 걸지 않은 그림을 물끄러미 바라보다가 윌리엄 제임스가 나타나기를 바라던 밤들이 있었다. 그리고 그가 왔다. 지난 삶을 돌이켜 볼 수 있는 좀더 나이들고 좀더 자신있는 모습으로, 쓰리피스 정장을 입고 파이프 담배를 피우면서. (이 파이프가 대체 어디서 튀어나왔는지 모르겠다. 우리 아버지와 헷갈리고 있는 걸까.) 때로 그는 침대 끄트머리에 가만히 앉아 내가 잠들 때까지 담요 아래로 발을 주물러주곤 했다. 때로 우리는 대화를 나누었다. 보통은 죽은 사람과 대화를 나누게 만드는 깊고 깊은 외로움에 대해 이야기했다.

그럴 때면 제임스는 상냥한 눈빛으로 나를 보았다. "어스름이라고 생각해라. 땅을 보고 길을 찾기가 무척 어려울 때지. 앞으로 어둠은 더 짙어지겠지만 그땐 하늘을 보고 길을 찾을 수 있을 거다."

제임스는 어스름 속을 헤매다가 문득 자신에게 삶의 방향을 직접 결정할 자유의지가 있음을 깨달았다. 이는 철학적 개념이었지만, 그가 처음으로 아버지에게 반항하고 자신에게 강요된 믿음을 거부하기 시작하던 시기에 그런 생각이 떠오른 게 순전히 우연으로만 여겨지진 않는다. "내가 처음 자유의지로 행한 건 자유의지를 믿는 것이었다." 그날 제임스는 일기에 적었다. 북극성을 처음 찾은 날이었다. 그는 그러고도 몇년을 어둠 속에서 비틀거리고 우울감에 젖어 있었지만 방향만은 잡고 있었다. 올바른 목적지를 향해, 하나의 확고한 방향으로 움직이고 있었다.

•

베를린에서 지낸 기간이 석달이 넘어가면 ─ 베를린 외국인 관청에 무사히 다녀오는 것을 기점으로 ─ 우리는 '네가 이사하는 도시에 사는 지인' 목록에 등장하기 시작한다. 오래 머무를수록 더 많은 목록에 등장하기 시작하고 우리와 새 이주민 사이의 연결고리는 약해진다. 우리는 그들에게 커피를 사주고 그들의 공황 상태를 진정시켜줄 것이다. 어떤 패턴을 습득하고 몇몇 간단한 질문의 대답을 단서로 사람들의 체류 기간을 어림잡는 능력을 얻을 것이다.

"물건은 미국의 창고에 두고 왔나요?" 대답이 '그렇다'라면 여섯달 안에 떠날 것이다. 다른 안전망이 있는 사람은, 첫번째 비자 면접을 보고, 겨울의 첫달을 보내고, 깨알만한 독일어로 적힌 의무건강보험 신청서의 첫 열 페이지를 읽은 후에 결국 그리로 떠나 안착할 가능성이 높다.

"여기에 아는 사람이 있나요?" 친구를 따라 왔다면 친구와 비슷한 시기에 떠날 것이다. 친구는 물론 떠난다. 이곳은 베를린이고 사람들이 떠나는 도시니까.

"그래서, 베를린에 온 이유는요?" 대답 대신 멍한 시선만 보내는 사람은 짧게 머물고 이곳을 떠날 것이다. 머릿속을 정리하는 데 필요한 최소한의 시간만 지나면.

베를린을 떠난 제임스는 미국으로 돌아가 중단했던 학업에 복귀했다. 그는 의학 학위를 마치고 하버드 대학교 교수가 되었다. 캠퍼스에 그의 이름을 딴 건물이 지어졌다. 나는 아직 집을 찾지 못했고, 이제 다시 떠날 시간이다. 와인 몇잔을 마시고서 트리에스테, 골웨이, 상트페테르부르크의 아파트 목록을 훑기 시작한다. 내가 베를린을 집이라고 불렀듯 새로이 '임시'라는 수식이 생략된 '집'으로 부르게 될 아파트는 이 중 어디일까. 그곳은 어떤 곳일까. 그곳에서 나는 어떻게 될까.

2

그녀는 천재의 아내가
되고 싶었을까

노라 바너클, 트리에스테

Nora Barnacle, Trieste

노라 바너클
Nora Barnacle, 1884-1951

작가 제임스 조이스의 뮤즈이자 아내.
그들이 처음 데이트를 했던 1904년 6월 16일은 조이스의 작품
『율리시스』에 등장해 전세계적으로 유명해졌고, 이후
'블룸스데이 Bloomsday'라 불리며 조이스를 기리는 날이 되었다.

아내들은 낯선 이가 되었다
내게는, 적이 되었다

— 에드나 오브라이언 Edna O'Brien

1904년 10월의 어느 저녁, 노라 바너클과 제임스 조이스James
Joyce는 더블린의 항만에서 시작된 긴 여정 끝에 트리에스테에
서 기차를 내렸다.

제임스가 숙소를 찾으러 간 사이 노라는 역사 맞은편 작은
공원에 짐을 내려놓고 자리를 잡았다. 그들에겐 계획이랄 게
없다시피 했다. 트리에스테에 대해 아는 건 대략의 지리가 전
부였다. 제임스는 순전히 망상으로 판명될 교사직 제안을 굴
뚝같이 믿고 앞으로 펼쳐질 미래를 자신하면서, 자신의 아내가
될 여자와 머물 장소를 찾아나섰다.

노라는 앉아서 기다렸다. 기다리고 기다렸다. 해가 넘어가도
제임스는 돌아오지 않았다. 주정뱅이와 한량들이 어둑해진 광
장을 배회하기 시작해도 제임스는 돌아오지 않았다. 깊었던 밤

이 지나고 새벽이 밝아와도 제임스는 돌아오지 않았다. 돈은 죄다 제임스 수중에 있었으므로 노라로서는 이 도시를 떠날 방도도 없었다. 그녀는 연인이 돌아오기만을 마냥 기다렸다.

노라를 그곳에 잠시 놔두자. 추위에 떨든 공황 상태에 빠졌든, 그녀를 그곳에 놔두자. 제임스도 어딘지 모를 곳에 잠시 놔두자. 전기 작가들은 그날 밤 그의 행선지에 대해 가지각색의 이론을 펼친다. 창녀들과 놀아나고 있었을까? 선원들과 한잔 걸치고 있었을까? 경찰서에 붙들려 있었을까?

그날 밤 정확히 어떤 일이 있었든 ─ 필요하다면 이 일화에 살을 붙이기 위해 가령 노라가 공원에 앉아 있는 동안 기온이 몇도까지 떨어졌는지, 해가 몇시에 지고 몇시에 떴는지, 바람이 어느 방향에서 불고 있었는지 전부 찾아볼 수 있겠지만 ─ 문자로 된 기록을 아무리 파헤쳐보아도 노라 바너클의 경험을 이해하는 데에 별반 보탬이 되지는 않는다. 괴짜 같은 남자 하나를 위해 막 유럽의 절반을 가로질러 온, 그러나 그 남자가 어떤 싸구려 창녀에게 홀렸다 해도 혼인관계가 아니라 법적으로 보호받지도 못하는 노라. 우리는 그녀의 머릿속을 채웠던 생각을 꺼내볼 수 없고 그녀가 느낀 감정을 차마 가늠할 수 없다.

그러나 이야기를 단번에 끝까지 말해버리고 싶지 않은 건, 노라보다는 나 자신을 위해서다. 예술가의 아내들은 대개 그런 취급을 받으니까.

아내라는 직위를 생각해보자. 커리어가 무르익은 시점에 팬이나 비서를 아내로 맞은 천재 남성 예술가들도 많지만, 그렇지 않은 경우 천재는 남자로서 여자와 결혼한다. 우리가 관객의 입장에서 숭배하고 희생하는 신적 존재가 아니라 차를 흘리기도 하고 진을 마시면 살짝 나약해지고 마지막 남은 1달러로 먹을 걸 살지 물감을 살지 고민할 때 가끔씩만 물감을 택하는, 육체를 지닌 남자로서 결혼한다. 관객에겐 보이지 않는 부분이다. 우리는 예술가가 취한 것은 보지 않고 내놓은 것만을 본다. 욕심 많고 속 좁은 우리 관객들은 생산에 보탬이 되지 않는 건 죄다 장애물 취급한다.

그래서 우리는 예술가의 아내에 대해 상반된 태도를 보인다. 아내가 예술가의 뮤즈이고 그의 말을 받아 적는 사람일 때, 아내가 예술의 촉매이자 산파일 때 우리는 그녀를 사랑한다. 아내가 바가지를 긁을 때, 자신과 아이들이 또 한번 추운 겨울을 굶주리며 보내지 않도록 제대로 보수를 주는 직업을 찾으라고 종용할 때, 술 마시고 깽판을 친다고 집밖으로 쫓아낼 때 우리는 그녀를 미워한다. 몇푼짜리 객석에서 우리가 보는 건 우리가 집단적으로 보기로 결정한 것뿐이다. 제일 좋아하는 예술가가 강간범, 주정뱅이, 나치, 가정폭력범, 살인범이라면 — 실제로 많은 예술가들에게 해당하는 얘기인데 — 우리는 복잡한 감정적 계산을 거쳐 그들의 회화를 미술관 벽에 걸고 그들의 책을 서가에 꽂을 이유를 찾는다. 인생을 바꿔놓은 그 작품에 접근할 수만 있다면 거의 모든 걸 정당화한다. 레프 톨스토이가 아내를 강간했다고? 윌리엄 S. 버로스는 아내의 머리에 총알을 박아넣었다고? 로만 폴란스키는 열세살 소녀를 항문 강간했다고? 큰 틀에서 생각해볼 때 그게 진짜 무슨 의미가 있는가?

하지만 아내는 다르다. 아내가 천재의 발목을 잡으면, 화가 나서 벽난로에 캔버스를 던져넣거나 무의식 속에서 어떤 시구를 떠올리고 있던 남편을 방해해서 그 구절을 아주 사라지게 만든다면 우리는 결코 그녀를 용서하지 못한다. 그게 지금껏 노라가 문맹, 재미없는 사람, 잡년으로만 그려진 이유일 거다. 노라가 저지른 대죄는 천재 제임스 조이스와 사랑에 빠지지 않았다는 거다. 그녀는 남자 제임스 조이스와 사랑에 빠졌다.

•

"노라 바너클은 그다지 흥미로운 사람이 아니다." 최고의 제임스 조이스 전기를 집필한 리처드 엘먼Richard Ellmann이 하나뿐인 노라 바너클 전기를 집필한 브렌다 매덕스Brenda Maddox에게 한 말이다.

엘먼의 말이 아예 틀린 건 아니다. 노라 바너클은 아일랜드 골웨이의 노동자 계급 가정에서 태어났다. 수녀원 청소부로 일하다가 더블린으로 이사했고, 거기서 제임스를 만났다. 그녀는 제임스를 따라 트리에스테로, 이어서 취리히로, 파리를 거쳐

다시 취리히로 갔다. 우리가 그녀에게 관심을 가지는 유일한 이유는 제임스가 그녀를 『율리시스』의 몰리 블룸과 『피네간의 경야』의 애나 리비아로 탈바꿈시켰기 때문이다. 두 사람이 만나지 않았더라면 노라는 필멸자인 다른 모든 여성들처럼 낡은 가족사진과 조상 계보에만 이름을 남기고 말끔히 사라졌을 것이다. 그러나 두 사람은 만났고, 제임스는 노라의 이야기와 그녀와 나눈 대화들, 그녀가 즐기던 야한 농담과 아일랜드 서부에서 보낸 유년기의 추억을 20세기 최고의 소설로 빚어냈다. 제임스는 우리가 노라를 보는 필터이자 노라가 세상에 입장할 수 있게 했던 필터다.

그러나 노라 바너클은 내가 아드리아해 한구석에 자리 잡은 소도시 트리에스테에 관심을 가진 유일한 이유다. 이 도시는 순전히 이곳에서 살고 죽은 위대한 남성들, 말하자면 유명한 남편들 때문에 이름을 알렸다. 제임스 조이스, 이탈로 스베보, 리처드 프랜시스 버턴, 스탕달. 트리에스테는 모든 광장과 도로와 골목과 계단에 그들의 이름을 붙여 행인들에게 기습적으로 전 남편들을 상기시킨다.

트리에스테는 아주 흥미롭진 않지만, 그건 대합 스파게티가 별로 흥미롭지 않은 것과 비슷하다. 트리에스테는 아늑하고 단순하고 내 몸 안에서 세로토닌을 분비시킨다. 내가 몹시 가파른 언덕 꼭대기의 엘리베이터 없는 건물 육층에서 지내지만 않았더라면, 몸무게에 십 파운드는 족히 보태주었을 유지방으로 내 몸을 보호해주기도 했으리라.

·

"저희 시스템에는 그런 장소가 없습니다." 다만 트리에스테
는 거기까지 가는 게 어려웠다. 독일 열차 시스템에 정식 기착
지로 등록되어 있지 않았던 거다. 아니면 내가 정확한 어순과
적확한 단어로 질문하지 않아서 직원이 내 말을 이해하지 못하
는 척하고 있거나. 독일인과 소통하는 건 긴 텍스트 어드벤처
게임을 하는 것과 같다. 목표가 성에 갇힌 공주를 구해내는 게
아니라 아파트에 불이 나가지 않도록 전기세를 납부하는 재미
없는 일뿐이라는 걸 제외하면.

"베네치아 근방인데요." 한때는 오스트리아령이었어요!라고 덧
붙이고 싶지만 나는 최근 양국 관계가 어떤지 잘 모르고, 굉장
히 강렬한 빨간색 조끼를 입은 철도국 직원을 공연히 도발하고
싶지 않아 그냥 입을 다문다.

"베네치아행 기차표는 있습니다. 거기서 트리에스테로 가는
표를 살 수 있을 겁니다."

"확실한 건가요, 아니면 그럴지도 모른다는 건가요?"

"베네치아에는 아마 트리에스테행 열차가 있을 겁니다."

설령 베네치아에서 길을 잃는다 해도 그게 인간적으로 심각
한 비극은 아니라는 판단하에 나는 즉시 알프스를 넘는 야간열

차를 예매했다. 트리에스테가 아직 존재하고 있길 바랐다. 사람들이 입을 모아 말하길, 트리에스테는 한창때를 지난 지 오래였다. 전성기는 제1차 세계대전 이전이었다. 오스트리아─헝가리 제국이 멸망한 뒤 트리에스테는 모두의 의식에서 눈 깜짝할 사이에 사라졌다. 도시가 물리적 형체를 유지할 수 있는 건 어쩌면 도시에 대한 정신적인 대화들, 생각과 담론과 기도와 글 덕분이다. 방치당하고 의식 밖으로 밀려난 도시는 바다로 녹아들어 지상에서의 영역을 잃는다. 그렇게 도시는 하룻밤새 환영이 될지도 모른다.

그러나 밤을 거의 새우고 유월 말의 무더위에 조용히 땀을 흘리며 개인 객실에서 눈을 떴을 때, 트리에스테는 그곳에 있었다. 승객 대부분을 내려놓은 기차가 모퉁이를 굽이도는 순간 나는 그 도시를 보았다. 바다가, 눈이 멀 정도로 반짝이는 바다가 눈앞에 펼쳐졌다. 기차는 트리에스테의 저주받은 합스부르크성을 지나 역으로 미끄러져 들어갔다. 나는 가방을 끌고 택시 줄에 서서 출구 맞은편의 작은 공원을 찾아 두리번거렸다. 트렁크를 깔고 앉은 빨간머리의 키 큰 여자는 없었다 ─ 다른 역이니 당연하다. 19세기에 노라가 기차를 내린 역은 더 남쪽에 있었다. 내 시야에 들어오는 사람이라곤 백주대낮부터 술을 마신 주정뱅이들, 그리고 드레드 머리를 하고 공을 차며 어딘지 모를 다음 정류장으로 데려가줄 버스를 기다리는 백인 남자애들뿐이었다.

내게는 구체적인 목적지가 있었다. 열쇠를 받을 주소와 내가 머물 아파트 주소. 새 아파트에는 플라스틱 그릇 두개, 깨진 유리잔 두개, 아마도 파티를 열고 싶을 때를 위한 포크 세개가 비치되어 있고 코르크 따개는 없다고 들었다. 그러나 거의 텅 빈 이 스튜디오 아파트는 한달 동안은 온전히 내 것이었다. 집세도 미리 지불했기에 곧장 짐을 옮기면 되었다. 택시 운전사는 내가 건넨 가방을 트렁크에 싣고 역을 떠났다. 공원 쪽으로는 뒤도 돌아보지 않고.

•

제임스를 따라 돌아다닌 도시 가운데 노라가 가장 좋아했던 곳은 트리에스테였다. 그때 트리에스테는 전성기를 구가하고 있었다. 이곳에서 노라는 천재의 아내가 아니었다. 단지 한 남자의 연인이었고, 두 아이의 엄마였다. 제임스는 이미 천재였을지도 모르지만 —— 여기서 『젊은 예술가의 초상』 집필을 마치고 『율리시스』를 쓰기 시작했으니 —— 적어도 바깥세상의 주목을 받기 전이었다. 여기서 제임스와 노라의 주변에는 시종들이 아닌 가족들이 있었다. 여기서 노라는 노라였지 몰리나 애나가 아니었고, 사람들이 남편에게 접근하려는 목적으로 그녀에게 관심을 가지는 척하지도 않았다. 조용한 도시 트리에스테에서 그녀에게는 자기 영역이 있었다. 그녀에게는 집이 있었다.

그녀는 천재의 아내가 되고 싶었을까

·

새 도시에 도착할 때마다 새로운 루틴이, 반복되는 일과가 필요하다. 그래야 도시는 스스로를 열어 보인다. 이틀 연속으로 같은 카페를 방문해 같은 메뉴를 주문하고, 도시의 산책로를 거듭 반복하여 걷고, 아침을 맞는 여러 의식 중에 하나를 선택하여 행한다. 트리에스테에서 내가 정한 루틴은 칵테일아워를 지키는 것이었다. 오후 다섯시면 잡지 일을 제쳐두고 삼십분을 걸어서 도심으로 향했다. 한 동네에서 다른 동네로 이동하는 건 트리에스테를 정복했던 수많은 이들의 영역을, 수많은 세기를 지나치며 걷는 일이다.

내가 머물고 있는, 이탈리아어가 통용되는 이 동네는 종전후에 지어졌다. 삼층 창문에서 할머니들이 싱크대에 연결한 호스를 붙들고 거대한 가슴을 흔들며 보도 옆 정원에 물을 준다. 베스파 스쿠터와 헤어젤, 발정난 가축의 냄새를 연상시키는 싸구려 향수가 습한 공기 중에 남아 안개처럼 달라붙는다. 젤라또 가게와 노천카페 옆 보도에서는 태양의 움직임에 따라 사람들이 차츰 그늘 속으로 의자를 옮긴다.

나무가 무성한 공원을 지나다보면 문득 언제 이곳에 자리를 잡았는지 알 수 없는 고대 일리리아인들이 원시의 모습 그대로 살아 숨 쉬는 듯하다. 뜨거운 태양이 모든 것의 표면을 정화시키고 본질의 향으로 증류시킨다. 나무와 흙 냄새가 풍기고 심지어 햇볕에 달궈진 바위에서조차 향기가 난다. 작은 공원을 가로질러 걷다보면 나도 모르게 고대 나무거주인의 유전자가 반응한다. 강렬한 흙내음이 폐를 채우고 내 안의 원시인을 깨운다. 바람이 일 때마다 변하는 냄새들이 해마영역을 파고들며 흘러갔던 순간들과 오래전에 죽은 사랑을 발굴해내고, 바람의 방향이 달라지면 또 새로운 냄새가 유년기의 부엌에서 한때 살아 있었던 동물의 구운 고기에 손가락을 찔러 넣던 기억을 불러일으키고, 이윽고 정신을 차려보면 나는 또다른 시공간에 있다.

도시 중심부에 가까워지면 여러겹의 문화들이 기대 있는 첫 문명의 잔해가 나타난다. 고대 로마시대의 도시 테르게스테(Tergeste, 트리에스테의 옛 이름 ― 옮긴이)다. 가장자리는 부스러졌고 기둥들은 무너졌다. 도금한 모자이크와 성인들의 유골, 성모 마리아와 우리의 구세주 예수 그리스도에게 바쳐진 제단이 있는 중세 교회 바로 아래에는 주피터와 주노와 미네르바에게 바친 신전이 있었다고 한다. 그 밑에 또 누구를 숭배하는 제단이 있었는지는 모를 일이다. 50센트의 헌금, 촛불, 소, 여자, 그 전엔 무엇이 제물로 바쳐졌을까. 여기서 읊조리는 기도를 듣고 있는 건 누굴까.

미로처럼 얽히고설킨 중세의 골목을 빠져나와 카르소 고원까지 이어진 베네치아식 계단을 내려가면 오스트리아―헝가

그녀는 천재의 아내가 되고 싶었을까

리 제국 시대의 드넓은 광장이 펼쳐진다. 직선과 직각, 미심쩍은 취향의 공공 분수, 빛나는 하얀 건물들. 뎅강 잘려나간 이곳은 트리에스테다. 그러나 여기서도 오스트리아 레스토랑에서 오찬을 즐기고, 야외에서 땀을 뻘뻘 흘리며 묵직한 오스트리아 맥주를 들이키고 사워크라우트와 슈바인학센을 만끽할 수 있다. 고통스러워 보이는 몸짓을 하며 화이트와인을 홀짝이는 여자들은 카페가 아니라 해변에 있는 것처럼 구는데, 시멘트 석판 위에서 구워진 그들의 몸은 마치 짙은 색의 얇은 거죽이 뼈 위로 팽팽하게 당겨진 것 같다. 생강을 넣은 핌스 칵테일 한잔을 시키자, 곧 과일을 아무렇게나 던져넣은 술잔이 나온다. 큰 그릇에 담긴 포테이토칩도 나오는데, 아마 늦은 오후 몸에서 빠져나가는 소중한 염분을 보충하라는 배려이리라 짐작해본다.

칵테일에 정신을 빼앗기지 않았더라면 나는 더 걸어 나폴레옹 시대의 트리에스테까지 가서 그가 도시의 안쪽에 낸 길을 걸어봤을 것이다. 내친김에 트리에스테를 단순히 'Trst'라고 쓰는 곳, 도로 표지판이 이탈리어와 슬로베니아어로 병기된 산등성이 너머까지 갈 수도 있다. 이 도시의 아파트 대문에 적힌 이름들은 방랑하는 표류선의 승객 목록이나 다름없다. 이탈리아어, 독일어, 문자 위에 춤추는 꽃가루처럼 강세 부호가 얹힌 프랑스어와 슬라브어까지.

술 한잔과 찬 생선 요리로 세상은 전부 괜찮아진다. 잊힌 도시에서 광활한 시간이 스스로를 펼쳐놓는다. 이곳에선 모든 시간을, 앤티크 상점 쇼윈도에 진열된 나치 시대 기념물로 표상되는 가장 어두운 순간마저도 사랑할 수 있다. 여기 사람들은 놀랍게도 우리만큼이나 인간적이고 연약하므로, 전부 사랑할 수 있다. 안달복달할 필요도, 무언가를 힘겹게 추구할 필요도 없다. 썰물이 앗아간 것을 돌려줄 때까지 여유롭게 기다리자. 미친듯 부는 바람이 우리를 흔들도록 놔두고 온 세상을 사랑하자. 흉곽을 가득 채운 그 사랑을 더는 감당할 수 없어서, 조금 덜어내기 위해 술 한잔을 더 주문할 때까지.

●

그러나 우리는 트렁크 위에 걸터앉은 노라 바너클을 남겨놓지 않았던가. 홀로 어둠 속에 남은 노라의 이미지를 중심으로 글을 써서는 그녀의 내면으로 들어갈 수 없다. 노라 바너클은 대체로 빈 공간, 죽은 공기다. 조이스가 편곡한 방식에 따라 그녀를 노래할 수 있을지 몰라도 원곡은 사라졌다. 그녀는 자신을 글로 표현하는 데에는 무관심했고, 한때 존재했던 편지와 덧없는 기록들은 여기저기를 전전하다가 버려지거나 훼손되었다.

사람들은 빈 공간에 잘 대처하지 못한다. 무의식적으로 그 공간을 우리 자신으로, 그곳에 있으리라 추정하는 것으로 채운다. 노라는 불행에 처한 천재의 아내였고 우리 독자들은 (심지

노라가 저지른 대죄는
천재 제임스 조이스와 사랑에 빠지지 않았다는 거다.
그녀는 남자 제임스 조이스와 사랑에 빠졌다.

어 그녀의 전기 작가마저도) 그녀를 멋대로 상상한다. 그리고 그녀에게서 우리가 보고자 한 것을 어떻게든 찾아내고는 놀란다. 나는 내 모자를 노라의 머리에 얹고 말한다. "우린 모자 취향이 똑같군요!"

나는 계속해서 그날 밤 노라의 빈 공간을 나 자신의 생각으로 채워넣고 말한다. "우린 아주 비슷한 생각을 하는군요!"

제임스와 무관한 노라만의 이야기를 찾고 싶지만 쉽지 않다. 그녀의 편지는 몇 통 남아 있지 않고 일기도 없다. 노라와 제임스가 주고받은 지저분하기로 악명 높은 편지들은 제임스가 쓴 것만 남아 있어서 오로지 제임스의 답신을 보고 노라가 무슨 말을 적었는지 추측할 수 있을 뿐이다. 그녀의 삶은 수화기 반대쪽, 영영 들리지 않는 쪽에 있다.

그러나 모두가 기억되고 싶어하는 건 아니다. 노라는 내 흑마술이 짜증스러울지도, 나의 피와 칼로 그녀를 불러내려는 시도가 달갑지 않을지도 모른다.

나를 신뢰하지 않겠다면 그건 옳은 결정이다. 뛰어난 작가들에게 매료되어 멀쩡히 존재하는 그의 아내와 자식들을 무시한 어떤 문학시대의 정부情婦가 다른 문학시대의 뛰어난 작가의 아내와 화해를 시도하다니? 내가 노라의 머릿속에 들어가려 할 때마다 길이 사라지는 것도 무리는 아니다. 자기가 살았던 시대에 노라는 나 같은 여자들을 알았을 거다. 나 같은 여자에게서 자신과 자신의 가족을 보호해야 했을 거다.

그녀는 천재의 아내가 되고 싶었을까

어느날 칵테일을 마시고 집에 돌아오는 길에, 갑작스레 들이친 돌풍 때문에 눈에 뭔가 들어간다. 빼내려고 서툴게 눈을 비비다가 그만 각막을 긁고 만다. 몇시간 만에 고통은 극심해지고 아주 희미한 빛조차 견딜 수 없을 지경이 된다.

시력을 잃을까 겁이 난다. 나는 이탈리아에서 건강보험에 들지 않았고 의사에게 내 말을 이해시킬 자신도 없어서 자가 치료를 하기로 한다. 며칠 동안 오른손으로 얼굴 반을 가리고 돌아다닌다. 가까스로 글씨를 읽을 수 있게 되자 바로 인터넷을 검색해본다. 물론 검색 결과는 내가 시력을 잃을 거라고 말한다. 수돗물로 눈을 씻다가 기생 아메바가 뇌에 들어갔을 가능성이 있다는 말도 있다.

친구가 내게 메시지를 보낸다. "눈 한쪽이 안 보인다고? 너 조이스를 흉내내는 데 너무 심취한 거 아니니?"

스카이프로 통화하던 중 연인이 나를 보러 이탈리아에 오겠다고 말한다. 그때 나는 빛을 차단하기 위해 오른쪽 눈을 가린 채 펜나이프로 와인 코르크를 따려고 분투하고 있었다. 나는 그를 믿지 않는다. (그를 믿는 게 겁이 나서다.) 나는 그의 타로 점을 봤다. 그 안에는 내 자리가 없다. 그와 대화하는 내내 오른쪽 눈에서 눈물이 멈추지 않고 줄줄 흐르는데, 그건 마치 감추려는 걸 무의식적으로 폭로하고 마는 프로이트적 말실수를 시각화한 것 같다. "지금 울어?" 그가 묻는다.

"아니." 사실 맞아.

●

노라가 겪은 사건들 중 제임스와 무관한 건 두 연인을 잃은 경험이다. 물론 우리가 이 사실에 관심을 갖는 유일한 이유는 제임스의 탁월한 소설 『죽은 사람들』 때문이다. 이 소설에서 아내는 남편에게 자신의 진정한 사랑은 죽은 사람이라고, 그러나 그건 남편을 만나기 전의 일이었다고 고백한다. 두 연인의 죽음은 노라가 연이어 겪어야 했던 수많은 충격의 일부에 불과했다. 노라는 유년 시절 일곱번이나 이사를 했고, 종국에는 어머니에게 버려져 할머니에게 맡겨졌고, 알코올에 절어 있던 아버지에게 내팽개쳐졌다. 그리고 두 구혼자가 각각 장티푸스와 결핵으로 죽었다.

노라는 어떻게 그 모든 일을 겪고도 버림받는 두려움에 몸서리치고 비명을 지르고 난동을 부리는 사람이 되지 않았을까? 아니, 그녀도 버림받는 게 두려웠을지 모른다. 노라에 대한 기록이 많이 남아 있지 않을 뿐이다. 우리는 종종 침묵을 강인함으로 해석하는데, 그렇다면 입을 앙다문 채 미소 짓는 얼굴 외에 다른 문자 기록은 남기지 않은 아일랜드 여자보다 더 조용하고, 더 강인한 사람이 어디 있겠는가?

이것이 제임스와 노라의 삶이 결국 극단적으로 상호의존적인 형태로 자리매김한 이유일지도 모르겠다. 두 사람은 서로 상대방 없이 존재할 수 없었다. 제임스는 노라의 빈자리를 견디지 못했고, 그녀가 없을 때면 앉아서 그녀의 경험과 기억을 책으로 적어 내려갔다. 노라는 제임스의 음주 문제와 빈곤, 방황을 묵묵히 견뎠다. 자신의 글쓰기를 돕기 위해 불륜을 저지르라고 부추기면서 동시에 성적 질투심에 불타는 괴상한 태도조차도 견뎠다. 하지만 다시 생각하면 두 사람의 관계는 상호의존적인 게 아니라 그저 '연애'였을지도 — 자기계발 문화에 물들어 연애가 '건강하고' '솔직하고' '충만한지'를 끊임없이 평가하는 우리가 두 사람을 있는 그대로 보지 못하는 것뿐일지도 모른다. 같은 맥락에서, 버림받는 것에 대한 두려움 역시 그저 '인간다운' 것인데 우리가 모든 감정에 병명을 붙이게 된 것뿐일지도 모르겠다.

•

일주일이 지나고 눈이 나았다. 눈물이 멎어서 손바닥으로 얼굴을 반쯤 가리고 다니는 것도 그만뒀다. 나는 뉴욕에서 온 연인을 만나러 로마에 간다. 남쪽으로 향하는 기차 안에서조차 그가 나타날지 확신할 수 없다. 약속한 시각 직전에 문자메시지가 올지도 모른다. 자세히 보면 설명이 모호하다는 것을 감추기 위해 격한 감정과 당황을 가장한 사과의 메시지가. 나는 그를 맞을 준비로 며칠을 보냈다. 손톱과 머리와 옷매무새를 다듬고 점검했다. 이 만남을 완벽하게 만들고 싶었다. 그러면 이번엔 그가 편지 한장만 남기고, 혹은 공항에서 전화 한통만 걸고 떠나는 대신 내 곁에 머물러줄지도 모르니까. 이번엔 내 곁을 떠나지 않을지도 모르니까.

나는 모범적인 정부다. 향수를 뿌리고, 예쁘게 차려입은 옷은 그를 만나자마자 벗어버린다. 어디 다녀왔는지 누구와 있었는지 혹시 내가 없을 때 신뢰를 저버릴 만한 행동을 했는지 묻지 않는다. 그가 물으면 나는 몸도 마음도 정숙했던 척을, 이미 찌꺼기에 익숙해진 사람이라서 내가 손에 넣을 수도 있었던 주인 없는 애정들에 솔깃하지 않았던 척을 한다. 언제든 어디서든 타인의 애정에 마음이 흔들릴 여지가 없는 척을 한다. 나는 그가 마음껏 나를 가르치도록, 내 옷차림을 허락하도록 놔두고 그에게 황홀한 섹스를 선사한다.

연인은 내게 아내의 존재를 숨기고 있지만 나의 일부는 말하지 않아도 그녀를 안다. 그가 내 옆에 누워 있을 때 나는 그에게 전화를 걸고, 또다른 내가 그 전화를 받는 꿈을 꾼다. "뭐

하러 그 사람과 얘기를 하려고 해? 그 남자, 널 갖고 노는 중이
야." 아침에 나는 그 이상한 말에 웃음을 터뜨리고 내가 아는
사실을 어떻게든 머리에서 털어버리려 한다.

나는 침대에 누운 그를 물끄러미 보고, 내 곁의 그를 느낀다.
그의 몸은 밤이면 저도 모르게 내 몸을 찾는다. 잠자리가 불편
하거나 잠이 안 와서 뒤척이다가 그를 깨울까봐 그에게서 떨어
지면 그는 무의식중에도 침대를 기어 내게로 온다. 그게 무슨
의미인지 내가 차마 의심할 수 있겠는가? 다시 잠에 빠질락 말
락 할 때, 모든 방어막이 내려간 순간 생각 하나가 스멀스멀 뇌
리에 떠오른다. 어쩌면 그의 잠든 몸은 내가 그녀인 줄 착각하
고 있는 거라고.

하지만 나는 대체로 의심과 꿈이 침묵을 지키도록 놔둔다.
침묵을 지킨 덕에 나는 로마에 왔다. 프로세코 햄을 먹고 그라
파 술을 마신다. 중세의 도금을 연상시키는 금빛 구두를 선물
받고, 성스러운 장소들을 돌아다니며 내 귀에 속삭여지는 세계
사 강의를 즐긴다. 양 내장 튀김과 수제 파스타면을 섞은 음식
을 먹는다. 관능적인 냄새가 우리 사이의 테이블을 메운다. 나
는 그가 대담무쌍하게 음식으로 돌진하는 걸 관찰한다. 웃고,
내 웃음에 표정이 밝아지는 그를 본다. 나는 그의 몸과 뛰어난
두뇌에 접근할 수 있다. 나는 나만의 뮤즈를, 이야기와 언어와
역사를 쓸 대상을 얻는다. 나는 황홀한 섹스를 만끽한다.

하지만 그가 아내를 숨기고 있다는 건 알 수 있다. 왜냐면, 다

시는 이런 짓을 하지 않겠노라고 맹세했음에도, 그와 있을 때 내가 정부의 모자를 쓰고 행동하기 때문이다. 나는 정부처럼 느낀다. 고로, 그러므로, 정부다. X면 곧 Y다.

정부 차림이 내게 얼마나 잘 어울리는지, 그것이 얼마나 내게 안성맞춤이고 내 얼굴을 돋보이게 하는지 모르는 척하고 싶다. 아내 흉내를 낼 수도 있지만 그런 차림은 내게 잘 맞지 않는다. 나는 궁금하다. 이토록 오랜 시간이 흐른 지금까지도 내게 가능한 선택지가 이 둘뿐인 것처럼 보이는 건 어째서일까.

그는 나와 함께 트리에스테까지 왔다가, 삼주 동안 머무르기로 했던 걸 갑자기 한주로 줄이고 곧 떠나야겠다고 말한다. 나는 그가 그녀에게로 돌아간다는 걸 모르지만, 사실은 안다. 나는 정부의 모자를 벗고 분노에 으르렁대는 작은 맹수로 돌변한다. 그가 내게 거짓말을 하기 때문이다. 그는 내가 그의 아내라고 말하지만 그의 환상과 내 현실 사이의 간극은 화해가 불가능하다. 둘 사이의 틈이 내 뇌를 가로질러 위험한 정신분열을 일으킨다. 나는 내가 받아들이지 못하는 진실의 속삭임을 듣고 유령 여인의 모습을 보지만, 그는 내가 틀렸다고, 내가 보고 있는 건 환각이라고, 자기에겐 나뿐이라고 말한다. 그런 적 없고, 너뿐이고, 우리는 잘될 거라고. 그는 내게 '우리'라고 말한다.

공항 가는 길 수상버스에 한쌍의 부부가 마주 앉아 있다. 남자는 쭉 뻗은 팔을 난간에 얹고 지배자의 자세로 온 세상을 굽어본다. 여자는 무릎에 놓인 가방을 양손으로 꼭 쥐고 보트가

그녀는 천재의 아내가 되고 싶었을까

움직이는 내내 바닥에서 시선을 떼지 않는다.

보트가 멈추자 여자는 좌석에서 엉덩이를 떼고 보트 반대쪽에 앉은 남편을 본다. "여기야?"라고 묻는 표정이다. 남자가 왕처럼 기품 있게 머리를 젓자 여자는 다시 자리에 앉아 조심스럽게 자기 영역을 지킨다. 핸드백, 좌석, 발밑의 고무 매트를.

보트가 다음 정거장에 멈추자 똑같은 행동이 반복된다.

연인과 나는 그 부부보다 먼저 내린다. 두 사람이 벌이는 연극을 관찰하는 동안 명확해진 게 있다. 긴장으로 예민해진 아내 옆에 앉지 않은 그 남자는 아내에게 목적지를 알려주는 수고조차 하지 않았다.

연인과 작별인사를 나누고 나는 공원을 가로질러, 보이진 않지만 어디선가 빽빽한 전자음처럼 울어대는 매미 떼를 뚫고 집으로 향한다.

그는 나를 역 앞에 남겨두고 그가 집을 구할 때까지, 나를 문턱 너머로 데려갈 때까지 짐을 지키고 있으라고 말한다. 그러고선? 그는 그에게 꼭 필요한 사람한테 돌아간다. 일주일 동안 나를 보물처럼 애지중지하다가 딱 일초 만에 내가 쓰레기에 불과하다는 사실을 폭로한다.

나는 숄을 바짝 여미며 긴 기다림을 대비한다.

•

과거에는 전기 작가들이 아내에 대해 품는 경멸에 공감했었다. 많은 아내들을 가정주부라고, 임신 호르몬과 주방용 세제 과다 사용으로 둔감해진 여자들이라고 경멸했다. 고양이 스웨터만큼이나 좁고 무겁고 아늑한 삶을 경멸했다.

친구들이 아내로 변신하는 걸, 남편을 위해 자기 존재의 일부를 닫기 시작하는 걸 목도했다. 남편의 소망을 위해 자신의 소망을 포기하는 사례들을 봤다. 아내의 소망이 부부의 소망과 달랐기에 직업과 성과 모국과 뱃속의 아기를 포기하는 걸 봤다. 나도 그런 여자의 손에 길러졌다. 부부라는 단어 자체가 상대를 끌어당기지 않고서는 어느 쪽으로도 움직일 수 없는, 서로 얽힌 채 실로 기워진 두 사람을 떠올리게 한다. 나는 아내로서의 삶이 어디까지 나빠질 수 있는지를 보았기에 이를 바탕으로 아내의 삶 자체를 경멸했다.

노라와 제임스의 신혼은 찬란했다. 그녀는 남편을 위해 일말의 안정성을 포기했고 그 대가로 모험을 얻었다. 여행을, 천재를 얻었다. 별다른 야심 없는 서아일랜드의 청소부가 자기 힘으로 손에 넣지는 못했을 것들이다.

그러나 모험에는 공포라는 쌍둥이가 따라다닌다. 제임스가 후원에 생계를 의존하고 있었기에 부부의 재정 상태는 큰 기복에 시달렸다. 두 사람이 법적 혼인관계가 아니라는 걸 알게 된 집주인들에게 쫓겨나기도 했다. 두 사람은 이 나라 저 나라를 전전했다. 그들의 딸 역시 그만큼 정신적으로 불안정해서 어머니에게 집기를 던지고 불장난을 하곤 했다. 한때 두 사람이 나누었던 열정은 자연스럽게 소진되었다. 손가락질 받으며 동거를 시작한 커플은 결혼생활이 지속되자 섹스리스가 되었다.

그 사이 두 사람이 서로에게, 서로를 위해 수행하는 역할이 고정되기 시작했다. 아내 노라는 제임스가 벌어오는 황당하리만큼 적은 돈으로 살림을 했다. 남편 제임스는 새벽까지 술집에서 동료들과 어울렸다. 그래서 제임스는 주정뱅이가, 노라는 바가지 긁는 아내가 되었다. 여러 기록에 의하면 제임스는 병나발을 불고 노래를 하며 술집을 나서는 행복한 주정뱅이였다고 한다. 하지만 주정뱅이가 되기를 택한 사람의 배우자에게 남은 역할은 바가지 긁는 아내밖엔 없다. 배우자가 또다시 바닥에 엎드려 움직이지 않는 게, 또다시 의식을 잃고 누군가의 등에 실려 돌아오는 게 뭐가 재미있다는 건지 이해하지 못하는 유일한 사람.

달가운 얘기는 아니지만 우리는 환경과의 상호작용으로 빚어지고, 우리가 믿는 바위처럼 견고한 자아란 사실 쉽게 침식된다. 취약하다. 그래서 몇년 동안 누군가에게 똑같은 방식으로 쫓기면 몸의 자세가 아예 달라진다. 반응은 반사가 된다. 자세는 굳어진다. 충분히 오랜 시간이 지나면 몸이 이제 다른 방향으로는 구부러지지 않는다는 걸 깨닫는다.

트리에스테의 바람 속에서 사는 건, 그때 그 도시의 아내로 살던 내가 기억하기에 주정뱅이와 사는 것과 조금은 비슷했다. 창문과 문이 경고 없이 쾅 닫힌다. 가끔은 몸이 벽에 내동 댕이쳐진다. 나갔다 돌아오면 물건들이 죄다 제자리에서 벗어 나 있다.

그렇다고 해서 창문을 막아버릴 수는 없다. 내부 공기는 텁 텁하고 답답해지고, 곧 혼돈이 그리워진다. 혼돈에 이미 익숙 해진 거다. 그래서 창문을 막는 대신 바람을 다스리려 애쓴다. 전략적으로 문과 창문을 열고 닫는다. 문이 쾅 닫히는 소리를 죽이려고 완충재를 쓴다. 적에게 직통 공격선을 절대 내주지 않는다. 말없이 어질러진 물건들을 주워 담으며, 진짜 강풍이 일 때를 대비해 진짜 저항을 아껴둔다.

트리에스테에서 보낸 어느 밤 나는 귓전을 때리는 불협화음 에 잠에서 깼다. 강풍으로 인해 우리 집과 건물 전체 그리고 옆 건물의 덧문이 죄다 헐거워져서 외벽에 부딪치며 광적인 굉음 을 내고 있었다. 창가로 나가니 바로 눈앞의 바다에 번개가 내 리꽂혔다. 천둥의 습격이 온몸으로 느껴졌다. 나는 몸을 움츠 렸다가 심호흡을 하고 다시 창문 앞에 서서 덧문과 덧문을 고 정시킬 밧줄을 찾아 손을 뻗었다. 창밖에는 물이 벽을 이루었 고—수평으로 움직이는 그날 밤의 물줄기는 일반적인 비의 모습과는 전혀 달랐다—나무들은 어디론가 사라지고 없었 다. 아니, 알고 보니 위치를 옮긴 것이었다. 나무들은 마치 머리 채를 잡혀 끌려가는 사람처럼 몸을 구부리고 땅과 평행하게 누 워 있었다.

기어이 덧문을 묶어서 닫고 다른 사람들이 똑같은 과업을 수행하는 걸 지켜보던 중, 반대편 덧문도 열린 걸 알았다. 나는 두 손으로 귀를 막고 침대로 기어들어갔다. 막연히 겁을 먹고 있었음에도 쉽게 잠이 들었다. 몇년째 내겐 이런 상태가 완벽히 정상이었으므로.

•

내가 남자였으면 좋았을 거다. 그랬다면 리처드 버턴이 됐을 텐데. 하지만 나는 고작 여자라서 내가 될 수 있는 건 리처드 버턴의 아내다.

— 이자벨 버턴이 가족에게 보낸 편지에서

트리에스테에 오래 머물수록 나는 버턴 부부가 살았던 카르소 고원에 물리적으로 그리고 비유적으로 이끌린다.

트리에스테는 리처드 프랜시스 버턴Richard Francis Burton에겐 어울리지 않는 집이었으며 그가 숨을 거둔 곳으로는 더더욱 어울리지 않는다. 성과 신비주의를 탐험하며 모험으로 넘실대는 삶을 산 위대한 남자, 스물아홉개 언어를 유창하게 구사하고 여러 산에 이름을 붙인 남자가 이 보수적인 오스트리아-헝가리 제국의 벽지에서 영사관 공무원으로서 삶을 마감했다니. 가톨릭교도였던 아내 이자벨 버턴Isabel Burton은 두 사람이 내세에도 결합할 수 있도록, 저항하지 못하는 리처드의 시신에 마지막 의례를 거행했다. 고요하나 전혀 가톨릭답지 않은 시신에, 마치 신을 교묘하게 속이려는 마법을 행하는 것처럼. (나중에 이곳에서 이자벨은 리처드의 마지막 원고 ─ 그의 대단한 커리어 중에서도 최고의 업적이 될 거라는 소문이 돌던 그 원고를 불길에 던져넣음으로써 오늘날까지 수세대에 거친 버턴 연구자들과 독자들에게 저주를 사는 이름이 되었다.)

트리에스테에는 버턴의 흥미를 자극할 것이 거의 없었다. 자신이 남보다 더 똑똑하고 나은 사람이라고 일평생을 자부하며 살고 정부에서 일자리도 얻으면, 이렇게 지루하고 비좁은 곳에서 생을 마치게 된다. 바다와 오페라와 맛 좋은 음식과 대륙으로 들어가는 열차 시스템과 북아프리카로 나가는 항구가 있는 이곳은 그를 제외한 모든 사람에게 천국처럼 느껴졌을 테다. 그러나 변장이 더 편한 남자, 낙타를 타고 사지로 들어갔다가 웃으며 나오는 게 일상이었던 남자에겐 그렇지 않았다.

리처드 프랜시스 버턴은 사이즈가 작은 옷처럼 그를 옥쥔 도시 트리에스테에서 지루함에 몸부림치며 거듭 휴직을 신청했지만, 이곳에서 인생에서 가장 중요한 작업을 해내기도 했다. 가구가 잘 갖춰진 근사한 저택에서 하녀 겸 연인이 아닌 정식 아내와 살면서 그는 정규 근무 이외의 시간에 『카마수트라』와 『아라비안 나이트』를 번역했다. 그는 바로 이곳에서 동양을 서양으로 데려왔다. 서양인들은 그의 역서를 음란하다고 나무라

더니 한부도 남기지 않고 사들였다.

이자벨의 입장에서는 얘기가 달랐다. 그녀는 길들여진 야생 동물이라기보다는 잠들어 있던 야생의 유전자를 발굴해낸 집 동물이었다. 명성과 작위와 가문의 저택을 물려받았지만 땡전 한푼 없는, 흔한 19세기 귀족 가문의 착하고 참한 딸이었던 그녀에게는 결혼 상대를 잘 골라 가문의 부를 메꿔야 한다는 임무가 있었다. 상속받을 유산과 아리따운 외모와 입을 모아 매력적이라고 칭송받는 성격 덕분에 구혼자들이 줄을 지었다. 그러나 그녀에게 모여든 남자들은 지루했다. 그녀는 모험을 원했지만 '고작 여자라서' 모험을 떠나려면 모험가 남편을 얻는 길밖에 없다고 결론을 내렸다.

리처드 버턴이 되고 싶은 욕망을 이해한다. 그처럼 용감하고 대담해지고 싶지 않은 사람이 어디 있겠는가? 소말리아를 탐험하다가 얼굴에 창을 맞고, 후에 모든 초상화에 당당하게 상처를 그려넣고 싶지 않은 사람이 어디 있겠는가? 영국의 동료들이 진이나 홀짝이며 케케묵은 얘기들을 몇번째 되풀이하고 있을 때 원주민 언어와 모든 방언을 익혀 현지 여인을 유혹하고 싶지 않은 사람이 어디 있겠는가?

그러나 리처드 버턴의 아내가 되고 싶은 욕망도 이해한다. 모험에 직접 몸을 내던지는 대신 모험과 결혼하고 싶은 것이다. 이미 정해진 집에 짐만 가지고 들어가고 싶은 욕망. 외국 땅에서 그곳 언어로 일처리를 할 줄 알고 길을 정하고 낙타를 끌어주는 사람을 따라가고 싶은 욕망. 타인이 지도를 그릴 때는 용감해지기가 훨씬 쉽다.

이자벨의 용기를 깎아내리려는 건 아니다. 그녀 시대에 말라리아와 부족 간 분쟁 속으로 뛰어들고 불편한 잠자리를 자청했을 여자는 드물다. 리처드 버턴과 결혼한다는 건 곧 자신의 모든 용기가 행동이 아닌 반응으로 구현된다는 뜻이다. 여기엔 평생 작은 수레에 앉아 남편이 끄는대로 끌려다니는 기분을 느껴야 한다는 단점이 있다. 그러나 이자벨도 신뢰하고 이해하는 힘이 대단한 사람이었음이 분명하다. 그래서 내겐 리처드보다 그녀가 더 수수께끼다.

잊지 말아야 할 건, 욕구를 충족시키기 위해 독신 생활을 포기하는 것도 일종의 용기라는 거다.

⠄

트리에스테의 열기는 경악스러울 만큼 강렬하고 뻑뻑하다. "보통은 이렇게까지 덥진 않아요." 마시모가 내게 말한다. 우리는 물가와 마주한 레스토랑에서 대합 스파게티를 먹고 있다. 해가 졌지만 아직도 땅에서, 몸에서 열기가 뿜어져나온다. 심지어 머리 위의 백열전구에서도 견딜 수 없는 열기가 쏟아지는 듯하다.

나는 정화의식을 치르는 양 땀을 쏟아낸다. 몸은 흡수한 와인을 바로 당으로 변환시킨다. 여기선 취하려야 취할 수가 없다. 술을 한병, 두병 비워도 액체는 곧장 피부 밖으로 배출되어 애꿎은 원피스만 몸에 달라붙게 만든다. 그래도 직전에 견뎌야 했던 습하고 축축한 독일의 봄에 비하면 그럭저럭 즐길 만한 날씨다. 나는 항복을 즐기고 있다. 하나의 육신이 되는 걸 즐기고 있다.

마시모에게 무시무시한 폭풍우에 잠에서 깼던 이야기를 들려주었더니 겨울엔 더 심하다는 설명이 돌아온다. "꼭 중부유럽의 모든 공기가 이 작은 공간을 깔때기 삼아 대륙을 탈출하려는 것 같아요." 바람은 계절마다 명칭도 성격도 다르다. 해변으로 산책을 나갔다가 바람에 휩쓸려 바다에 빠지는 신세를 면하려면 일기예보를 확인하라는 충고를 듣는다. 마시모는 나를 집에 데려다주는 차 안에서 포트와인의 역사와 그것이 얼마나 긴 여정을 거쳐 대서양을 건너는지에 대한 이야기를 들려준다. 내가 읽은 책들이 머리에 남아 있어서, 그와 결혼하면 어떨지 상상하지 않을 수 없다. 양성적으로 보이는 그의 성정체성은 아직 미지수지만 말이다. 리처드가 이자벨에게 그랬듯, 제임스가 노라에게 그랬듯 마시모가 내게 새로운 세상을 열어줄까? 와인과 해상 여행에 통달하고 타고난 언어적 재능을 지닌 통역가 마시모가 데려다주는 세상은 어떤 곳일까? 나는 조수석에 앉아 그의 목소리로 내 머릿속에 그림을 그린다.

나는 언제나 이렇게 남자들을 동반자가 아니라 문처럼 대우

나는 내 힘으로 트리에스테에 왔다.
트리에스테행은 내가 결정한 일이고 기차표도 내가 번 돈으로 구입했다.
이 근사한 장소까지 지도를 그린 사람도,
낙타를 이끈 사람도 나 자신이다.

했던가? 그들의 고유한 자질보단 그들이 내게 열어줄 수 있는 세계에 초점을 맞추었던가? 내가 사랑하는 남자들을 평면적으로 대하는 부당한 시각인 걸 알면서도 나는 상상을 멈출 수가 없다. 나는 내 연인을 사랑하지만 새로운 남자를 만날 때마다 그가 데려다줄 멋진 신세계를 함께 여행하는 정교한 환상에 젖는다.

나는 내 힘으로 트리에스테에 왔다. 트리에스테행은 내가 결정한 일이고 기차표도 내가 번 돈으로 구입했다. 이 근사한 장소까지 지도를 그린 사람도, 낙타를 이끈 사람도 나 자신이다.

그러나 나의 이자벨은 어디에 있는가, 나는 묻는다. 같이 짐을 끌고 이국 땅에서 내 동지가 되어줄 사람은 어디에 있는가. 머릿속에서 작은 목소리가 속삭인다. 그녀를 나타나게 하려면 우선 내가 리처드 프랜시스 버턴임을 인정해야 한다고.

●

트리에스테의 분위기는 "난 뭘 하고 싶은지 모르겠어, 넌 어떤데?"라고 묻는 듯하다. 이 도시는 이탈리아와 슬로베니아 국경에 위치하고, 과거 이탈리아령이었던 구역은 크로아티아와 매우 가깝다. 다만 당시 그 나라가 이탈리아라는 이름으로 불렸는지는 확실치 않다. 지도를 펼쳐놓고 타임라인을 되짚다보면 이탈리아라는 국가가 얼마나 젊은지 자꾸 잊어버린다. 나는 미국인이기에 국가란 느릴지라도 직선으로 나아가는 것, 넓어지되 좁아지지는 않는 것으로 생각하는 데 익숙하다. 반면 유럽인들은 변화하는 국경과 계속해서 갱신되고 수정되는 지도에 익숙하다. 새로운 선들이 그려지고 기존의 선이 지워지고 국가라는 거대 자아들이 연거푸 쪼개지고 나뉜다. 이 땅도 오스트리아―헝가리 제국이 존재하던 시대에는 그 대제국에 속해 있었다.

하지만 이곳은 한때 베네치아 땅이기도 했다. 또 한때는 영국에 속했다. 유고슬라비아와 소련이 이 땅을 두고 옥신각신 다툰 적도 있다. 더 먼 과거에는 로마제국에 속했다. 미국의 지배를 받은 적도 있다. 트리에스테는 자유항으로 남을 기회가 두번 있었으나, 자유에 따르는 책임을 회피하고자 매번 그 직후에 나타난 구혼자에게 스스로를 자물쇠로 묶었다. 그렇게 나타난 구혼자가 이탈리아여서, 지금 이곳은 이탈리아 땅이다.

"이제 지겨워, 우리는 우리대로 살 테니 점령을 그만둬"라고 말하며 무기를 들었던 위대한 트리에스테 저항자들에게 바쳐진 기념물 따위는 없다. 오늘날 이 도시에는 하루가 무섭게 공식 언어와 화폐와 국기가 바뀌던 긴 방황의 시기를 감내한 사람들이 남아 있을 따름이다. 살고 싶은 나라의 국경 안쪽으로 옮겨 간 사람들도 있었지만, 대다수는 어깨를 으쓱하며 돈을 환전하고 달력에 새로운 국경일을 표시했다.

노라의 시대, 이자벨의 시대에 아내가 되는 것도 이와 크게 다르지 않았을 거다. 사태의 전개에 대해 발언권 없이 그저 닥치는 상황에 자신을 내맡기는 것. 아내가 떠나지 않는 건 충절과 헌신, 불확실함에 대한 불안, 그리고 현실을 거부하고 국경을 넘어 방황하는 것에 대한 적잖은 공포 때문이다. 한 자리에 머물면 삶의 외적 구조가 아무리 혼란스럽더라도 최소한 일상을 보내는 가장 작은 단위 ― 식료품을 사는 상점, 아침잠에서 깨어나는 침대 ― 만큼은 안정적이다.

모든 여자들이 머물렀다는 건 아니다. 노라는 코코 샤넬Coco Chanel과 동시대를 살았다. 이자벨은 거트루드 벨Gertrude Bell과 동시대를 살았다. 하지만 때때로 떠나는 여자들이 있었다 해도, 개인인 동시에 여성이었던 그들에게 쉬운 일은 아니었다. 그게 다른 사람들의 의지를 꺾어놓았다.

'만약 그랬더라면'을 상상하는 병을 앓았던 건 어느 쪽일지 궁금하다. 이자벨은 결코 뒤를 돌아보지 않았다. (그녀가 결혼식 날 스스로에게 내린 폭넓고도 세세한 지침 가운데 특히 마지막 열일곱번째 지령이 눈에 띈다. "모든 걸 계속 움직이게 하고 절대 아무것도 멈추지 마라. 침체야말로 그를 가장 싫증나게 할 거다.") 노라의 머릿속에 어떤 회의감이 깃들어 있었는지 우리는 결코 모를 거다. 그녀는 한번 도망친 적이 있다. 제임스의 심각한 음주 문제와 재정적 불안정 때문에 한참 고생한 뒤였다. 그러나 가출이 오래가지는 않았다.

트리에스테도 많은 후회를 했을 것 같지는 않다. 유고슬라비아의 끔찍했던 20세기 후반을 코앞에서 지켜보았으니.

트리에스테 꼭대기의 산마루에는 위압적인 크기의 사다리 꼴 구조물이 있다. 슬로베니아 국경에서도 보일 만큼 거대하고, 밤이면 아래에서 조명을 켜서 우주로 위협적인 광선을 쏘아올린다. 처음에 그걸 보고 내게 반사적으로 떠오른 생각은 이랬다. 아, 저기가 지하세계의 신들에게 처녀들을 제물로 바치는 곳인가보군.

"아, 저거요?" 마시모는 어깨 너머로 구조물을 흘끗 보았다. 다행히 그가 축축한 주둥이에서 유황을 내뿜는 지옥견으로 돌변하는 일은 없었다. "성모 마리아에게 바쳐진 기념물이에요. 유고슬라비아의 무신론자 공산주의자들에게 그들이 뭘 놓치고 있는지 똑똑히 보여주기 위해 지은 거죠."

"그다지… 연민이 느껴지진 않네요."

"그래요. 오히려 불길한 느낌이죠? 대체 무슨 생각이었는지 모르겠어요."

·

아내의 존재가 밝혀졌다. 연인이 그녀의 이름을 실수로 흘린 것이다. 나는 구글을 뒤져 그녀를 찾아내고 확인차 이메일을 보낸다. 그녀는 답장한다. 또 답장한다. 한번 더, 또다시. 매일 아침 일어나면 아내가 보낸 작은 편지 다발이 나를 기다리고 있다. 나는 이제 그녀에 대해 모든 걸 안다. 그녀는 내가 자신을 안쓰럽게 여기고 물러나리라는 희망으로 스스로의 치부를 드러내고 있다. 반면 나는 정보를 드러내지 않도록 조심하면서 가장 사소한 것들만을 밝힌다. 대개는 거짓말을 한다.

아파트 와이파이가 끊기는 건 축복이다. 새소리(쉴 줄 모르고 비명을 지르는 갈매기 소리)에 깨어 노트북에서 흘러나오는 그녀의 목소리, 그녀의 말, 그녀의 영역 표시에 방해받지 않고 고독한 차 한잔을 즐길 수 있다.

그러나 일을 하려면 인터넷이 필요해서, 나는 트리에스테 쇼핑몰 분수대에 앉아서 색깔설탕을 먹고 들뜬 아이들이 내 주위를 뛰어다니는 걸 보고 있다. 지금 이곳에선 미인대회 '미스 토폴리니'의 참가자 오디션이 열리고 있다. 커다랗게 내걸린 현수막에는 지난해 참가자들이 수영복 차림으로 골반에 양손을 얹고 살짝 몸을 틀고 서서 미인대회 우승자 특유의 미소를 띠고 제일 자신 있는 얼굴을 보여주고 있다. 여드름과 치아교정기에서 막 해방된 나긋나긋한 소녀들이 똑같은 검정 비키니를 입고 신발 할인매장과 갭 아울렛 사이에 줄지어 서 있다. 선택되기를, 아드리아해에 면한 이탈리아의 겨드랑이에 자리 잡은 이 벽지에서, 누구도 기억하지 못하는 도시에서 떠날 수 있길 소망하며. 어떤 사진작가가 리본을 매고 티아라를 쓴 어색한 치장 너머를 꿰뚫어보고 그녀들을 『보그』에 실어줄지 모른다. 파리나 밀라노로 그녀들을 데려갈지도 모른다. 생각건대 그것도 아내가 되는 한 방법이다. 온전히 여성에게만 주어진 도구를 활용하여 남자들이 자신을 운전하도록 놔두는 것.

나의 연인은 이 도시에 단 이틀 머무르면서 이 도시를 내게서 빼앗아갔다. 그가 도착하기 전 내가 거의 매일 갔던 카페는 이제 우리가 간 카페다. 내 침대는 이제 우리 침대다. 내가 이용했던 쇼핑몰 아케이드의 스키볼 게임기는 이제 그의 스키볼 게임기다─그가 세판 연속으로 날 이겼으니까. 이제 그녀에 대해 확실히 알게 되었으니, 나는 이 도시를 그에게서 돌려받아야 한다. '우리'가 고유명사가 아니라 무작위한 짝짓기였다는 걸 안 이상은. 바깥은 아직도 뜨거워서 나는 일단 스키볼 게임기를 되찾는 작업부터 시작하기로 한다.

토큰을 넣고 스키볼에 몰두하는 선[禪]의 세계로 들어간다. 공을 들고, 체화된 기억을 이용해 정확히 50점 구멍을 겨냥하고, 공이 경사로를 타고 올라가는 맛깔 나는 소리를 듣고, 공이 떨어지는 위치를 확인하기도 전에 다음 공을 든다. 반복하고 반복하고 반복한다. 와이파이가 끊겨서 밤늦게 인터넷으로 헤라를 스토킹하지 않아도 된다는 것만은 적어도 감사할 만하다. 반복하고 반복하고 반복한다. 다음 달에 돌아오겠다는 그의 약속과 그가 절대 약속을 지키지 않는다는 사실은 생각하지 않는다. 반복하고 반복하고 반복한다. 다음에는 칵테일을 마시고 이 게임을 해도 재미있겠다고 생각한다. 나는 기계에 토큰을 더 넣고, 반복하고 반복하고 반복한다.

그녀는 천재의 아내가 되고 싶었을까

제임스는 결국 작은 공원에 남겨둔 노라에게 돌아왔다. 두 사람이 재회한 건 다음 날 아침이었다. 그녀는 웃었거나 한숨을 쉬었거나 소리를 질렀거나 별다른 반응을 보이지 않았을 것이다. 이 무책임한 남자와 유럽의 절반을 가로질러 온 걸 후회했거나, 내게로 돌아올 줄 알았어라고 생각했을 것이다. 도시에 도착하자마자 벌어진 일이 두 사람의 결혼생활 내내 반복되는 패턴의 전조라는 사실을 눈치챘거나 눈치채지 못했을 것이다.

두 사람은 새로운 셋집에 보금자리를 틀러 떠오르는 해를 향해 걸었다.

●

현실의 엔딩도 항상 이처럼 희망차다면 좋을 텐데.

●

나폴레옹의 길을 따라 프로세코라는 뻔한 이름의 마을로 간다. 이 마을은 트리에스테 전체를 둘러싼 석회암 지대, 카르소 고원에 위치해 있다. 길이 시작되는 지점에 오래된 여관이 있다. 무성한 나무들 사이에서 폐허가 된 이 여관은 버턴 부부의 옛 별장으로, 이제는 내부를 차지한 나무에 사는 생물들을 제외하면 주인이 없다. 파스타와 와인이 기다리는 마을을 향해 걸으면서 나는 트리에스테에 정착하여 이 여관을 사들이고 위대한 여행가였던 버턴의 이름을 붙이는 상상에 빠진다. 이곳에 정착한다면 나도 나의 걸작을 완성할 수 있을지 모른다. 크레이그리스트에 광고를 낼 수도 있다. '내 아내가 될 남자를 찾습니다.'

아파트로 돌아오니 위대한 작가 클라우디오 마그리스^{Claudio Magris}가 나를 데리러 오기로 한 시각까지 샤워하고 옷을 갈아입을 시간이 빠듯하다. 그가 전화를 걸어 도착했다고, 어디 있느냐고 묻는다. 나는 계단을 달려내려가 그의 차에 탄다. 그의 얼굴은 꼭 트리에스테 절벽을 깎아 만든 것처럼 보인다. 사후에 위풍당당한 흉상을 만들기 위해 신이 특별히 조각한 얼굴 같아서, 도시 공원을 장식한 스베보와 조이스와 사바와 다른 트리에스테의 전 남편들 옆에 두면 잘 어울릴 듯하다.

"자몽주스를 한잔 드리지요. 그러고 나서 얘기합시다." 그가 말한다.

그의 서가에는 트리에스테의 정복자 목록이 그대로 반영되어 이탈리아어, 크로아티아어, 슬로베니아어, 독일어, 프랑스어 책들이 꽂혀 있다. 우주가 내게 짓궂은 장난을 치는 모양인지 그의 서가에 있는 유일한 미국인 작가는 내가 사랑에 빠진 최초의 유부남이다. 나는 책에서 튀어나온 송곳니가 나를 물기라도 한 양 후다닥 자리를 벗어나 맞은편 의자에 앉는다.

마그리스가 자몽주스를 들고 돌아온다. 태양이 전시안^{全視眼}

그녀는 천재의 아내가 되고 싶었을까

을 희번덕거리는 시간이 지났으므로 창가에 앉을 수 있다. 대화를 나누는 사이 도시의 모든 것이 장밋빛으로 물든다. "트리에스테는 지루해졌어요." 마그리스가 말한다. 이 고요한 저녁 속에서는 누구라도 그걸 느낄 수 있다. 트리에스테의 지루함은 완전히 빠져들진 않는 책 한권을 침대 속에서 차 한잔과 함께 읽는 아침의 지루함이다. 사랑하는 사람과 침묵을 공유하며 저녁식사를 하는 지루함이다. 물을 충분히 챙기고 주머니 가득 아몬드를 넣고 잘 아는 장소를 향해 걷는 산책의 지루함이다. 충분함에서 오는 지루함이다.

"지루함에 깊이 감사합니다." 그가 잠시 말을 멈추었다가 말한다. 1930년대 말에 태어난 마그리스가 트리에스테에서 보낸 시간은 파시즘, 나치즘, 공산주의로 얼룩져 있었다. 트리에스테는 대학살과 추방, 민족주의와 내전에 시달렸다. 이웃한 유고슬로비아가 산산조각 나는 걸 옆에서 묵묵히 지켜봤다. 옛 영토인 달마티아에서 유혈사태가 벌어졌을 때 트리에스테는 떨어져나간 사지에서 느끼는 환각통을 느꼈을까? 아니면 유럽의 다른 나라들처럼 어깨를 한번 으쓱하고 고개를 돌렸을까? 트리에스테가 과거에 품었던 위대함과 천재성은 이제 고요한 시골 생활과 맞바뀌고 없다.

우리는 아파트를 나서 마그리스가 두번째로 좋아하는 레스토랑으로 향한다. 첫번째로 좋아하는 레스토랑은 주인들이 휴가를 가서 여름 내내 닫혀 있다고 했다. 그가 내 몫까지 주문을 해줘서, 나는 그가 선택한 음식으로 몸을 채우고 있다. 칼라마리, 어디서도 피할 수 없는 대합 스파게티, 판나코타, 얼음 양동이에 담겨나왔음에도 잔에 따르자마자 묵직한 밤공기와 같은 온도로 미지근해지는 와인. 여기서 나의 욕구는 충족되었다. 나는 지루함을 느꼈다. 영광스러운 지루함을.

트리에스테에서 보내는 마지막 밤, 바다 위에 달이 떠 있고 더는 바랄 게 없다. 그럼에도 나는 바란다. 리처드 버턴의 이름을 붙인 여관을 만드는 건 잘못된 방식의 헌정이라는 것을 깨닫는다. 방황하는 타인들에게 방을 내주기 위해 자기의 방황을 끝내는 여자라니, 거참 울적한 생각 아닌가.

내 아파트로 향하는 차 안에서 우리는 말이 없다. 나는 창문을 활짝 열고 이지러지는 달을, 소금기와 어둠과 숨겨진 의도들로 가득한 바다 내음을 숭배하고 싶다. 기회만 있다면 지루함의 제단에서 내 몸을 스스로 베고 싶다. 그게 아파트 문을 열었을 때 미리 싸둔 짐 가방이 나를 반겨주는 걸 보고 안도하는 이유, 류블랴나행 버스표가 잘 있는지 확인하려 주머니 속을 스물여덟번째로 더듬는 이유다.

그녀는 천재의 아내가 되고 싶었을까

3

어머니는 왜
야망을 품으면 안 되는가

리베카 웨스트, 사라예보

Rebecca West, Sarajevo

리베카 웨스트
Rebecca West, 1892-1983

영국의 작가이자 문학비평가.
여행기를 저술하고 각종 시사지에 수많은 도서 비평을 게재했으며
특파원으로도 활약했다. 주요 저작으로는
유고슬라비아의 역사와 문화를 그린 『검은 양과 회색 매』가 있다.

몇해 전 오스트리아에서 슬로베니아 국경을 넘는 기차에서 나는 정확한 절차를 알아낼 수 없었다. 기차 칸엔 나밖에 없었다. 그 나라 언어를 구사하고 사태 파악에 능숙해서 믿고 따라 할 수 있는 사람이 없었다는 뜻이다. 남들을 똑같이 따라하는 것이야말로 현지 관습을 파악하는 가장 쉬운 방법 아니겠는가. 단, 러시아는 예외다. 러시아에서는 대개 남들과 정반대로 행동해야 하니까.

그러나 지난번 체류의 막바지에 여긴 오스트리아고 슬로베니아가 지척이니까라고 충동적으로 생각한 결과 도달한 이 조용한 기차 칸 안에서 나는 공황 상태에 빠져 그저 멍했다. 슬로베니아에 대해선 워낙 무지해서 마음속에 품은 이미지도, 기준으로 삼을 상식도 없었다. 전쟁과 그 비슷한 사태들, 유고슬라비아

붕괴 당시의 뉴스 보도 정도만 떠올랐는데 다시 생각하니 그건 유고슬로비아가 아니라 보스니아와 크로아티아 얘기였고 슬로베니아에 대해선 어떤 뉴스가 있었는지 기억나지 않았다. 기차 승무원이 자꾸 내가 있는 칸에 머리를 들이밀기에, 그때마다 똑바로 앉아 여권을 내밀었지만 여권을 요구하는 사람은 아무도 없었다. 승무원들은 마치 "당신은 뭐가 문제죠"라고 묻는 듯 고개를 기웃거리고 말 한마디 없이 잰걸음으로 사라졌다. 그래도 나는 여권을 언제든 제시할 수 있도록 꺼내놓았다. 오스트리아와 슬로베니아 사이에 자유 여행 협정이 맺어진 건지, 슬로베니아도 유럽연합의 일원인 건지 모르는 채로 나는 국경을 무사히 통과했다. 기차에서 내리자마자 자동입출금기로 달려가 현지 화폐로 현금을 인출해보니 유로가 나오기에 궁금증이 풀렸다. 그것도 모르고 나는 기차 칸 안에서 휴식을 취하거나 창밖의 가을빛이 뒤섞여 흐려지는 걸 즐기는 대신 신경을 곤두세우고 여권을 꼭 쥐고 앉아 내 신분을 증명할 채비를 하고 있었다. 아무도 내가 누구인지 신경 쓰지 않는다는 건 끝까지 모르고.

그렇지만 한순간 내 경계심을 흩뜨려놓은 것이 있었다. 오스트리아에서 슬로베니아로 국경을 넘자마자 언덕배기에서 생뚱맞게 거대한 동상이 나타난 것이다. 칼을 저 높이 쳐든 남자가 슬로베니아에서 오스트리아 국경 너머를 응시하고 있었다. 동상은 이렇게 말하는 듯했다. "너희 제국의 확장이 지긋지긋해. 이쪽으로 넘어올 생각은 하지도 마." 내 행선지는 도대체 어떤 곳이란 말인가?

⦁

그때 슬로베니아에서 보낸 일주일이 내가 처음으로 발칸반도에 발을 디딘 때였고, 나는 돌아가고 싶은 마음이 절실했다. 위험한 비밀들을 품은 매혹적인 류블랴나가 그 이름조차 제대로 발음하지 못하는 나를 불렀다. 원래 이번 발칸반도 여행에서는 유고슬라비아를 거쳐 리베카 웨스트의 여정을 따라갈 작정이었다. 그녀는 『애틀랜틱』의 의뢰로 유고슬라비아를 여행하고 1944년에 여행·역사·정치학·철학을 넘나드는 주제로 천 페이지가 넘는 두툼한 책 『검은 양과 회색 매』*Black Lamb and Gray Falcon*를 펴냈다. 그녀는 육주에 걸쳐 대도시와 역사적 유적지와 아름다운 건축물이 세워진 모든 마을을 섭렵했다. 이 지역에 그 정도로 관심을 기울인 최초의 서유럽인으로서 가능한 한 종합적인 정보를 실어야겠다고 결심한 듯했다. 묵직한 책을 읽으며 그녀의 발자취를 따라 여행하는 건 꽤 괜찮은 단기 지역학 코스처럼 보였다.

계획은 금방 무산되었다. 그사이 크로아티아와 몬테네그로는 전쟁에 망가진 땅, 공산주의의 잔재가 남아 있는 죽은 지역에서 성수기 호텔 숙박비의 거품이 잔뜩 낀 해변 휴양지로 탈

바꿈했다. 쪼개진 국가들을 잇는 여행 인프라 구축은 어느 정부에서도 우선순위로 취급받지 못했으므로, 도시 사이를 이동하는 데만도 꼬박 하루를 잡아야 했다. 말할 것도 없이 웨스트에게는 현지 안내원과 짐꾼과 동행해준 남편이 있었고 숙박비도 지원되었다. 반면 내 순례는 스스로 돈을 대고 스스로 안내원이 되어야 했다. 나는 예상 경비를 합산해보고 좌절한 끝에 그녀가 방문한 도시 중 몇군데만 골라 여행하기로 했다. 대신 류블랴나, 베오그라드, 사라예보에서 조금 더 오래 머문다는 계획이었다.

한가지 더, 웨스트는 한 장소에 고작 하루 이틀, 몇몇 도시에서는 그보다도 더 짧은 시간을 보내는 일정으로 몰아치듯 여행했다. 나는 그녀처럼 쉽게 뿌리 뽑히고 쉽게 옮겨 심어지는 사람이 아니다. 나는 느리게 여행하는 사람이다 ─ 오해 말라, '슬로 푸드' 같은 사람이라고 젠체하는 건 아니니까. 내가 보통 여행자보다 더 깊이, 더 철저하게 경험을 음미한다는 뜻이 아니다. 내 말의 진짜 의미는 내가 하나의 여정에서 회복하고 새로운 풍광을 흡수하는 데에 천년만년이 걸리는 사람이라는 뜻이다. 베오그라드에서 이틀을 지낸다손 치면 나는 그중 팔할의 시간을 침대에 누운 채 신발을 신고 밖으로 나가야 한다고 스스로를 설득하는 데 보낼 것이다. 실패하면 나 자신을 심하게 꾸짖을 테고.

웨스트는 팔팔한 여행자였고 나는 그 반대에 가깝다. 조율이

어머니는 왜 야망을 품으면 안 되는가

필요했다.

1937년 웨스트가 이곳에 도착했을 때 유럽 대륙은 제1차 세계대전의 상처가 미처 아물기 전이었으며 다시 사태가 걷잡을 수 없이 전개되리라는 게 뚜렷해지고 있었다. 저널리스트이자 비평가이자 소설가였던 웨스트는 지금껏 무시받아온 이름 없는 장소가 유럽 전체를 말살시킬 잠재력을 품게 된 연유를 이해하고자 했다. 모든 전쟁을 끝낼 전쟁을 시작했다는 오명을 얻은 도시 사라예보의 이름을 처음 들은, 미국인과 영국인이 주를 이루었던 웨스트의 독자들도 마찬가지였다. "유럽의 남동쪽 구석에서부터 천천히 시작된 일련의 사건들은 무척 위험하며, 실로 수년 동안 내 안전을 위협하고 내게서 많은 혜택을 영영 앗아갔다. 그 말인즉슨 내가 나 자신의 운명에 대해 전혀 알지 못한다는 말이다." 그녀는 서문에 이렇게 적었다. 한 사람의 행동이 일으킨 파문이 대대적인 파괴를 일으켰다면 그 사람이 탄생한 맥락을 이해하는 게 중요할 것이다.

우리는 제1차 세계대전 발발의 책임을 사라예보에서 한 세르비아인이 프란츠 페르디난트Franz Ferdinand 대공을 암살한 사건에 덮어씌우지만, 사실 그보다 더 유의미한 사건은 독일의 지도자 빌헬름 황제가 태어날 때 오랫동안 산소 부족을 겪은 일일지도 모르겠다. 고등학교 역사 선생님은 한 미친 남자가 수백만명이 죽어나간 전쟁을 일으켰다고 가르친다. 실제로 우리가 배워야 하는 건, 높으신 분이 따분하다는 이유만으로 우리의 몸을 손쉽게 불지옥에 내던질 수 있다는 거다.

어떤 식으로든 일상에 영향을 받지 않는 한, 문명화된 유럽이 저 구석의 '다른 유럽'에 신경 쓸 이유가 있었겠는가? 당시 블루스타킹으로 불리던 여성 지식인이자 사회주의자였던 웨스트는 미지의 지역을 소개하기에 완벽한 작가였다. 그녀는 대부분의 인생을 주변인으로 보냈다. 처음엔 빈곤 때문에, 그 다음엔 온 가족이 스코틀랜드로 이주해서, 그 다음엔 지식인 사회에서 여자라는 이유로, 마지막엔 미혼모라서. 속단당하는 것, 스스로 말하지 못하고 남들의 입으로 말해지는 것이 어떤 것인지 그녀는 이해할 수 있었을 거다.

그녀는 가난한 급진파 아나키스트 가브릴로 프린치프Gavrilo Princip가 오스트리아─헝가리 제국의 계승 예정자를 암살한 뒤 벌어진 모든 사태에 책임져야 한다는 보수적인 시각을 취하지 않았다. 그녀는 억압당한 사람들이 어떻게 극렬한 폭력 행위로 몰아넣어지는지를 알았고 나아가 그런 행위가 가끔은 필수라는 것도 알았다. 『검은 양과 회색 매』에서 프린치프와 그의 공모자들에게 내비치는 대단한 연민을 감안하면 웨스트는 그 암살에 거의 찬성한다고 봐도 무방하다. 웨스트가 기량을 최고로 발휘하는 건 암살과 국왕 시해의 긴 목록을 이야기할 때다. 유고슬라비아에는 온갖 종류의 독재자들과 복수심에 찬 미치광이들이 있었다. 웨스트는 피 냄새에 흥분한다. 혹은, 자신의 의지로 인생의 방향을 바꾸고자 하는 사람들에게 공감할 줄 안다.

어머니는 왜 야망을 품으면 안 되는가

『검은 양과 회색 매』는 실로 걸작이며 웨스트의 커리어에서 가장 빛나는 글을 담고 있다. 그녀가 묘사하는 프란츠 페르디난트의 암살은 스릴러와 슬랩스틱 코미디의 혼종인데, 내 생각엔 이것이 너무나 자주 이야기된 그 사건에 대한 최고의 설명이다. 웨스트는 한 지역 주민 전체가 제국 계승자의 죽음을 바랐던 이유를 모르는 척하지 않고, 제국의 무력이 피정복민들을 돕기 위해 존재하는 척하지 않는다. 역사는 승자들의 손에 쓰일지 모르겠지만 적어도 웨스트의 역사는 약자의 편에 선다.

그러나 이 책을 지금 읽는 건 1940년대에 읽는 것과는 다르다. 사라예보는 더이상 수수께끼의 도시가 아니고 베오그라드, 크로아티아, 몬테네그로, 코소보라는 이름들은 우리 귀에 낯설지 않다. 웨스트에게 주어진 건 빈 공간이었다. 독자들은 이 지역에 대해 알지 못하는 채로, 어두운 피부색과 머리색에서 더 어두운 충동과 피가 나온다고 상상하며 동유럽에 대한 막연한 선입견만을 품고 책을 펼쳤다. 그들의 머릿속에는 1990년대에 저질러진 악행에 대한 뉴스 보도나 대규모 강간과 인종 청소의 구체적인 이미지가 어지럽게 떠돌고 있지 않았을 거다. 그때는 지금과 달리 문명 시대에 그런 전쟁이 일어나는 이유를 설명하는 정교한 이론도 아직 없었다.

그래서 제1차 세계대전이 발발하고 이십년쯤 후, 리베카 웨스트는 유고슬라비아를 유람하는 육주에 걸친 여행을 떠났다. 발칸 전쟁 발발 이십년쯤 후, 나는 한때 유고슬라비아 땅이었던 도시에서 한달을 보내고 있다. 그녀는 자신의 관찰과 분석으로 천 페이지를 채웠다. 나는 기껏해야 한장을 채우는 게 목표다. 유고슬라비아를 한번 방문해서 '이해하고' 그곳에서 색출한 폭력과 증오에 대한 정신분석을 늘어놓음으로써 미국 독자들 사이에서 명성을 얻고자 하는 부류의 사람이 될 생각은 없다. 이 지역에 관한 글을 쭉 읽다보면 "해묵은 증오"라는 단어가 툭하면 등장하는 걸 알 수 있다. BBC의 누군가는 "순교는 세르비아 정신의 일부"라고 말했다. 우리는 낯부끄러운 사람들을 우리와 구별하고 타자로 정의하기 위해, 그들과 우리 사이에 유사성이 있음을, 그들의 충동에서 친숙함이 느껴짐을, 우리가 그들과 피 한방울이라도 섞였음을 부정하기 위해 온갖 끔찍한 소리를 늘어놓곤 한다. 우리 사회가 결코 그들처럼 허물어지지 않을 이유를 애써 찾아내고, 우리도 꽤 성급하게 전쟁을 선포하곤 하지만 결코 그들과 같진 않다고, 그렇게 비이성적인 이유로 싸우진 않는다고 주장한다. 우리는 피에 굶주린 충동을 이성적 뇌로 통제할 수 있다고 말한다.

몇세기에 걸쳐 무시당했던 땅에 영국과 서유럽과 미국 출신의 전문가 수십명이 찾아와 주위를 두리번거리고 조사하고 무엇이 잘못되었는지를 구구절절 설명하는 책을 써낸다. 물론 싸움이 끝나고 말이다. 전쟁이 벌어지던 당시에는 안중에도 없었다. 나는 야만 세계를 유람하는 문명인이 되지 말아야 할 필요성을 절실히 인식하고 있다. 혼돈을 이해 가능한 것으로 격하

어머니는 왜 야망을 품으면 안 되는가

시키는 사람이 되지 않을 거다. 사람들에게 그들이 듣고자 하는 말—이곳이 이례적인 장소이며 여기엔 폭력과 불화를 번식시키는 무언가가 존재한다는 말은 들려주고 싶지 않다. 그렇다고 해서 실존적 권태에서 벗어나고자 유럽 내의 저렴한 비정기 항공편을 이용해 최근까지만 해도 지뢰밭이었던 산을 하이킹하러 온 순진한 관광객이 될 수도 없다. 저렴한 가격의 맥주와 고기 패스트리, 『뉴욕 타임스』의 인정을 받은 베오그라드 나이트클럽과 남성미 넘치는 발칸 남자들과의 섹스만 만끽할 수는 없다. 그러면 내게 남겨진 역할은 무엇인가. 나는 확신하지 못한다.

•

　기이하게도 웨스트는 유고슬라비아 여행에서 슬로베니아를 쏙 빼놓았다. 그녀는 류블랴나에 대해 최대한 간략하게 언급한 다음 곧장 슬로베니아를 떠나 크로아티아로 향한다. 그러나 나는 류블랴나에 오래 머물고 싶다. 이곳은 내 중부유럽의 교역소이자 지친 영어 화자의 완벽한 쉼터이기 때문이다. 여기서 나는 아름다운 서점에서 산 영어 책을 쌓아두고 읽을 수 있다. 자두 브랜디를 마실 수 있다. 커다란 중앙 시장의 자판기에선 모닝커피에 곁들여 마실, 농장에서 갓 짠 생유를 살 수 있다. 내가 아는 슬로베니아어는 "치즈 패스트리 주세요"를 구성하는 한줌의 단어가 전부다. 나는 아파트에 짐을 던져놓자마자 내가 아는 어휘 전부를 뱉어내러 가장 좋아하는 빵집으로 달려간다.

류블랴나는 완벽한 동화 속 보석함이다. 내가 묵는 아파트로 가는 길 설명엔 "성에서 우회전하라"라는 지시가 포함되어 있고, 처음 도착했을 때 이 도시는 꿈결 같은 안개에 싸여 있었다. 류블랴나는 성 게오르기우스St. Georgius와 용을 건설신화로 채택했지만 성자보다는 용의 편에 선 것처럼 보인다. 다리에 용이 새겨져 있고 도시의 문장에도 용이 날고 있다. 박물관에서는 짓궂게도 유물과 피가 든 작은 유리병, 잘린 뼛조각을 황금과 보석 사이에 전시해두었다. 국경을 넘자마자, 햇살이 일렁이는 시냇물에서 물을 홀짝이고 나뭇가지를 야금야금 뜯어먹는 얌전한 사슴은 더이상 볼 수 없다. 이 나라엔 먹잇감이 아닌 포식자만이 산다. 여우, 고양이, 매.

이야기책에서 튀어나왔대도 이상하지 않을 이 도시는 다른 세계와 너무나 동떨어져 있고, 우리 시대가 아니라 온전히 신화의 영역에 지어진 듯 보여서 한때 이곳에서 전쟁이 벌어졌음을 믿기 어렵다. 상흔도, 아무렇게나 남은 총알 구멍도, 미처 치우지 못한 돌더미도 찾아볼 수 없다. 그게 웨스트가 류블랴나를 무시한 까닭일지 모른다. 이 도시는 발칸반도의 나머지 지역과, 아니 어쩌면 나머지 세계와 전혀 다른 이야기에 속해 있기에 끼워넣기가 어려운 거다. 유고슬라비아가 산산조각 났을 때에도 슬로베니아는 조용히 혼돈을 빠져나갔다. 죽은 사람은

어머니는 왜 야망을 품으면 안 되는가

수십명에 지나지 않았는데, 이는 다른 나라들에서 벌어진 사태에 비하면 조금 과열된 말다툼 수준이었다. 류블랴나는 형제자매들의 교전에 뛰어들지 않았다. 바다 안개에 둘러싸여 어떤 일이 벌어졌는지 궁금해하다가 차츰 어떤 일이 벌어졌다는 사실조차 망각했다.

나는 오래 머물 수 없다. 이 도시는 긴 여행을 앞두고 식료품과 경박한 모자를 구하기 위해 들른 짧은 기착지일 뿐이니까. (토끼털 모자를 살 생각인데, 이곳에선 모자 장수조차 포식자처럼 보인다. 미소 띤 앙다문 입술 속에는 예리하고 빛나는 이빨이 숨겨져 있는 게 분명하다.) 류블랴나에서의 마지막 아침, 나는 베오그라드행 기차를 놓칠 위기다. 역까지 이 킬로미터도 남지 않았지만 짐 가방을 끌고는 제때 도착하기 어려울 것 같다. (리베카와 그녀가 부린 호텔 짐꾼들이 부러워지는 순간이다.) 나는 택시를 잡아 역까지 가자고 한다. 그는 이상하다는 눈빛으로 나를 본다. "가까워요. 걸으시죠." 그는 나를 뒷좌석에 태우지 않는다. 나는 발을 구르면서 소리치고 싶다. "가진 돈을 전부 드릴게요!" 하지만 그 대신 씩씩대며 짐을 들고 역으로 향하는 발걸음을 재촉한다. 다행히 기차는 연착되었다. 행선지를 잊고 안개 속에서 잠시 헤맨 모양이다.

•

악이라는 단어를 사용하는 순간 맥락은 지워진다.
악은 다른 차원에서 우리 세계로
이유 없이 투하되는, 이해 불가능한 것이므로.
악이라는 단어를 사용하는 순간 악은 '저 세계'의 문제가 된다.

베오그라드로 떠나기 하루 전날 나는 노트북으로 드라마 「프라임 서스펙트」의 지난 화를 본다. (천사 같은 금발에 푸른 눈, 장밋빛 뺨을 한) 보스니아의 순진한 무슬림 소녀가 런던에서 고문받은 후 살해당한 시신으로 발견된다. 용의자는 물론 세르비아의 전직 육군 장교다. 헬렌 미렌Helen Mirren이 연기한 '우리 편' 영국인 탐정은 대학살의 증거를 찾아 보스니아로 향하지만 바보 같은 보스니아인들은 그녀에게 협력하기는커녕 말도 섞으려 들지 않는다. 보복이 두려워서다. 탐정은 답답한 나머지 소리친다. 이게 진정 자신들을 위한 길인 걸 모르나? 왜 그렇게까지 이해력이 달리는 거지?

소녀를 살해한 범인은 유고슬라비아 전쟁에서 수십명의 살인을 설계한 인물이다. 그를 재판정에 세우기 전에 또다른 보스니아인 무슬림 소녀가 살해된다. 여성 탐정은 고릿적부터 전해 내려온 증오를, 인종 간 긴장을 이야기한다. 세르비아인들은 이해할 수 없는 작자들이다. 그들은 지성이 없는 짐승이며, 오로지 본능과 피에 대한 멈출 수 없는 갈망으로 인해 움직인다.

우습지 않은가? 그 남자, 세르비아인 살인자는 냉정하고 매력적이다. 그들, 영국인들은 세르비아인 살인자에게 희생된 사람들의 시신을 발굴하고 사건을 종결한다. 영국인들은 비문명을 문명화시키고 무의미에서 의미를 찾아낸다. 영국인 독자들이 이해할 수 있는 방식으로 유고슬라비아 전쟁을 설명한다. 영국인 독자들은 고개를 끄덕이되 결코 의문을 품지는 않는다.

원했던 것과 정확히 똑같은 설명이라니 기이하기도 하지. 고도로 문명화되고 지성적인 우리 사회는 결코 저렇게 허물어지지 않을 거야. 서유럽의 차가운 지성은 혼돈을 통제한다. 그들은 편안히 잠든다.

베오그라드행 기차에 척 보기에도 독일인 같은 남자가 타고 있다. 머리 위에 번쩍이는 표지판을 달아놓았다 해도 이만큼 티가 나진 않았을 거다. 샌들 안에 양말을 신은 것부터 카고 반바지와 깔끔하게 가르마를 탄 금발까지, 너무나 독일인이다. 그는 나를 비롯해 같은 칸에 탄 모든 여성들의 짐을 들어주고, 자리에 앉은 다음에는 아무도 국적을 의심하지 못하도록 가방에서 거대한 프레츨을 꺼낸다. 나도 모르게 자꾸 그에게로 시선이 간다. 질서가 깨지면 정리해줄 사람이 있어 기쁘다. 그러나 그는 베오그라드에 도착하기 전에 기차에서 내려버리고 그의 뒷모습을 보며 나는 여느 때보다 신경이 바짝 곤두선다.

리베카 웨스트는 잠시 펜대를 멈추고 고찰한다. 그녀가 방문한 유고슬라비아에서 특정 나이대의 사람은 전부 공포를 목도했다. 오스만 제국과 맞선 제1차 발칸 전쟁에서 한번, 제1차 세계대전에서 또 한번. 그녀는 적는다. "마흔살 이상의 유고슬라비아인 전원은 최고로 잔학무도했던 군사 작전에 참여했을 것이 분명하고, 그 연령대 이하의 성인들은 소년 시절 프랑스·영국·독일의 아동들이 체험하지 못한 궁핍과 위험을 겪었을 것이다." 그들의 공포는 피해자의 공포만은 아니었다. 공포의 일부는 이곳에서 기인했다. 웨스트는 주위를 둘러보며 겉보기

어머니는 왜 야망을 품으면 안 되는가

엔 평범해 보이는 일상을 영위하는 사람들 중 누가 폭력에 가담했을지 궁금해 한다.

기차에서 내리는 순간부터 나는 리베카가 던진 질문을 되풀이한다. 플랫폼으로 걸어들어가자마자 몸이 굳는다. 세르비아는 안온하고 황홀했던 슬로베니아와 극명히 대조된다. 나는 짐가방 손잡이를 쥔 손에 힘을 주고 백팩 끈을 부여잡는다. 역사 안의 남자들이 나를 둘러싸고 소지품을 강탈하기를 기다리다시피 한다. 내가 항상 그러는 건 아니고 이 기차역도 물리적으로는 다른 모든 기차역과 다르지 않으나, 어째선지 긴장을 떨칠 수가 없다. 나를 보고 경멸하는 표정을 짓는 남자는 세상 어디에나 있지만, 여기서 나는 똑같이 경멸하는 표정을 지어 보이고 속으로 어두운 말을 내뱉는다. 네가 뭘 했는지 알고 있어, 개자식아.

언론을 통해 접한 세르비아 침공 뉴스, 사라예보 공성전의 이미지, 집단 강간이 무기처럼 사용된다는 통계, 인종 청소, 해묵은 원한 운운하는 보도와 밀로셰비치S. Milošević의 악독하고 우쭐한 얼굴들이 모두 내 무의식에 스며들었다. 주위를 볼 때 내 눈에는 온통 괴물들뿐이다.

나는 뇌의 부당한 장난에 맞서 싸우려 애쓴다. 몇몇 미국인들은 독일에 처음 와서 비슷한 반응을 보인다. 유독 분별력이 없던 한 남자는 따사로운 봄날 나와 함께 베를린의 노천카페에서 작은 케이크와 '밀히카페'(milch kaffee, 독일의 밀크커피 ―옮긴이)를 즐기며 자신을 둘러싼 사람들에 대한 혐오를 분출했다.

"거리에서 노인을 보면 궁금증이 들지 않아요?"

"뭐가요?"

"그가 전시에 뭘 하고 있었는지요. 우린 아직도 나치에 둘러싸여 있어요. 이 사람들은 전부…" 그는 주위를 둘러보며 말했다. "나치의 자식들이죠."

그 순간 나는 그 미국인 남자에게 실망했다. 우리는 대체로 독일인들이 나쁜 놈들이며 최악 중의 최악이라는 골자로 역사교육을 받았으니 이해할 수 없는 건 아니다. 영화에서 독일 억양은 나치 제복을 입은 남자들이 악행을 저지를 때만 들렸는데, 실제의 독일에선 사방팔방에서 들린다. 우리는 그 소리에서 머릿속에 든 유일한 연상인 나치를 꺼내고 만다.

나는 그 연상을 지우지 못한, 자신이 얼마나 잔인한 추정을 하고 있는지 인식하지 못한 그의 무능함에 실망했다. 우리가 차지한 공간은 전부 이런저런 악행을 토대로 지어졌다. 어차피 이 땅은 매 평마다 피로 덧칠되어 있지 않은가. 오로지 출신 때문에 의심받고 지독한 방식으로 학살당한 사람의 피가 묻지 않은 결백한 장소 따위는 지구에 존재하지 않는다. 미국인의 피가 흐르는 우리가 공유했던 노예제와 선주민 말살 같은 악행이 더 오랜 과거의 일이라고 해서 미국인의 죄가 덜어지는 건 아니다. 악행이 상대적으로 최근의 일이라고 해서 죄가 더해지는 것도 아니다.

내 유전부호에 새겨진 구체적인 악행들을 해명하려면 심판대에 서서 몇세기를 보내야 할 거다. 내 족보에는 노예주와 아일랜드를 침략한 프로테스탄트교도와 바이킹이 있다. 올리버 크롬웰Oliver Cromwell에게 충성을 바친 자들이 있다. 영국인 선조들이 남모르게 식민지에 불러온 악몽을 해명하는 데만도 천년은 더 걸릴 것이다. 내 존재를 보장하기 위해 죽어야 했던 모든 사람들 — 그들이 일어나서 증언할 수만 있다면 나는 유죄판결을 면치 못할 것이다.

역사 속 폭력을 이해하는 것은, 악행이란 건 어디에나 존재한다는 이유로 체념하여 그것을 규탄하길 포기하는 것과는 다르다. 오늘날 헝가리는 또다시 홀로코스트에 개입했던 것을 부인하려 들고 있다 — 아 그래, 악은 어디에나 있으니까 우리는 햄버거나 먹자. 그러나 한 집단에 초점을 맞추어 그들을 20세기의 요괴로 취급하는 것은 그들보다 덜 괴물 같은 이들에게 일종의 면피권을 준다. 헝가리가 홀로코스트 개입을 부인하도록 허락한다. 이미 독일인들을 처단한 마당에 더 생각하기 지겹다. 헝가리가 뭐 대수란 말인가. 또한 미국이 드론 공격으로 다른 국가를 겁박하고 민중이 뽑은 외국 정부를 끌어내리는 데 일조하고 타국을 침략하고 그것을 정당화하기 위해 거짓말하도록 허락한다. "시야를 넓게 가져, 우리는 나치랑은 다르잖아"라고 말하면 된다. 우리는 손가락질함으로써 큰 이득을 얻고, 그 사실을 깨닫기 전까지는 책임을 피하기만 할 것이다.

싸잡아 딱지를 붙이다보면 상황들 사이의 차이와 뉘앙스와 자초지종에는 눈을 감게 된다. 어떻게 국가가 산산조각 나는지, 어떻게 민중이 광인에게 휘둘리는지, 어떻게 상황이 만들어지고 전개되는지를 이해하지 못하게끔 마비된다. 악이라는 단어를 사용하는 순간 맥락은 지워진다. 악은 다른 차원에서 우리 세계로 이유 없이 투하되는, 이해 불가능한 것이므로. 악이라는 단어를 사용하는 순간 악은 '저 세계'의 문제가 된다.

이 모든 걸 머리로 알고 있으면서도 베오그라드에서 내가 못된 계산을 하고 있는 건 어째서인가? 나는 내 주변의 모든 사람을 이십년 전 손에 피를 묻힌 모습으로 그려 본다. 나는 사람이 아니라 세르비아인을 보고 있다. 특정 연령대의 남자가 내게 말을 걸면 내게 처음으로 떠오르는 질문은 전쟁 중 당신은 뭘 했습니까?다. 너그럽지 못한 반사작용이 수치스럽지만 막을 방법이 없다.

베오그라드는 어째서 이렇게 유별날까. 여기선 안전하지 못한 기분이다. 슬로베니아에 밴 폭력의 기색이 어느정도 섹시했다면, 베오그라드는 그저 잔인하다. 이곳의 포식자들에게는 날렵함도 우아함도 없다. 여럿이서 몰려다니며 음흉하게 곁눈질하는 남자들과 떼 지어 돌아다니는 억센 턱의 들개들뿐이다. 웨스트는 세르비아 남성의 남자다움을 낭만적으로 묘사했다. 그들의 늠름한 신체와 오만한 정력은 그녀에게 진짜 여자가 된 기분을 선사했다면서, 그들은 성기 크기를 포기하고 두뇌를 약간 키운 영국 남성들과는 다르다고 끝없이 칭찬했다. 그러나 누군가를 페티시로 삼는 것은 그를 요괴로 묘사하는 것과 다를 바 없는 타자화다.

아파트에 짐을 풀고 거리를 걷는 동안 여자는 한 사람도 보이지 않는다. 카페에도 보도에도 식료품점에도 온통 남자뿐이다. 남자와 개와 벽이 허물어진 집과 콘크리트 더미뿐이다. '진짜' 남자 앞에서 나는 진짜 여자가 아니라 먹잇감이 된다. 나는 남자들을, 그 무수한 개인들을 '위협적인 남자'로 분류한다. 위협받는 기분이 들기 때문이다. 보드카 한병과 수박 한통을 사들고 나는 재깍 아파트로 돌아간다.

•

『검은 양과 회색 매』를 집필했을 무렵 리베카 웨스트는 각고의 노력 끝에 존경받는 지식인의 위치에 올라 있었다. 그녀는 성인이 되자마자 수천 페이지에 달하는 픽션과 저널리즘과 비평문을 출판했다. 페미니스트 출판사에서 책을 내면서 커리어를 갈고닦았고, 영향력을 키우기 위해 거래처와 출판계에서의 명성을 신중하게 관리했다. 헨리 제임스가 슬슬 한물간 것처럼 보이기 시작했을 즈음엔 그에게 신문 비평면과 살롱을 떠들썩하게 만들 예리한 공격을 날렸다. 그녀가 오늘날 글을 썼다면 지적 낚시꾼이라는 비판을 면치 못할 테다. 그녀가 오늘날 글을 썼다면 그 글은 『n+1』(젊은 지식인들을 주축으로 2004년 뉴욕에서 창간된 문학·문화·정치 비평지 — 옮긴이)에 실릴 것이다.

"그게 리베카 웨스트의 문제야." 출판계에 종사하는 친구가 이메일에 적었다. "천재는 아니었지만 재능이 있었고, 야망이 넘쳤지만 충분하지 않았어." 어쩌면 야망을 품을 대상을 잘못 골랐던 건지도 모른다. 그녀는 혁명보다는 관심을 갈구했다. 관심을 원한다는 건 곧 특정한 규칙을 따른다는 뜻이다. 인습을 타파할 때조차 기존에 승인된 방식을 택한다는 뜻이다.

리베카 웨스트 같은 여자들이 자기 야망을 거북스럽게 드러내는 건지, 아니면 우리가 아직도 야망 있는 여자들을 불편하게 여기는 건지 모르겠다. 내가 야심가 리베카 웨스트를 불편하게 여기는 까닭은 그녀의 욕심이 낳은 결과가 참으로 하찮기 때문이다. 기억할 만한 재담 몇개, 영민하고 통찰력 있는 에세이 몇편, 그녀 인생 최고의 저작일 『검은 양과 회색 매』. 실은 이 책조차도 특유의 욕심으로 빛을 잃었다. 분량의 반을 쳐내도 충분했을 것이다. 나는 그녀의 글을 읽으면서 편집한다. 에드워드 시대 영국인의 머리에 새겨진, "특정 국가를 몇주 동안 여행한 끝에, 언어를 구사하지 못함에도 그들의 문화를 완전히 이해하게 되었고, 이게 그 해답이다"라는 식의 확신이 그녀에게 조금만 덜했더라면 좋았을 거다.

하지만 웨스트가 권력 있는 사람들이 원하는 이야기를 들려주는 게 성공의 지름길임을 깨닫지 못했더라면 『애틀랜틱』에서 숙박비를 대주고 잡일은 전부 남들이 처리해주는 이런 일거리를 얻을 수 있었겠는가? 진정한 급진주의자도 추앙을 받긴 하지만 대개는 사후까지 기다려야 한다. 잡지사와 신문사에서는 아직도 여성 작가들에게 이런 짓을 하곤 한다 ── 모성이 곧 기쁨이고 교육받은 여성들은 혼자 죽을 가능성이 더 높다고 말하는 여자들을 선호한다. 보다 광범위한 독자들에게 말을 걸고 싶은데 자신의 무대가 주목받지 못한다면, 다른 사람의 무대로 옮겨가기 전에 그 무대를 지은 사람들을 평가해보아야 한다.

내가 『검은 양과 회색 매』의 편집자라면 리베카에게 자신의 전제들에 의문을 품어보라고 요구하겠다. 회의해보라고 요구하겠다. 서술문, 특히 "투르크인들은…" "무슬림들은…" "세르비아들은…"으로 시작하는 서술문을 여럿 잘라낼 거다. 그러나 이는 많은 부분 여성 지식인으로서 산다는 것의 소산일 테다. 스스로에게 의문을 제기하는 건 곧 약점을 드러내는 것이고, 남성 동료들은 여성의 약점에 달려든다. 남성 동료들은 여성의 강점보다 약점을 더 잘 이해한다. 그걸 어떻게 활용할지 안다.

막 날갯짓을 시작한 스물두살의 여성 지식인에겐 존경할 사람이, 동족으로 믿고 모방할 사람이 필요하다. 문제는 스물여덟살이 되면 자신이 찾은 역할모델이 얼마나 평범한 사람인지 깨닫고 향수에 잠겨 찾은 아니 디프랑코Ani DiFranco 콘서트장에서처럼 민망해지기 일쑤다. 신이시여, 내가 과거에 정말로…?

그러나 스물두살의 나는 역할모델에 감사했고, 지금 나는 웨스트를 구 유고슬라비아 여행의 동반자로 즐기고 있다. 가끔은 욕조에 처넣어 익사시키고 싶을 때도 있지만.

•

아파트 단지를 관리하는 여자와 마주친다. 나는 그녀의 무화과나무 아래에서 로베르토 칼라소Roberto Calasso의 책을 읽으며 낙서를 하고 있다. 그녀가 건네는 말을 이해하지 못하지만 고개를 끄덕이고, 그녀가 말을 멈추면 '다다다(네, 네, 네)'라고 말한다. 나 역시 그녀에게 무엇을 읽고 있는지, 이 도시에서 무엇을 봤는지 얘기한다. 그녀는 이해하지 못하지만 고개를 끄덕이고 내가 말을 멈추면 '다다다'라고 말한다.

아침에 문을 열자 그녀가 놓고 간 잘 익은 녹색 무화과 더미가 보인다. 작은 제물에서 환한 빛이 난다. 부엌에 서서 찻물이 끓길 기다리면서 이로 무화과 껍질을 까고 입천장에 와닿는 과실의 까끌까끌한 솜털을 느낀다. 내가 무화과에서 제일 좋아하는 부분은 씨앗, 새벽 여섯시의 이른 시각에도 깨물면 태양에서 흡수한 열을 내뿜는 씨앗이다.

그녀는 내가 수박과 보드카가 떨어졌을 때가 아니고선 아파트 밖으로 나서지 않는다는 걸 눈치챘는지도 모른다. 여자가 있는 이곳이 내겐 더 안전하게 느껴진다. 벽 너머로 이웃의 노

랫소리가 들리지만 한번도 그녀의 모습을 본 적은 없다. 관리
인이 도심까지 무화과로 길을 깔아놓는다면 나는 철문을 통과
할 수 있을지도 모른다. 하지만 지금 내가 도달할 수 있는 곳은
나무가 한계이기에 나는 다시 그늘 아래에 앉는다.

•

세르비아에 머무는 나와 캘리포니아에 머무는 내 편집자는
시카고에 헌정하는 잡지를 함께 작업하고 있다. 일 얘기를 마
치고 나서 그가 묻는다. "그래서 지금은 어디에 계신가요?"
"베오그라드요. 전 여기가 싫어요."
"제가 제일 아끼는 친구 한명이 지금 베오그라드에 있어요!
이메일을 보내 봐요." 이런 우연엔 의문을 품지 않고 곧장 두
팔 벌려 달려가는 게 정답이다. 나는 스카이프 통화를 끝내자
마자 이고르에게 이메일을 쓰고, 몇분 만에 저녁을 먹자는 답
장을 받는다.
　택시가 없어서 버스를 탄다. 도시 외곽에서 중심부로 접어들
자 석유가 고갈된 디스토피아 같은 풍경이 펼쳐진다. 브루탈리
즘 양식의 콘크리트 아파트 건물, 창문과 문을 통해 모였다 흩
어졌다를 반복하며 굵게 얽힌 전선들. 전기와 상하수도가 들어
오지 않는 작은 양철지붕 집들엔 베란다마다 물을 채운 병과
욕조가 늘어서 있다. 사람들이 출근하는 우뚝 솟은 건물 옆에

서 북대서양조약기구NATO의 폭격을 받은 건물들이 천천히 허물어지고 있다. 그리고 으레 그렇듯, 개들이 자유롭게 돌아다닌다.

약속 시각보다 일찍 도착해서, 나는 보행자 구역의 골목을 배회한다. 빛바랜 영광과 공산주의적 우울, 네온사인으로 대표되는 탈공산국가의 과장된 화려함이 어깨를 나란히 하고 있다. 내가 얼마간 익숙해진 중부유럽 도시다운 모습이다. 곧 동행이 생길 걸 아는 것만으로도 나는 벌써 대담해진다. 마침내 더위가 조금 수그러들자 시민들이 바깥으로 쏟아져 나온다. 오늘밤은 온 도시가 길거리에 나온 것 같다. 아이들은 뛰어다니고 연인들은 손을 잡고 걷는다. 배가 꼬르륵거린다. 뜨거운 공기 속에 감도는 진한 팝콘 냄새를 이기지 못하고 잔돈을 꺼내 팝콘을 한봉지 산다. 옥수수, 구운 견과, 소시지. 처음으로 식욕에 불이 붙는다 ─ 온종일 냉장고를 연 이유라곤 안에 머리를 처넣고 열기를 식히기 위해서가 전부였는데. 엄청난 인파가 몰려들고, 어딘가에서 커다란 음악이 들려온다. 폴카 박자지만 베이스라인이 길게 늘어지다 못해 흐릿해졌고 악기 소리는 절반이 전자음이다. 십대 청소년 한 무리가 분수를 둘러싼다. 여자아이들은 몸을 앞으로 숙인 채 소곤거리고 남자아이들은 어깨를 펴고 서서 큰 소리로 지시를 내린다. 보도변의 카페는 전부 만석이다. 손가락 사이에 끼워진 담배들이 바쁘게 움직이고 간간이 테이블에 몇 리터들이 맥주 피처를 탕 내려놓는 소리가 들린다.

팝콘 한통을 비우고, 누군지 모르는 남자가 위풍당당하게 말을 타고 있는 동상 아래에 도착한 나는 이고르를 찾아 인파 속을 기웃거린다. 내 쪽으로 걸어오는 남자 몇몇에게 쭈뼛거리며 눈을 맞춰보지만 그들은 급히 시선을 돌리고 내 곁을 배회하던 아이의 손을 잡거나 다른 사람에게 인사를 건넨다. 한 사람이 윙크를 해서 나는 재빨리 시선을 떨군다. 그러나 곧 미심쩍어 하는 나의 눈빛을 알아보는 남자가 있다. 예상보다 잘생기고 젊은 그 남자가 이고르다. 그는 나를 광장에서 데리고 나가 지금껏 알지 못한, 전혀 새로운 베오그라드로 데려간다.

밖에서 보기엔 평범한 레스토랑이었는데 들어가보니 벨벳 커튼이 드리워져 어두운 내부에는 그랜드피아노가 놓여 있고, 촛불이 반짝인다. 은밀함을 원하는 손님들이 있는지 좌석마다 묵직한 커튼을 칠 수 있게 되어 있다. 우리는 커튼을 열어두지만, 폴리에스터 셔츠를 입은 뚱뚱한 남자와 가냘픈 젊은 여자가 맞은편 좌석에서 커튼을 닫는 걸 보고 피식 웃는다. 우리는 와인과 양고기와 또 한병의 와인과 커피를 주문하고 오랜 친구처럼 대화를 나눈다. 그러다가 그가 잠재적 '정보원'임을, 이곳에서 태어나 전쟁을 목격한 사람임을 깨닫고 그리로 대화의 방향을 돌려야겠다는 생각이 든다. 나는 「프라임 서스펙트」에서 보스니아인 희생자가 등장한 에피소드에 대해 말을 꺼낸다. 이고르는 몇초간 말없이 나를 응시한다.

"부조리하군요." 발칸반도 출신이 아닌 우리가 이 전쟁, 즉 '해묵은 원한'을 논하기 위해 택한 필터는 부조리하다. 전쟁을 불가피한 것으로 만드는 이 필터는 아무런 행동도 취하지 않고 방관한 국제사회의 책임을 덜어 준다. 사나운 미치광이들은 어쨌든 저들끼리 싸움이 붙었을 거고, 그 싸움은 단지 시간 문제였을 뿐이니까.

이고르가 음식에 포크를 찔러 넣는다. "보복 같은 건 없었어요. 정말로 고릿적 증오와 인종 간 분열의 문제였다면 보복성 살인이 일어났을 테고 싸움은 아직도 계속되고 있겠죠. 이렇게 작은 나라에선 누가 뭘 했는지 다들 아니까요." 이고르는 보스니아인이다. 사라예보 공성전이 열리던 당시 그는 가족들과 함께 그 도시에 있다가 탈출했다 … 그러나 그건 내가 할 얘기가 아니다. 아무리 대단한 이야기일지라도 이방인, 청자일 뿐인 내 몫은 아니다. 나는 잘못된 문헌을 참고하고 잘못된 결론을 내릴 거다. 이 민감한 사안에 대해 '세르비아인들은'과 '무슬림들은'으로 시작하는 서술문을 쓸 거다. 나는 베오그라드에 백지상태가 아니라 너무 많은 생각을 품고 왔다. 웨스트가 (제국주의적이고 부유한 백인 국가인) 영국인의 관점을 버리지 못했다고 그토록 비판했으나, 나는 내 관점도 완전히 버리지 못했다는 걸 인정한다.

순진해빠진 질문인 걸 알지만, 그래도 묻는다. "그 모든 일을 겪고도 세르비아에 살게 될 줄 알았나요?"

어머니는 왜 야망을 품으면 안 되는가

"아뇨. 하지만 여기 사는 여자와 사랑에 빠져서 여기 살게 됐죠." 그는 어깨를 으쓱하고 미소 짓는다.

이제 우리는 같은 경험을, 사랑으로 인해 탈선한 경험을 공유함으로써 다시 공감대를 나눈다. 우리는 오페라하우스를 연상시키는 레스토랑을 나와서 맥주를 마시러 보도변 카페로 자리를 옮긴다. 그런데 이고르가 옆 테이블을 향해 고개를 끄덕이더니 아는 여자가 있다며 나를 소개해준다. 그 테이블에는 세르비아에 대한 글을 쓰러온 미국인 저널리스트도 있다. "전쟁에 대해 쓰고 있습니까?" 그가 미심쩍은 눈으로 나를 본다.

"아뇨." 나는 그의 경쟁자가 아니라 무해한 사람임을 밝혀서 그를 안심시킨다. "리베카 웨스트에 대해 쓰고 있습니다."

그는 고개를 끄덕이며 병맥주를 마시고는 등을 돌린다. 이고르와 나는 놓쳤던 대화의 끈을 잡고 잃어버린 사랑, 기이하고 신랄한 사랑에 대해 말한다. 여기서 영영 표류히 떠돌 수도 있겠지만, 우리는 둘 다 직업과 연인과 답장해야 할 메일들을 가진 책임감 있는 인간이기에 나는 그가 불러준 택시를 타고 다음 날 아침 사라예보로 떠날 채비를 하러 집에 돌아간다.

●

사라예보행 버스 안에서 처음 든 생각은 이 도시가 굉장히 낯익다는 것이다. 와본 적 없는 곳인데도 길을 알 것 같은 기분이 든다. 나는 곧 이유를 깨닫는다. 폭파당하거나 총격을 당하거나 저격수들이 둥지를 틀고 있는 이곳 건물들을 텔레비전에서 본 거다. 건물 그림자에 숨어 달리는 사람들과 방금 버스가 통과한 다리에서 살해된 사라예보 판 「로미오와 줄리엣」의 시신을 봤다. 도시를 둘러싼 산과 숲마저 기억에 남아 있는 이유는 사람들이 거기에 대포를 설치하는 보도영상을 봤기 때문이다. 뉴스캐스터들은 새로 업데이트된 전사자 통계를 보도한 다음, 연예 뉴스로 넘어가 마돈나의 최신 라이프스타일을 이야기하곤 했다.

내 머릿속은 이중노출 사진 같다. 눈앞에 과거와 현재의 이미지가 동시에 들이닥친다. 혹은 내 머리가 아니라 이 도시의 짓인지 모르겠다. 총알 구멍을 메우지 않고 폭격 구덩이를 검붉은 레진으로 때운 이 도시는 적이 남긴 모든 흔적을 영광의 상처처럼 내보이고 있으니까.

내가 빌린 아파트 주인인 테어는 아주 상냥하고, 전쟁에 대한 난감한 질문을 피하는 솜씨가 일품이다. "사라예보에 산 지 얼마나 되셨어요?" 나는 그에게 묻는다. "평생 살았죠." "아, 그럼 그 당시에도…" "네, 평생 살았으니까요." 이곳 서점에는 전쟁에 대한 미국인과 영국인 저자들의 팔백쪽짜리 책들이 수십 권 깔려 있다. 그로 미루어보건대 이 도시의 거주민들은 예외 없이 저널리스트에게 불쑥 질문을 받은 경험이 있을 것 같다. "그 전쟁 말인데, 어땠습니까?"

어머니는 왜 야망을 품으면 안 되는가

우리는 전쟁 대신 로큰롤과 미국의 삶에 대해 이야기한다. 사라예보를 돌아다니는 길고양이들이 주인 없는 것치곤 너무 깨끗하고 포동포동하다는 얘기도 한다. "고양이까지 먹일 만큼 식량이 충분하지 않아서 집밖에 내놓았죠." 쥐와 새를 잡아먹도록 하는 편이 낫겠다는 판단이었다. 고양이들은 저들 힘으로 잘 살아나갔다. 이제 시민들은 합심해서 고양이들을 돌보고, 고양이들은 사람에게 완전히 길들여졌다. 해질녘이 되면 고양이들은 길을 걷다가 집 창밖에 멈춰서 운다. 먹을 걸 던져주면 받아먹고 다음 집으로 향한다. 매일 밤이 핼러윈이라도 되는 것처럼. 내 방 창문 밑에 찾아온 고양이들에게 나는 스테이크 조각과 닭날개 구이를 던져준다.

어느 아침엔 몸에 수건을 감은 채 욕실에서 나와보니 소파 위에 웬 고양이가 앉아 눈을 깜박이고 있었다. 녀석은 방범창살 사이를 빠져나가 열린 창문 바깥으로 유유히 사라진다. 별 무례한 고양이가 다 있다며 웃음을 터뜨리는 찰나 또다른 고양이 한마리가 내 다리 사이를 지나 친구를 따라나간다. 건방진 녀석들이다.

•

두꺼운 책『검은 양과 회색 매』에는 뭔가 빠진 게 있는데, 그건 바로 리베카 자신이다. 역사가이자 지식인이자 분석가인 리베카 웨스트는, 그녀는 책 안에 있다. 이 책에 등장하는 리베카는 뻣뻣하고 차갑다. 그녀가 자신에 대해 얘기할 때, 수도원이나 늦은 밤 카페로 우리를 안내하고 그녀의 남편이나 통역사겸 가이드인 콘스탄틴과 대화할 때, 그녀는 인물이 아니라 하나의 지적 관점에 가깝다. 그녀가 내뱉는 말은 전부 완벽한 구조의 문단으로, 그녀의 논지를 간결하게 요약하고 있다. 그녀는 사려 깊게 계산된 행동만 한다. 예기치 않은 일은 아무것도 일어나지 않는다.

그녀는 인간 리베카를 누락한다. 자그레브의 호텔 방에서 남편이 잠들어 있는 동안 영국의 연인에게 고통스러운 편지를 쓰고 있던 여자. 아들의 책에서 샅샅이 해부당하고 방치와 무관심이라는 죄목으로 비난받은, 썩 훌륭하지 않았던 어머니 리베카. 지치고 무력감을 느낄 때면 눈물을 쏟았을 리베카, 술을 퍼마시는 리베카, 마감 일자가 다가오는데 스마트폰으로 캔디 크러시를 하고 있는 리베카.

아들의 문제는 흥미롭다. 전기 작가들도 여기에 상당한 분량을 할애한다. 앤서니는 리베카와 유부남 H. G. 웰스H. G. Wells 사이 불륜의 소산이었고, 그는 사생아로 태어난 것만큼이나 일하는 어머니 밑에서 자란 것에 분개했다. 그가 언제쯤 자신의 어머니가 완벽한 영국 가정주부가 아니라 큰 야망을 품은 작가라는 걸 알아차렸을지 궁금하다. 자신의 어머니는 전자여야 마땅하다고 느끼기 시작한 건 또 언제였을지 궁금하다. 어머니가

어머니는 왜 야망을 품으면 안 되는가

된 리베카가 자신의 유년을 돌이켜보았을지도 궁금하다. 무능했던 아버지, 런던에서 스코틀랜드로 돌아가게 만든 가난, 그녀가 당한 방치와 콩가루 집안의 일원으로서 감내해야 했던 책임감. 환원주의적으로 생각해보면, 실력을 퇴색시킬 만큼 비대했던 그녀의 야망에 계속해서 물을 준 원천이 바로 이것 아니었을까. 닥쳐오는 결핍을 느끼는 감각 말이다. 그녀는 잠깐이라도 손아귀에서 힘을 풀면 무슨 일이 벌어질 수 있는지 알았다. 리베카는 지금껏 견뎌낸 역경이 자신을 더 강하게 만든 걸 알고, 아들 대신 원고에 시선을 고정할 때마다 아이도 잘 견딜거야라고 생각했을지도 모른다. 그러나 아들은 잘 견디기는커녕 어머니가 저지른 가장 하찮은 실수들을 그러모아 '소설'『유산』*Heritage*의 형태로 세상에 폭로했다. 게다가 사람들이 인물 간의 유사성을 미처 알아보지 못할 것을 염려하여, 등장인물들이 자신과 부모를 몹시 닮았다고 밝히기까지 했다.

웨스트의 전기를 쓴 작가들과 비평가들은 아직도 그녀를 비판한다. 그들은 방치당한 아들의 안타까운 상처를 가혹한 어조로 언급하면서 자기도 모르게 리베카 웨스트의 역할에 자신들의 어머니를 캐스팅한다. 이는 여성 야심가를 받아들이는 데 어려움을 겪는 사람이 나뿐만이 아니라는 증거다. (내가 몇몇 여성 야심가에게서 발견하는 문제는 그들의 야심이 아들에게 악영향을 미친다는 게 아니라, 그들이 남자들과 경쟁하려다가 남자들의 특징에 물든다는 거다. 남자들의 나쁜 특징인 쇼비니

어머니에게서 충분한 관심과 애정을 받지 못해
불행해졌다고 생각하는 사람들은
결코 어머니를 용서하지 못한다.
비슷한 선택을 한 아무 여자에게나
자기 어머니의 얼굴을 투영하고 신나게 분노를 토해낸다.

즘, 흔들림 없는 확신, 성공을 달러로 세는 버릇 같은 것들에 말이다. 웨스트의 경우는 남자에게서 제국주의자의 사고방식과 중요한 인물이 되고 싶다는 갈망을 익혔다.) 어머니에게서 충분한 관심과 애정을 받지 못해 불행해졌다고 생각하는 사람들은 결코 어머니를 용서하지 못한다. 비슷한 선택을 한 아무 여자에게나 자기 어머니의 얼굴을 투영하고 신나게 분노를 토해낸다. 반면 아버지들은 면피권을 받는다. 기대치가 워낙에 낮아서 발레 공연을 천번쯤 빠지고 생일을 열번쯤 까먹고 크리스마스카드에 이름 철자를 틀리게 적더라도 (아빠도 참!) 여전히 존경받는다. 반면 어머니들은 독심술사가 아니라는 이유로, 우리가 무얼 필요로 하는지 알아맞히지 못한다는 이유로 상처를 줘서 몇년간 심리치료를 받게 만든다. 리베카의 아들 웨스트씨는 어머니를 공공연히 비난했으나 항시 자리를 비웠고 경제적으로도 무책임했던 아버지를 존경했다. 아버지는 우리에게 본보기가 되고, 앞장서서 거친 세상을 살아갈 방법을 보여주는 사람이 아니던가. 약간의 거리는 당연하며 필수적이다. 반면 어머니는 우리 뒤꽁무니를 쫓아다니며 넘어질 때마다 잡아주거나, 옆에서 대기하고 있다가 위안이 필요한 순간 어깨를 내주는 사람이다. 그렇게 배웠기에 어머니는 딱 두발자국만 앞서 걸어도 자식을 버린 이기적인 년이 된다.

그게 리베카가 자신의 책 속에서 단단한 대리석을 조각해 만든 미네르바 동상 같은 모습으로만 등장하는 까닭일 테다. 지식인은 신체에서 유리된 두뇌여야만 하고, 그러지 못하다면 적어도 자신의 철학을 완벽히 대변해야 한다. 시몬 드 보부아르Simone de Beauvoir가 장폴 사르트르Jean-Paul Sartre에게 종속된 사랑을 했으므로 그녀의 걸작 『제2의 성』도 순전히 무효라고 주장하는 글을 언젠가 읽은 적이 있다. 메리 울스턴크래프트Mary Wollstonecraft는 템스강에 한두번 뛰어들었을 만큼 복잡했던 연애사로 인해 페미니스트와 여성혐오자 양쪽 진영에서 조롱받았다. 그게 우리가 사생활이 난잡한 지식인을 몰아붙이는 방식이다. 비평가들이 덧붙이는 여담은 칼날처럼 우리의 머릿속에 꽂혀 빠지지 않는다. 리베카가 저서에서 자신을 어떻게 그릴지 결정한 것은 자기 보호의 차원이었을 거다.

그러나 이곳 사라예보에서 자기답게 지내는 게 가능하긴 한가? '전쟁에 갈가리 찢긴' '포위된' 같은 형용사의 수식을 받는 도시에서 트럭이 지나가는 동안 문간에 웅크리고 앉아 수화기에 대고 울어도 괜찮은가? 중부유럽의 모든 호스텔에 들어찬, 자기 명의의 신탁자금으로 여행하면서도 가난한 척을 하는 백인 남자아이들과 똑같이 권태를 느껴도 괜찮은가? 무슬림 여성들의 아름다운 머리스카프를 찬미하고 하나 구입해도 괜찮은가? 만신창이의 몸으로 두통을 덜어줄 로즈메리오일을 찾아 헤매도 괜찮은가? 이곳, 모두가 나보다 훨씬 더 고통받은 이곳에서 그런 일들이 허락되는가?

사라예보는 시민들을 가장 고통스러웠던 순간에 가둬두지

어머니는 왜 야망을 품으면 안 되는가

않는 편을 선호할지 모른다. 그들이 견뎌낸 고통 대신 다른 잣대를 통해 봐주길 바랄지도 모른다. 현대의 보스니아에는 당장 해결해야 할 문제들이 산더미같이 쌓여 있지만 외부 뉴스에 보도되는 건 전쟁 혹은 폭력과 유사한 행위들뿐이다.

보스니아의 실업률은 40퍼센트에 육박하나 서유럽 언론에서는 경제 불황을 설명할 예시로 스페인을 택했다. 스페인은 우리에게 더 잘 알려져 있고, 더 친숙하고, 그곳 사람들은 우리와 닮은 외양으로 우리와 비슷한 삶을 사니까. 그래서 그들의 고통에 공감하기가 더 쉬우니까.

보스니아 청년들은 무능하고 부패한 정부에 반기를 들고 있으나 서유럽 언론에서는 폭동을 설명할 예시로 그리스를 택했다. 그리스는 우리의 문화적 상상력 안에 존재해서 이해하기가 더 쉬우니까. 그리스의 폭동은 더 역동적이고 정부는 만화 속에나 나올 것처럼 부패했다. 보스니아 정부에 대해 말하려면 미국이 평화협정 중 그 정부를 세우는 데 한몫했음을 언급해야 한다. 나아가 제대로 기능하지 않을 게 틀림없는 정부에 권력을 주고 있다는 걸 미국이 알지 못했거나, 혹은 알면서도 별 신경 쓰지 않았다는 것도 필연적으로 얘기해야 한다. 어쨌건 그리스고 보스니아고 결국은 거기서 거기 아닌가? 이 나라들은 서로 대체될 수 있다.

오늘날 보스니아가 처한 문제는 액션영화 뺨치게 섹시하고 흥분되는 격동의 과거와는 비교도 할 수 없다. 실제로 우리는 한 지역 전체가 겪은 고통을 거물급 할리우드 배우들이 출연하는 액션영화로 만들었다. 오언 윌슨이 지뢰가 빼곡히 깔린 지대를 슬로모션으로 달렸고 진 해크먼이 군사 지령을 고함쳤고 하늘에서 천사들의 합창이 들렸다. 물론 그들을 모두 구해낸 건 미국인이었다. 추측건대 영화에는 발칸반도 출신 연기자가 한명도 캐스팅되지 않았을 것이다.

　　　　　　　　　　　•

　이고르가 이메일을 보내, 사라예보에 오는 자기 친구가 내 아파트에서 한 블록 거리에 숙소를 마련했다고 일러준다. 저녁 식사라도 같이 해야겠지. 나는 우연을 기쁘게 받아들인다. 우리의 약속 장소는 술에 거나하게 취한 빌 클린턴과 어깨동무를 한 주인의 사진이 걸린 레스토랑이 아니라 그 옆의 오래된 시장이다. 나는 언제나처럼 이르게 도착한다. 언덕을 하나 내려가서 길을 건너고 골목을 도는 데 걸리는 시간을 이십분은 더 잡은 것이다.

　나는 성당에 들어가기 위해 로마에서 급하게 산 긴 원피스를 입고 있다. 이 옷은 비난받아 마땅할 만큼 여성스러운 나의 무릎과 어깨를 가려준다. 일몰 직전 라마단 기간의 거리는 아직 정적에 싸여 있다. 누군가 내게 좋은 레스토랑에 가려면 이런 금식 기간을 노리는 게 비법이라고 알려주었다. 시장 사람들은 단식을 끝낼 준비를 하고 있다. 조약돌이 깔린 골목에 접어드니 구운 고기와 뜨거운 양파 냄새가 솔솔 풍겨온다.

하늘에선 아직 팔월의 태양이 이글대고, 나는 레스토랑 안쪽의 어둡고 시원한 테이블에서 기다리기로 결정한다. 나와 리베카 웨스트가 나눌 술로는 자두 브랜디를 주문한다. 나는 바위처럼 묵직한 그녀의 책을 핸드백에 넣어왔다. 이윽고 키가 크고 호리호리한, 모범생 느낌을 풍기는 미남이 걸어들어온다. 피터다. 마치 사서를 연기하는 영화배우 같다. (그렇지만 등은 굽지 않았다.) 나는 남몰래 마음이 설렌다. 피터는 시큼한 체리 브랜디를 시키는데, 그 술은 너무 달콤하고 예뻐서 차마 손댈 수 없다. 대화 내내 술은 테이블 위 자리를 지킨다.

그는 나처럼 이방인, 유럽인, 설명하는 사람으로서 여기서 모은 정보를 외국의 독자들에게 들려주고자 여행을 왔다. 그가 작업하고 있는 건 아주 영리하고 시적인 컨셉의 책으로, 구 유고슬로비아를 그 거주민들의 애정생활을 통해 이야기하는 내용이다. 슬로베니아의 레즈비언들, 보스니아의 싱글 바 주인, 세르비아의 이혼자들을 인터뷰하는 중이라고 했다. 심지어 책의 제목조차 아주 영리하고 시적이다. 『엑스』*EX*. "저보다 좋은 책을 쓰고 계시군요." 내 말에 그는 미소 짓는다. "두고 봐야 알 일이죠. 네덜란드어로 쓰고 있거든요."

액화될 때까지 취해서 그의 주머니 안으로 쏟아지고 싶다는 충동에 사로잡혀, 나는 자두 브랜디를 더 주문한다. 기억에 남는 저녁을 보내리라고 결심하고, 실행한다. 야생버섯 소스를 듬뿍 뿌린 구운 고기와 차가운 브랜디는 실로 근사하다. 우리는 테이블 위에 몇조각의 정보를 올려놓는다. 그에게 여자친구가 있다는 사실과 내 연인의 이름을 입에 올리고, 다시는 그 얘기를 꺼내지 않는다.

우리는 다시 우리의 방을 향해 언덕을 오른다. 정확히 말하자면 각자의 방을 향해. 우리 사이의 공기를 흐트러뜨리고 싶지 않아 우리는 잠시 머뭇거리지만, 곧 길고양이 우는 소리에 정적이 깨지고 미묘한 기류는 순식간에 사라져버린다. 나는 집까지 남은 길을 홀로 걷는다. 벌써 마지막 기도를 알리는 소리에 고개를 들자 머리 위로 유성 하나가 떨어진다. 가로등 없는 골목은 무섭지 않다. 오히려 마음을 진정시켜준다. 밤이 내린다. 나는 먼지 낀 바위에 앉는다. 몇 미터 거리에 길고양이떼가 모여 있다. 잊고 있었는데, 오늘은 유성우가 절정에 이르는 날이었다.

기도를 알리는 여러 목소리의 노래가 사방에서 들려온다. 한 줄기의 빛이 곧 둘, 셋으로 늘어난다. 칼 세이건을 숭배하는 아버지의 손에 새벽 두시에 침대에서 끌려나온 유년시절의 나는 하늘의 한 구역을 골라 뚫어져라 쳐다보며 유성이 지나가기를 기다렸다. 유성이 내게 오길 기다렸다. 언니들이 유성을 봤다고 신나서 소리를 질러댔을 땐 내가 택한 구역이 잠잠한 것에 실망했고, 화가 났다. 하나의 영역을 고르는 대신 캔버스 전체를 향해 나 자신을 무차별적으로 열어야 한다는 걸 그땐 몰랐다. 초점을 포기하고 확장을 선택해야 한다. 기도 시간을 알리는 노래처럼. 노래는 우리를 위쪽으로, 또 바깥쪽으로, 삼차원으로, 사차원으로 이동시키고 확장시킨다. 노래는 우리에게 시야를 넓히라고 말한다. 고정된 위치에서 벗어나라. 끝없이 움직여라. 밤하늘 전체를 가질 수 있는데 어째서 한조각만을 선택하는가?

나는 지평을 넓힌다. 등을 바닥에 대고 눕는다. 도시는 노래하고 고양이들은 기분이 좋은지 골골 소리를 내고 하늘은 움직이고 흔들린다.

∙

나는 리베카 웨스트가 썩 마음에 들지 않는다. 그녀는 가르치려 든다. 모든 터키 남자가 똑같다고 단언한다. 가끔 술 약속을 잡긴 하지만 만나서 입만 열면 자기자랑을 늘어놓아서 왜 우리가 지난 여섯달 동안 만나지 않았는지 바로 기억하게 해주는 친구 같다.

그럼에도 나는 그녀를 우러러보고, 때때로 『검은 양과 회색 매』가 얼마나 수작인지 깨닫는다. 이곳에서 정확히 어떤 일이 일어났는지 이해하고자 유고슬라비아의 붕괴와 전쟁으로 전개된 과정을 다룬 여섯시간짜리 BBC 다큐멘터리를 시청한다.

그러나 다큐멘터리에선 모든 게 어쩔 수 없이 벌어진 일이라고 되풀이하고 나는 이제 인종 간 긴장이라는 표현이 지긋지긋하다. 이번엔 존경받는 발칸 전문가의 책을 훑어본다. 영국인 저자는 요시프 브로즈 티토Josip Broz Tito 같은 전체주의 독재자만이 유고슬라비아처럼 구성원이 다양한 국가를 하나로 유지할 수 있었을 거라고 설명한다. 그런 사람들에겐 서로의 목을 조르지 않도록 막아줄 강력한 손이 필요하다는 것이다.

나는 사라예보 공성전에서 살아남은 남자의 일기를 읽고 공성전 중에 열린 미인대회를 다룬 다큐멘터리를 시청한다. 소녀들은 하이힐을 신고 "그들이 우리를 죽이게 놔두지 마세요"라고 적힌 배너를 들고 있다. 나는 유럽이 개입하지 않은 이유를 합리화하는 글과 베오그라드 중국 대사관을 폭격한 게 미국이라는 음모론을 숙독한다.

그리고 나는 리베카 웨스트의 책이 다른 책과 어떻게 다른지 깨닫는다. 웨스트의 책에는 여자들이 있다. 「미스 사라예보」 다큐멘터리를 제외하고 다른 매체에 등장하는 여자들은 하염없이 흐느끼고 애도하는 모습만 보이는, 전쟁 후유증의 훌륭한 의인화였다. 그들은 말하는 대신 울부짖고, 이름도 없다.

그러나 『검은 양과 회색 매』에는 여자들이 있다. 그들에겐 이름이 있고, 생각과 인생과 욕망이 있다. 책 말미에서 리베카와 동행들은 몬테네그로를 둘러보던 중 한 여인과 마주친다. 그녀를 그냥 지나치거나 그녀의 신체를 근거로 지역 사람들의 건강 상태와 빈곤과 억압이 어떠하다고 선언하는 대신, 혹은 그녀의 옷차림을 근거로 한 인종집단 전체를 싸잡아 평하는 대신, 웨스트는 그녀에게 말을 건다.

여인은 통역사를 통해 웨스트에게 첫번째 남편이 죽었다고 말한다. 오스트리아인들이 집에서 끌어내 처형시켰다. 두 아이도 죽었다. 이곳에서 남편 없이 사는 건 안전하지 못하기에, 재혼해서 아이를 두명 더 낳았다. 그 아이들도 죽었다. 두번째 남편은 망령이 들어 그녀를 학대한다. 이게 그녀의 인생이다.

웨스트와 콘스탄틴은 그녀에게 도울 방법이 없느냐고 묻는다. 차가 있는데, 목적지까지 태워줄지 묻는다.

여인은 대답한다. "목적지가 있는 건 아니에요. 그냥 걸으면서 어쩌다 이 모든 일이 일어났는지 생각하고 있어요."

비평가 메리 만Mary Mann은 이 여인을 『검은 양과 회색 매』의 '히어로'라고 부르고, 나도 그에 동의한다. 구경거리가 끝나고 다른 곳에서 벌어진 다른 재난, 비유에 써먹을 만한 다른 분쟁에 관심을 집중하느라 발칸반도에서 시선을 돌린 뒤에도, 사람들은 우리가 보든지 말든지 삶을 살아갈 것이므로. 삶을 버티는 것이야말로 영웅적 행위다.

•

사라예보시에서는 프란츠 페르디난트 대공이 암살당한 장

소의 명판을 교체했다. 웨스트에 따르면 원래 명판에는 '이 역사적인 장소에서 가브릴로 프린치프가 자유를 시작하다'라고 적혀 있었다. 지금은 보다 단조롭고 직설적인 문장이 적혀 있다. 한 사람이 다른 사람을 죽인 곳이라고. 공성전을 겪으면서 세르비아 민족주의자들의 살인행위들이 전만큼 영웅적으로 느껴지지 않게 된 모양이다.

옛 명판의 정신은 사라예보 박물관에 보존되어 있다. 박물관에는 온전히 페르디난트 대공 암살 사건만을 다루는 작은 전시실이 있다. 첫번째 진열장의 설명에서는 대공과 그 아내가 살해당한 게 큰 비극이었다고 힘주어 말한다. 그런데 그 다음 설명에서는 그게 그날 있었던 두번째 암살 시도였다고 (오전에 마차에 폭탄을 던진 사람이 있었다) 밝히면서, 사전에 막을 수 있었지만 무능함과 일련의 우연들 때문에 모든 것이 현실이 되었다고, 어쩌면 신이 그가 죽길 바랐는지도 모르겠다고 주장한다. 다른 전시실들에서는 대공과 다른 오스트리아―헝가리 제국 사람 전체가 천벌을 받아 마땅한 개자식들이었음을 모든 수단을 동원해 밝힌다. 전시는 프린치프의 권총을 마지막으로 급작스럽게 끝난다. 나는 다시 현대 사라예보의 열기, 시장의 소음 속으로 걸어 나간다.

나는 오늘날의 사라예보를 사랑한다. 산과 숲이 빚어낸 스카이라인과 밤에 강변을 걸을 때 머리 위를 맴도는 박쥐들을. 카페에서 파는 달짝지근한 장미수 음료를. 사람들의 과도한 친절과 체파비(cepavi, 발칸반도에서 즐겨 먹는 껍질 없는 소시지 ─ 옮긴이)를 먹고 브랜디를 마시며 행인들을 구경하는 주말 저녁들을. 나는 벌집처럼 총알 구멍이 뚫린 오페라하우스에서 열리는 실내악 축제에 가서 스트라빈스키와 슈베르트를 듣는다. 매일 아침 농산물 시장에 딸린 식당에 가서 사람들이 토마토와 가지와 처음 보는 신기한 보랏빛 콩을 포대째 옮기는 걸 구경하고, 내가 고른 가지 요리를 테이블에서 먹는다. 남자들은 부끄러운 줄도 모르고 추파를 던지고, 나는 부끄러운 줄도 모르고 그걸 즐긴다. 그러다가 곧 이 시장이 이토록 낯익은 이유를 깨닫는다. 여기서 수많은 사람들이 죽어나갔다. 기억 속에 혈흔과 시체를 담은 사진들이 남아 있다.

몇달 만에 영어를 쓰는 영화를 보러 간다. 공성전을 겪은 도시의 영화관에 가서 공성전을 겪는 도시를 주제로 한 만화 원작의 영화를 본다. 영화 속 사람들은 외부와 차단되었지만 다들 헤어스타일이 아주 근사한 걸 보니 어딘가에서 수돗물과 샴푸가 공급되고 있는 게 틀림없다. 전기도 잘 돌아가고 석유도 충분히 공급된다. 이런 영화일 줄은 몰랐다. 자동차 추격 장면이랑 폭파 장면이 나올 테니 두시간 동안 아무 생각 안 해도 되겠지라고 막연히 기대했을 뿐이다. 하지만 오히려 너무 많은 생각이 떠오른다. 우리가 어떻게 전쟁을 엔터테인먼트로, 고통을 은유로 소비하는지. 과거의 공포와 망각하고 기억해야 할 필요 사이에 어떻게 다리를 놓을 수 있을까. 나는 정답을 알지 못한다. 의식을 깨우되 냉소적인 무관심이나 뻣뻣한 진지함에 빠지지 않는 방법을 찾지 못한다.

내가 사라예보에 머무는 동안 세계에서는 1989년처럼, 1968년처럼 혁명이 일어난다. 북아프리카가 거리로 쏟아져 나오고 이란은 피를 묻힌다. 내가 떠난 뒤 중부유럽은 남아메리카처럼 또다른 싸움을 시작할 것이다. 사람들은 세상에 종말이라도 온 듯한 폭동 사진들을 모은 슬라이드쇼를 클릭할 테고 전문가들이 방송에 나와 평화롭던 과거 몇년은 무시하고 피바람이 불었던 날들을 끄집어내 이 사태가 그들의 본성이라고, 일전에도 똑같은 일이 벌어졌다고 설명할 것이다. 그러면서 미국의 백인들은 안도할 것이다. 자청하지만 않는다면 경찰이 민간인의 머리를 부수는 광경을 보지 않아도 될 거라고, 군경과의 충돌에서 사망한 시위자 통계로 황금시간대 텔레비전쇼가 방해받는 일은 없을 거라고 말이다.

사라예보의 거리에 서 있는 지금, 나는 곧 이곳에서 격렬한 봉기가 일어날 것을, 경기 침체에 좌절한 사람들이 두번의 세계대전과 공성전도 이겨낸 건물들을 불태울 것을 알지 못한다. 내가 사진으로 먼저 본 다음에 직접 두 눈으로 본 사라예보의 건물들은 다시 뉴스에 나올 것이다. 그러나 잠깐뿐이다. 곧 대중의 흥미를 더 끄는 키예프 소식에 자리를 넘겨줄 테니. 나는 해질녘을 걸어 집으로 간다. 피터가 떠나고 나도 떠난다. 우리는 생각과 결론과 은유를 품고서 다시 각자의 삶으로 돌아갈

어머니는 왜 야망을 품으면 안되는가

것이다. 후유증을 안고 살아가는 방법에 대해 이론적으로만, 혹은 순전히 개인적 차원에서만 생각할 수 있는 우리의 삶으로. 나는 피를 머금은 땅에서 지내면서 과거를 처리할 방법에 대한 일종의 깨달음을 얻으리라 기대했다. 그걸 나 자신의 인생에 대한 은유로 바꿀 수 있으리라고, 내가 과거에 겪은 못된 일들과 전쟁을 연결시킬 수 있으리라고 생각했다. 참으로 안이한 생각이었다. 우리가 할 수 있는 최선은 계속 걷는 거다. 웨스트가 만난 그 여인처럼, 이 모든 일이 왜 일어났는지를 이해하려고 애쓰면서. 하지만 정답을 찾았다고 생각했을 때조차 사실은 우리 머리에 농간당하고 있다는 걸 잊지 않으면서.

4
초대받지 못한 여자,
다른 이들을 초대하다

마거릿 앤더슨, 남프랑스

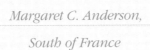

Margaret C. Anderson,

South of France

마거릿 앤더슨
Margaret C. Anderson, 1886-1973

예술문학잡지 『리틀 리뷰』의 창립자이자 편집자, 발행인.
그녀는 이 잡지를 통해 T. S. 엘리엇, 제임스 조이스 등
20세기의 뛰어난 미국, 영국 작가들을 배출해냈다.

보편적 견해에 반대하려면 대단한 자기확신이 필요하다.
그런 확신이 없다면 위기를 감수하지 말고
보통 사람들처럼 낡고 안정적인 길을 따라 걷는 게 나을지 모른다.
아주 신나거나 용감한 선택은 아니다.
오히려 지루하지만, 각별히 안전한 선택이다.

— W. 서머싯 몸

남프랑스로 떠날 짐을 꾸리는 동안 나의 연인은 내가 갈 곳을 찾으며 지도를 훑어보았다.

"어디라고 했지?"

나는 지도를 짚는다. 저 남쪽 칸과 앙티브 근처고, 니스 공항으로 가는 비행기를 탈 거라고. "많은 사람들이 그 근방에 머물렀어. 몸, 마거릿, 피카소. 그레이엄 그린은 기혼이었던 애인을 그리로 데려가곤 했대."

"한니발 바르카도 그곳을 지나갔지. 로마로 돌아갈 때 정확히 그 지점을 지났어."

"코끼리를 끌고서 말이야?"

"그렇지." 그는 스페인을 통해 프랑스로 들어가 해안을 따라가다가 알프스 위로 이어지는 경로를 지도에 그려 보였다.

"한니발에 대해 말해줘." 내 부탁에 그는 흉포한 제국의 국경에서 태어난 뛰어난 장군의 일생과 급작스러운 죽음, 그가 지어올린 도시의 붕괴에 대한 이야기를 들려줬다. 연인은 잠못 드는 밤이면 포에니 전쟁을 생각하고 울타리 너머로 양을 넘기듯이 한니발의 코끼리를 산 너머로 옮긴다고 했다.

장군과 편집자를, 오합지졸 반란자들, 용병, 전투용 코끼리로 구성된 침략군과 미국 중서부에서 온 이상한 여자를 나란히 놓고 보는 건 적어도 내겐 설득력이 있다. 그녀의 길도 장군의 길만큼이나 급진적이었다. 승리할 가능성 역시 그만큼 낮았다. 한니발은 비상한 군사적 재능 하나만 믿고 변두리에서 떨쳐일어나 로마제국을 무찌르기 직전까지 갔다. 마거릿 앤더슨은 촌뜨기 출신으로서 모더니즘의 중심부에 우뚝 섰다. 두 사람의 인생에서 뚜렷한 차이가 있다면 등장하는 코끼리의 수 정도일 게다.

•

별다른 교육도 받지 못했고 기술도 없는 촌뜨기 여자들이 누구나 마거릿 앤더슨처럼 문예 혁명을 일으키는 데 일조하는 건 아니다. 그녀는 정식 교육을 거의 받지 못했고 예술계에 연줄 하나 없었지만, 그녀가 20세기 초에 창간한 문예지는 오늘날까지도 영향력을 발휘하고 있다. 그녀는 그 위대한 매체에 『리틀 리뷰』*The Little Review*라는 이름을 붙였고, 오로지 자신의 안목에 의지하여 모더니즘의 여명기에 가장 흥미진진했던 글들을 출판했다. 20세기까지 남아 있던 끔찍한 빅토리아주의의 잔재, 키플링R. Kipling 작품을 비롯해 점잖은 주제에 대한 점잖은 소설들을 쫓아내고 실험주의와 급진주의의 공간을 마련했다. 우리가 지금까지 읽고 연구하는 그 시대 작품들은 전부 그녀 손에 출판되었다. 그녀는 주목할 만한 글을 남기지는 않았으나 20세기의 가장 중요한 작품들을 편집하고 출판했으며 작가들을 서로에게 그리고 새 독자에게 소개했다. 서로 다른 세계들 사이에 전류가 통하도록 번역의 전선을 걸어서 프랑스 문학이 미국 문학에, 영국 문학이 러시아 문학에 영향을 주도록 주선했다.

나는 그녀처럼 출생과 사망 사이에 비상하게 날아오른 사람들이 좋다. 아무것도 아닌 곳에서 아무도 아닌 사람으로 태어나서, 남프랑스에서 문학의 마님으로 죽는 것.

마거릿 앤더슨의 삶은 변두리의 힘에 대해 시사하는 바가 많다. 그녀가 발굴한 작가들은 대부분 샌님이거나 실패자였지만 그녀가 출판하고 공들여 홍보한 작가들은 극소수를 제외하고 경전에 올랐다. 사이코 에즈라 파운드, 신비주의자 샌님 윌리엄 예이츠, 변태 제임스 조이스, 레즈비언 듀나 반스, 농장 소년 하트 크레인, 과격한 기인 엘자 폰 프라이타크로링호벤 등등. 물론 런던에서도 귀족적인 버지니아 울프 파벌과 그녀의 심술

굳은 서클(버지니아 울프 부부, 화가 덩컨 그랜트, 미술평론가 클라이브 벨 등의 배타적 문화 서클 '블룸즈버리'를 말한다 ─옮긴이)이 저 나름의 문예 혁명을 계획하고 있었다. 그러나 마거릿은 별스러운 변방의 조무래기들, 연줄도 돈도 없고, 연줄과 돈을 가진 남편도 없는 사람들을 각지에서 긁어모아 무대에 세웠다. 세상을 바꾸고 싶다면, 아니 하나의 세계라도 바꾸고 싶다면, 방법은 두가지가 있다. 주류 세계의 벽을 살살 뚫고 들어가 그 안의 규칙과 박자와 사교 행사를 익힌 다음 자신의 질병을 퍼뜨리고 거기에서부터 부패하는 것. 혹은 외부에서부터 에워싸고 공성전을 벌이는 것.

공정하게 말해 마거릿에게는 전자를 택할 기회가 없었다. 항공편도 잘 다니지 않는 미국 중부 소도시의 중산층 이하 가정에서 성장한 사람은 문학계에서 대단히 불리하다. 권력자들의 자녀들과 사귀지 못하고 그들과 학창시절을 공유하지 못하고 아이비리그에 지인 한명 없는 사람이 어떻게 그들의 모임에 들어가겠는가? 모임에 들어가야만 일거리가 생기고 돈을 대줄 사람을 소개받고 에이전트와 출판업자와 갤러리와 잡지와 살롱에 연줄이 생긴다. 단지 일이나 출판 계약을 따내는 것만의 문제는 아니다. 이건 자신이 살고 싶은 삶, 소위 정신적인 삶을 살 수 있는지의 문제다.

하지만 당신은 가축과 밀밭과 얼린 콩, 마요네즈, 조각 치즈를 넣은 샐러드가 있는 미국 중서부 변두리 출신이다. 마거릿

초대받지 못한 여자, 다른 이들을 초대하다

앤더슨의 연인이자 동료 편집자였던 제인 힙Jane Heap은 자신의 고향 캔자스 토피카에 대해 이렇게 적었다. "이곳은 현실이다." 반면 도시는 "사랑과 예술과 유희다." 대화와 예쁜 모자와 오페라 박스석과 샴페인이다. 매력을 발산하고 재치를 발휘하고 누군가 농담을 했을 때 곧바로 고개를 젖히며 웃음을 터뜨리는 것이다. (도시의 삶이 진짜로 이렇지 않다는 사실은 유념치 마라. 흙길에서 세련을 꿈꾸는 이들에게 도시적 생활양식은 영원히 끝나지 않는 거품 목욕이나 다름없으니.)

사랑과 예술과 유희가 넘실대는 인생에 입장하기 위한 비밀 악수법을 배우지 못했다는 것만이 문제는 아니다. 예술을 독학했다는 것, 당신이 사는 고원지대가 최첨단 문학을 접하거나 최근 화제가 되는 조각 전시를 보기엔 어려운 장소라는 것, 드디어 고대하던 파티에 초대받았을 때 혼자서 사람 이름을 전부 잘못 발음하고 잘못된 예술가와 잘못된 작품을 칭찬했다는 것, 파티장 구석에서도 아이라인을 한치의 번짐 없이 완벽하게 그릴 수 있는, 아마도 평생 손을 떨어본 적이 없을 한 무리의 사람, 비밀 악수법을 아는 게 틀림없는 사람들 앞에서 그 작품의 이름을 언급하자 그중 한 사람이 코웃음을 치면서 당신의 팔에 손을 얹고 "자기야, 그건 아니야"라고 말했다는 것, 그 전까지는 잘못된 취향이라는 게 있는지도 몰랐다는 것도 문제는 아니다. 먹는 법은 알아도 품위 있게 식사하는 법은 배우지 못했고, 당신에게는 최신 유행처럼 보이는 옷이 다른 사람들에게는 인디애나주 백화점 표라고 써붙인 것처럼 보인다는 것도 문제는 아니다. 문제는 그들이 당신을 딱하게 여긴다는 거다.

마거릿 앤더슨은 첫번째 선택지는 안중에도 없었다. '안에서부터 변화를 이끌어내기'를 선택하는 모든 사람들은 그 안에 흡수되고 군중의 일원이 될 위험을 무릅써야 한다. 받아들여지는 기분에 취해 자신의 원래 임무가 무엇이었는지 망각할 위험을 무릅써야 한다. 심지가 약한 사람은 자신의 잘못된 의견을 다시 고치고 사회적 품위를 가다듬고 남을 관찰하고 모방하여 자신의 날카로운 모서리를 뭉툭하게 깎아내는 데 인생의 수십년을 허비한다. 마거릿은 그러지 않았다. 그 대신 착각하고 있는 건 남들이라고 ── 똑같은 교육과 가정환경과 사회경제적 배경을 공유하며 집단사고를 하게 된 그들이 의견에 옳고 그름이 있다고 주장함으로써 사회를 지루하고 보수적이고 잘못된 곳으로 만들었다고 결론지었다. 그녀는 몇년간의 노동과 궁핍한 생활을 통해 스스로 배우고 취향을 다듬었으므로 독창적인 사고를 하게 되었다. 그녀는 사회적 용인과 배척을 중심으로 한 독재에서 자유로웠다.

마거릿은 모두에게 거부당한 자에게만 주어지는 보상을 받았다. 오만. 그녀는 그 오만을 날카롭게 벼렸다.

그래서 1914년에 마거릿은 시카고에서 『리틀 리뷰』를 창간했고 좋아하는 사람들을 전부 불러모았다. 자금은 아는 사람들에게 부탁해서 모은 구독료로 댔다. 친구에게 더는 필요 없어진 약혼반지를 기증받는 등 예기치 못한 행운도 따랐다. 처음에 『리틀 리뷰』는 비평지로 시작했지만 마거릿은 곧 비평가의 위상이 출판업계에 의존하고 있음을 깨달았다. 그런데 출판업계는 대단히 보수적인 데다 거의 빈사상태에 빠져 있었다. 비평가들은 타인의 결정에 부단히 반응하는 존재지 세상에 직접 아름다움을 가져오는 존재는 아니다. 마거릿은 읽고 싶은 글을 스스로 출판해야 한다는 걸 깨달았다. 그러지 않으면 읽을 만한 게 없을 테니까.

하지만 그녀는 무엇보다도 우선 인디애나를 벗어나야 했다.

●

인생은 영광스러운 공연이다. 배경과는 무관하게, 어떤 종류의 '배역'이든, 누구에게나 연기할 기회는 주어진다. 우리는 주어진 역할에 최선을 다할 수도 있다. 더 나은 대사를 떠올릴 창의성이 있다면 대사를 바꿀 수도 있다. 인물을 더 효과적으로 표현하기 위해 '몸짓'을 바꿀 수도 있다. 또는 대담하게 무대 감독에게 다가가 캐스팅받은 배역을 반납하고 주역을 따낼 자격을 증명할 수도 있다.

─마거릿 앤더슨, 『리틀 리뷰』 창간호 서문에서

골프클럽이 즐비하고 밤이면 브리지게임으로 소일하던 19세기 인디애나주 교외에서 마거릿 앤더슨은 괴짜였다. 마거릿 자신의 말에 따르면 — 회고록을 몇줄만 읽어도 티가 날 정도로 그녀가 대단한 거짓말쟁이임을 감안하면 사실인지는 알 수 없지만 — 그녀의 유년 시절은 한마디로 결핍 그 자체였다. 물질적 결핍이 아니라 미의 결핍. 대수롭지 않아 보일지 모르겠으나 아름다움을 먹고 사는 사람에겐, 아름다움이 공기이자 물이자 종교인 사람에겐 얘기가 다르다. 가족에 대해 가볍게 언급하고 어깨를 으쓱하고 웃고 넘어갈지언정 그녀가 택한 단어들에서는 무게가 느껴진다. 떨칠 수 없는 분노와 압박이 느껴진다. 문체는 아름답지만 원고지에 연필심이 부러진 자국과 종이를 찢어버린 자국이 보이는 듯하다. 대부분 어머니가 등장하는 순간이다.

여기서 잠시 멈추고 우리 체인질링(changeling, 사람 아이와 바뀌치기된 요정 아이 — 옮긴이)들에 대해 얘기해야겠다. 체인질링과 검은 양은 반드시 구별해야 하기 때문이다. 검은 양(the black sheep, 집안의 골칫덩어리, 말썽꾼 — 옮긴이)은 만들어진 괴짜다. 검은 양이 이 말을 들으면 질색하면서 방으로 요란하게 올라가 검게 칠한 손톱을 뜯고, 부모님이 냄새를 맡을 수 있도록 침실 문가에서 마약을 피우겠지만. 반항은 무대 위에서 이루어지고 정체성은 온전히 가족 내의 상호작용에 의해 빚어진다. 그 상호작용이 갈등과 충돌로 구성된다 해도 그의 정체성이 가족과 떼놓을 수 없다는 사실은 변함없다. 그는 반응과 상호작용을 시험한다. 내가 이렇게 하면 고함을 치며 혼낼 거야? 내가 이렇게 하면 나를 집 밖으로 쫓아내고 연을 끊겠다고 협박할 거야? 좋아, 알겠어. 그는 가족들과 불편한 관계를 쌓고 불편함 그 자체가 되고자 한다.

반면 체인질링은 이미 완전히 형성된 피조물로 이 행성에 왔기에 그의 정체성은 양육자와 무관하다. 특별한 상황이 아니라면 가족에게 영향을 받지 않는다. 가족들은 작은 야수를 자기 동족으로 키워낼 수 없다. 그래도 그렇게 키우기 위해 시도하고, 난폭한 방식으로 성공하는 경우도 있으나, 결과적으론 부질없다. 가족들은 결국 멀어진다. 가족의 어떤 외양을 닮았든―아버지의 코를 물려받고 어머니의 잿빛 금발을 꼭 닮았든―그녀는 영영 타자로 인식될 것이다. 마치 갓난아기 때 요정과 바꿔치기당한 것처럼.

검은 양은 두 손을 꼭 모으고 우리 아이가 사실은 착한데 못된 친구들과 어울렸을 뿐이라고 읊조리는 어머니의 비통한 기도를 통해서라도 가족과 연결되어 있는 반면 체인질링은 가족에게 거의 즉각적으로 송두리째 거부당한다. 딸이 성장하여 본모습을 드러내고 마침내 제 매력과 마법을 발휘하기 시작하면 아버지는 그 작은 맹수와 사랑에 빠질지도 모르지만 어머니는 그 딸이 자기 배에서 나오지 않았다는 걸 깨닫는다. 자신이 지닌 자원을 빼앗고 둥지를 들쑤셔놓고 남편의 관심을 놓고 경쟁하는 '그것'은 딸이 아니다. 아버지에 대해선 애정 어린 어조로 이야기하지만, 브랜디와 캐러멜처럼 달콤한 문체로도 자신을 거부한 여성에 대해서는 분노를 숨길 수 없었던 마거릿의 경우처럼. 매끄러운 산문 아래를 들춰보면 마거릿이 자기 어머니를 어린애들을 잡아먹는 무정한 라미아(lamia, 상반신은 여자고 하반신은 뱀인 그리스 신화의 괴물 ─ 옮긴이)로 취급했다는 게 드러난다.

그 라미아에게 마거릿이 느끼지 못했던 연민을 우리는 느낄 수 있을지도 모른다. 기술혁명이 일어난 뒤임에도 불구하고 그 시대 그 지역에서 어머니로서의 삶은 선택이 아니었다. 미국 중서부는 무엇보다도 실용주의를 믿는 지역이지만 그들이 생각하는 실용성에는 여성의 생식기능이 포함되어 있다. 여자가 애를 낳지 않으면 남아도는 시간과 육체로 무얼 하겠는가? 임신과 출산과 양육의 굴레로 내던져진 여자들이 언제나 홀마크 카드에 그려진 흐리멍덩한 그림처럼 살 수 있었던 건 아니다. 게다가 자신의 자궁이 도난당했음을, 자신에게 기생하도록 몸을 내주며 보호한 아기가 낯선 존재임을 발견하는 것 ─ 그건 분명히 충격이었을 것이다. 역겨움은 극복하기도 위장하기도 어려운 감정이다.

체인질링 아이로 산다는 건 고통이다. 아이는 왜 자신이 받아들여지지 못하는지 절대 이해할 수 없다. 그러나 어른이 되면 기댈 사람이 없다는 게 두렵다기보다는 짜릿하다. 어떤 면에서는 고아보다도 행운아다. 얘기가 덜 복잡해지니까. 그리고 수많은 아동문학을 통해 우리는 고아들이 가장 대단한 모험을 떠난다는 걸 잘 안다. 이것이 미국 중서부에 잘못 태어난 공공연한 레즈비언, 아프로디테와 아폴로를 숭배한 탐미주의자 마거릿을 이해하는 열쇠다.

•

캔자스주에서는 역사수업 시간에 여덟살짜리들을 앉혀놓고, 알다시피 중요하고 똑똑한 사람들은 다들 동부해안이나 서부해안 출신이지만 욕을 많이 먹는 지방에서 태어난 것도 나쁘지는 않다고 가르친다. 파일럿 아멜리아 에어하트에 대해 (그러나 관습에 얽매이지 않은 결혼 얘기는 쏙 빼고), 언론인 윌리엄 앨런 화이트에 대해 (그러나 그의 정치적 진보성은 쏙 빼고), 노예제 폐지론자 존 브라운에 대해 가르친다. 선생님은 존 브라운에 대해선 그의 아동 살해 범죄까지도 자랑스러운 어조로 이야기하는데, 왜냐면 진심으로 말하건대 미주리주의 개새끼들은 큰코다쳐야 마땅했으니까.

소설가 윌리엄 버로스나 영화배우 루이즈 브룩스나 캔자스를 떠나 자신에게 더 맞는 장소로 간 사람 등 급진주의자들에 대해선 가르치지 않는다. 교회와 지역사회와 가족을 벗어나 살 방법이 있다고 가르치지 않는다. 바깥세상은 썩 좋지 않다고, 폭력과 고독과 실망만이 기다리는 곳이라고 말한다. 충족되지 못한 욕망이 세상에서 가장 견디기 어려운 것이며 원하는 걸 손에 넣지 못한 좌절감은 평생 회복될 수 없다고 가르친다. 그러니 애초에 아무것도 원하지 않는 게, 지금 가진 게 아무리 적더라도 만족하는 게, 땅 몇뙈기와 의무 몇가지와 우리를 보호하기보다는 감시하는 지역사회를 가진 것에 감사하며 사는 게 좋다고 말한다.

나는 캔자스 동향 사람을 만나러 파리로 간다. 우리는 시장에서 와인을 사고 병째 술을 마시며 거리를 걷는다. 술이 떨어지자 카페에 앉아 카라프를 하나 시킨다. 나는 담배를, 그는 시가를 피운다. 우리는 형편없는 프랑스어로 웨이터와 더듬더듬 대화를 나누고 우리 옆을 스쳐 지나가는 파리라는 도시를 조용히 바라본다.

그가 눈썹을 치켜올린다. "꿈이나 꿨겠어요?"

침대에 누워 갖가지 미래를 꿈꾸던 어린 시절, 나의 가장 화려한 환상 속에서도 파리는 절대로 등장하지 않았다. 내 원대한 포부는 고등학교 영어교사가 되는 거였다. 운이 좋으면 캔자스를 벗어난 어딘가에서. 하지만 너무 허황된 꿈을 꾸진 말자고도 생각했다.

"아뇨. 그쪽은요?"

"저도요. 하지만 그게 캔자스에서 자라는 장점이죠."

"맞아요. 기대치가 낮아진다는 거요."

·

초대받지 못한 여자, 다른 이들을 초대하다

대개는 예상대로 정상에 선다는 목표를 달성하지 못하지만,
우리의 시도는 마냥 절박하지 않았고 즐거움이 두려움보다 컸다.
실패의 행위에서도 아름다운 일들이 일어난다.

마거릿이나 토피카 출신이었던 그녀의 동료 편집자 겸 연인 제인 힙을 내가 그때 소개받았다면 어떻게 생각했을지 모르겠다. 인구 천이백명의 마을에서 태어난 체인질링이자 대학 중퇴자에게 정신적인 삶이 가능하다고 생각했더라도, 나는 그것을 현실적 목표로 삼는 데 뒤따르는 무게, 그리고 필요한 시간과 노력을 가늠해보려다가 첫 발걸음을 내딛기도 전에 주저앉았을지 모른다. 아마도 최선은 목표를 세우지 않고 우연히 부딪치고 또 부딪치고 또 부딪치는 것이었을 테다.

어떤 일이 불가능하다고 생각하는 건 사실 그 일을 해내는 훌륭한 방법이다. 실패가 불가피할 때 실험할 자유가 생긴다. 사람의 시야를 좁히는 건 이건 꼭 해내야 해라는 경직된 생각이다. 우리는 정상까지 달리는 경주에서 우승하지 못할 게 뻔하다. 우리는 고급 운동화를 신지 못한 반면 저 사람들은 평생 이 경주를 위해 훈련받았으니까. 깨달음의 순간은 실망스럽다. 그러나 우리가 얼마나 멀리까지 갈 수 있는지를 본다면, 곧장 정상을 향해 내달리는 대신 다른 길을 찾아본다면, 길가에서 흥미로운 것들을 발견할 수도 있다. 대개는 예상대로 정상에 선다는 목표를 달성하지 못하지만, 우리의 시도는 마냥 절박하지 않았고 즐거움이 두려움보다 컸다. 실패의 행위에서도 아름다운 일들이 일어난다.

하지만 이건 게자리인 내게만 해당하는 얘기일지도 모르겠다. 나는 곧장 핵심으로 들어가는 대신 주변에서부터 접근하는

초대받지 못한 여자, 다른 이들을 초대하다

게 항상 더 편했으니까.

　　　　　　　　　　　·

　미국 중서부는 마거릿에게 친절한 장소가 아니었지만 꼭 마거릿에게만 그랬던 건 아니다. 중서부의 신은 칼뱅교의 신이다. 공포와 독재의 신, 토네이도든 장엄한 가뭄이든 무자비한 힘으로 권력을 과시하는 신이다. 중서부 사람들은 속수무책으로 자연에 노출되어, 연약한 몸을 무시무시한 하늘 신의 자비에 기대고 있다. 중서부인들은 조금만 더 노력하면, 조금만 더 투지와 의지를 불태우고 조금만 더 비굴해지고 자기를 지우면 숙명을 바꿀 수 있다는 믿음에 사로잡혀 있다. 신이 사납게 굴 때 중서부인은 하늘이 아닌 자기 안에서 잘못을 찾고자 한다.

　중서부에선 많은 기행이 용인된다. 그래야만 한다 ── 이곳에선 목초와 알루미늄 외장재를 생산하듯이 기행을 생산한다. 분노한 신의 부릅뜬 눈 아래에 선 사람들은 차고에서 낡은 트랙터를 고철더미로 만들고, 다시 그것으로 2.5미터짜리 괴물을 만든다. 이게 중서부에서 이해받는 기행이다. 즉, 이것은 외로움이, 재정적으로 영원히 벼랑 끝에 서 있는 것이, '현실'이 한 사람을 천천히 해체하는 방식이다.

　중서부에서 불복종은 용인되지 않는다.

　내가 마거릿 앤더슨에 대해 쓰고 있었는지 나 자신에 대해 쓰고 있었는지 헷갈린다. 우리의 삶은 서로 뒤엉키고 그녀의 어머니는 내 어머니가 되고 나의 시카고는 그녀의 시카고가 된다. 회고록에서 어떤 사실이나 날짜를 찾아보다가 나도 모르게 그녀의 문체를 닮고, 내 펜을 움직이는 게 그녀의 손임을 발견하고 몇 페이지를 찢어내길 반복한다. 이 역시 극도로 어긋난 장소에서 유년을 보낸 결과이리라. 다른 사람이 되어 다른 곳에 존재하기를 온 마음으로 갈망하면서 수백만의 몸에, 수백만의 다른 장소에, 어디라도 좋으니 여기만은 아닌 곳에 스스로를 넣어보던 사람에겐 자기 자신으로 돌아오는 게 언제나 쉽지만은 않다.

●

마거릿이 프랑스에서 보낸 시기에 대해 이야기해야 하지만 어쩐지 그녀를 그곳에 데려가기가 꺼려진다. 그녀는 프랑스에서 자신의 영혼의 집을 발견했다. 어찌나 지루한 얘긴가. 한니발이 로마인과의 전투에서 이기는 대목보다는 코끼리를 끌고 산맥을 넘는 대목이 더 흥미롭지 않은가? 나 자신도 프랑스에 가기가 망설여진다. 프랑스에서 해물 요리를 먹고 와인을 마시고 살갗에 와닿는 햇볕을 느끼고 소설을 읽는 내 몸을 상상하면 두려움이 엄습한다. 기상 악화로 항공편이 취소되어 향후 사흘간은 비행이 불가능하다는 소식을 듣고 나는 환희에 젖는

초대받지 못한 여자, 다른 이들을 초대하다

다. 프랑스는 그림처럼 아름다울 테고 파도가 해변으로 밀려오겠지만 그래서 뭐 어쨌다는 건가. 부동의 장애물이 앞에 버티고 있을 때, 그제야 나는 만족할 것이다. 일평생 그렇게 훈련되었으니까.

●

내게 가장 흥미로운 건 마거릿이 힘겹게 고향을 벗어난 시점이다. ('고향'이라는 단어는 안전하고 안락한 장소, 멍든 무릎에 보내는 입맞춤과 추운 밤 마시는 핫초코의 이미지를 연상시킨다. 그러니 '출생지'가 더 적확한 표현일 테다.) 인디애나주 콜럼버스는 시카고에서 지리적으로는 멀지 않으나 완전히 딴 세상이다. 콜럼버스는 제대로 된 지역사회가 없는 마을 특유의 방식으로 사회에 집착한다. 사람들은 컨트리클럽, 친척들, 교회 모임, 로터리클럽 혹은 라이온스클럽에서 유대를 쌓는다. 주기적으로 잔디를 깎지 않으면 누군가에게 불평이 날아드는 유의 폐쇄성은 시골보다는 교외다운 특징이다. 이곳은 안전한 중립지대, 항우울제 과다복용이 물리적 형태를 취한 공간이다. 저점조차 밑바닥까지 내려가지 못하고 고점은 손아귀에서 빠져나간다. (항우울제의 부작용인 성기능 장애 역시 앓고 있겠지.)

그러나 시카고의 매력도 기복이 있다. 특히 예술에 관한 한 그러하다. 시카고를 건설한 사람들은 대다수가 전력질주 끝에 그곳에 도착하긴 했어도 태생은 중서부 출신이라서 칼뱅교 교리를 벗어던지지 못했다. 여전히 우리의 가치는 생산성에 단단히 매여 있다. 관에 들어갈 때까지 우리를 괴롭힐 프로테스탄트교의 노동윤리 말이다. 사랑하는 사람들에게 둘러싸여 천사들의 손짓을 볼 때 우리는 생에서 성취한 것들의 가치를 달러와 센트로 환산하고 있을 테다.

그렇다면 대체 예술의 가치란 무엇인가? 추상적인 정의나 '어린이의 미소' 따위의 헛소리일랑 집어치워라. 제품을 팔아달라고 돈을 주는 브랜드가 우리의 뮤즈가 된 시대다. 작가들은 작품을 써낼 뿐 아니라 팔아야 한다. 인간성과 인생사가 전부 시장에 나온다. 시카고의 심장은 상품거래소에서 뛴다. 마거릿 앤더슨은 시카고에서 『리틀 리뷰』를 시작했지만, 곧 사무실과 집을 잃고 미시건 호숫가의 텐트로 이사했다. 글쓰기의 미래와 예술의 미래에 투자하라고 시카고 사람들을 설득하는 데 실패했기 때문이다.

노스탤지어에 빠져 예술이 순수했고 시장원리에 위협받지 않던 과거를 애석해하기는 쉽다. 하지만 분명히 해두자. 로마인들도 주노 여신의 신전에 쌈짓돈을 바쳤다. 돈은 존재한 이래 계속해서 성스러운 것을 오염시켜왔다.

(그러나 한편 우리는 우리가 일종의 선형적 진보를 이루어왔다고, 과거는 다만 오류와 정정의 연속이었을 따름이라고 믿

초대받지 못한 여자, 다른 이들을 초대하다

기도 쉽다. 이는 우리가 예술과 사랑과 성과 영혼과 신성성에 이르기까지 모든 걸 검사하는 잣대로 삼고 있는 이성과 경제성의 렌즈가 옳다는 믿음, 과거의 다른 렌즈는 난시를 유발했다는 믿음이다. 진보를 맹신하는 문화에서는 우리가 앞으로 나아가면서 내버린 것들 중 더러는 돌아가서 다시 주워올 만한 것도 있다고 설득하기 어렵다.)

　　　　　　　　•

　발음이 어려운 어떤 화산이 분출하여 한달 동안은 유럽 여행이 불가능하게 해달라고 기도했지만, 항공편이 다시 편성되고 나는 니스 공항으로 날아간다. 숙취에 시달리며 떡진 머리로 비행기에서 내리자, 나를 맞는 건 알프스 상공 어딘가에서 자살하여 내장을 죄다 쏟아놓은 채 컨베이어벨트에 실려오는 수트케이스다.

　오늘날 남프랑스는 예술가와 퀴어와 사회부적응자들이 물가 상승과 '삶의 질' 개선으로 인해 쫓겨나면 남겨진 공간이 어떤 운명을 맞는지를 보여준다. 부자들은 괴짜들이 창조한 공간을 전유한다. 열기와 소음에 이끌려 베를린과 뉴욕과 샌프란시스코로 모여든 그들은 한떼의 날벌레처럼 도시를 뿌리까지 좀먹어버린다. 생물다양성이 죽은 자리를 돈깨나 있는 자들이 꿰찬다.

두번의 세계대전 사이 이곳으로 모여든 괴짜들은 무정하고 보수적인 고국을 떠나 예술과 문화를 배우러 온 영국인과 미국인이 대부분이었다. 여기서 서머싯 몸W. Somerset Maugham과 마거릿 앤더슨 같은 퀴어들은 숨죽여야 했던 고국에서보다 더 자기답게 살 수 있었다. 기후가 아름답고 물가가 낮았던 (어쨌든 불안한 정부와 경제 상황에도 장점은 있다) 이곳에서 예술은 상품이 아니라 가치였다.

여기 살던 미국인과 영국인들은 어느 시점에 대부분 왔던 곳으로 돌아갔는데, 문화와 자본이 맞붙을 때 승자는 거의 항상 자본이기 때문이다. 프랑스가 안정화되고, 부자들이 약탈당할 준비가 된 밭의 과일 내음을 맡자 변화가 시작되었다.

물결 위로 일렁이는 햇빛과 고깃배들이 작은 캔버스에 옮겨지던 이 소도시의 항구에는 이제 번드르르한 무지갯빛 기름이 떠 있고 우스꽝스러운 요트가 즐비하다. 항구 맞은편에는 여느 해안처럼 틀에 찍어낸 듯한 콘도가 줄지어 서 있다. 이젠 좋은 전망도 상품이니까. 시장에서는 대체로 부자들의 피크닉 음식을 판다 — 헤이즐넛이 들어간 다크초콜릿만 해도 여덟종류가 있지만 말린 콩은 눈을 씻고 찾아도 없다. 이곳 레스토랑들은 직접 개발한 15달러짜리 칵테일에 평생 그걸 마실 만큼 부유하지 못했던 예술가의 이름을 붙여 판다. 나는 콜레트(Colette, 프랑스 부르고뉴 출신 소설가 시도니 가브리엘 콜레트 — 옮긴이)의 이름을 붙인 진 칵테일을 마시고 있는데 신맛이 나야 할 곳에서 이상하게도 단맛이 난다. 내게 이 술을 사준 사람은 요트 모자를 쓰고 애스콧타이를 맨 노인으로, 그는 서툰 영어로 내가 아주 예쁘다는 말을 전하려 애쓰고 있다. 그의 아내도 근처 어딘가에 있는 게 분명하다 ── 필라테스와 실리콘으로 재활시킨 몸, 기이하게 치켜뜬 눈을 가진 여자들 사이 어딘가에. 그중 한명이 거적 같은 내 옷차림을 훑어보더니 내 얼굴을 뚫어져라 본다. 나는 굴을 하나 더 삼키며 생각한다. 걱정 마, 쌍년아. 나도 널 평가하고 있어.

살짝 취해서 나는 칸으로, 엄밀히 말해 칸은 아니고 칸 공항을 둘러싼 담으로 걸어가서 개인 제트기가 날아오르고 내려앉는 걸 구경한다. 점점 커지는 이륙의 굉음과 차츰 잦아드는 착륙의 엔진음. 그 소리는 바다만큼이나 리드미컬하면서도 최면을 거는 듯하다.

●

마거릿이 미국에서 쫓겨난 결정적 계기가 있었다. 미국을 떠나기 직전, 그녀는 뉴욕에서 살롱을 열고 『리틀 리뷰』에 제임스 조이스의 『율리시스』를 연재하기 시작한 참이었다. 전성기를 맞은 『리틀 리뷰』는 월간으로 그 시대 최고의 문학과 예술을 소개하고 있었다. 마거릿은 혁명가 엠마 골드만Emma Goldmann과 교류했고, 동료 편집자 제인 힙, 그리고 글래디스

틸든Gladys Tilden과 공개적으로 동시에 연애했다.

이 중 하나가 그녀를 상당한 곤경에 빠뜨린다.

1921년 마거릿 앤더슨과 제인 힙은『율리시스』연재로 인해 음란죄로 재판을 받았다. 해당 호가 모조리 몰수당하고 파기되었는데, 안 그래도『리틀 리뷰』는 재정적 낭떠러지에서 비틀거리던 참이었다. 마거릿과 제인은 뉴욕의 출판사들에 광고를 실어달라고 부탁했으나 소득은 없었다. 몇몇 출판업자들은 조이스처럼 논란이 되는 작가에게서 거리를 유지하고 싶다는 이유를 댔다. (마거릿 앤더슨은 한 출판사로부터 "당신네는 문학계의 구경거리라서,『리틀 리뷰』의 과월호를 이 시대 광기의 기록으로서 보관하고 있다"라는 얘기를 들었다.) 유일한 재원은 구독자들과 연간 몇백 달러에 불과한 기부금이 다였다.

재판은 대서특필되었다. 구독자들과 다수의 친우들이 지지를 표명했으나, 정신적 지원이 재정적 원조의 역할을 하진 못한다. 동료의 지원이 제도적 지원과는 다른 것과 마찬가지다. 하지만 이제 출판계는 그들을 위해 힘을 모을 터였다. 이 재판은 단지 호불호가 심하게 갈리고 아마존의 별점 1점짜리 리뷰들로 미루어볼 때 아직까지도 전세계 대학생들의 골칫거리인 작가 한 사람에 대한 것이 아니었다. 재판의 요점은 심장에 파시스트를 키우는 고상한 사람들이 품위를 내세워 깡패 짓을 한다는 것이었다.

그래, 마거릿과 제인이 연재하기로 선택한 부분이 하필이면

인생은 영광스러운 공연이다.
배경과는 무관하게, 어떤 종류의 '배역'이든, 누구에게나
연기할 기회는 주어진다.
우리는 주어진 역할에 최선을 다할 수도 있다.
또는 대담하게 무대 감독에게 다가가
캐스팅받은 배역을 반납하고
주역을 따낼 자격을 증명할 수도 있다.

— 마거릿 앤더슨, 『리틀 리뷰』 창간호 서문에서

남자가 다리 떠는 여자를 보며 자위하는 내용의 나우시카 에피소드라서 사태가 악화되었는지도 모른다. 어쩌면 그들이 사설에서 뉴욕과 보스턴 출판사들을 겁쟁이이자 심약한 도덕병자들이라고 불러서 관계가 틀어진 게 잘못이었을지도 모른다. 동성애자임을 밝히고 무정부주의에 대해 이야기하는 등 정치적으로 신중하지 못했던 행보로 인해 공적 지원을 받기 어려웠을지도 모른다. 그러나 실제로 재판과는 무관했어야 하는 이 일들이 판결에 영향을 미쳤다는 사실 자체가 마거릿이 처음부터 끝까지 옳았음을 방증한다. 출판계는 겁쟁이와 심약한 도덕병자 천지였다.

마거릿 앤더슨과 제인 힙은 음란죄로 재판받았고, 공식적으로 '어린 소녀들의 정신에 위험한 인물'이라고 선언되었다. 마거릿은 진정한 동료들로는 배심원단 하나를 채울 수 없을 거라고 뼈 있는 농담을 했다. "우리에게 진정한 동료가 있긴 한가?" 두 사람은 유죄를 선고받았고, 벌금형에 처해졌고, 잡지는 폐기처분당했고, 수중에는 땡전 한푼 없었다.

그래서 마거릿 앤더슨과 제인 힙은 프랑스로 떠났다.

·

(위험이 지나간 뒤, 출판계에서는 독자들이 『율리시스』를 구하기 위해 온갖 수고를 마다하지 않는다는 걸 알게 되었다.

초대받지 못한 여자, 다른 이들을 초대하다

프랑스에서 조이스의 작품을 출판하고 있던 실비아 비치Sylvia Beach가 사람들의 바지 속에 책을 숨겨 캐나다에서 미국으로 가는 여객선에 실어 날랐으나 아무리 실어 날라도 수요를 충족시킬 수 없었다. 그러던 중 랜덤하우스 출판사에서 돈 냄새를 맡고 금지령에 소송을 걸어 승소했고, 그후 여러해 동안『율리시스』로 한몫 챙겼다.『리틀 리뷰』에 실렸던 작가들은 편집자들이 오명을 닦아준 뒤 거의 모두 잘 팔리는 작가가 되었다.)

•

　원하는 것에 접근을 허가받지 못한 사람은 고무줄을 뒤로 길게 잡아당긴 새총과 비슷하다. 물론 실망해서 목표를 때려치우고 긴장을 깨버리지 않는다는 전제가 따르지만. 좌절하고 무시당하고 부정당하고 단념하는 긴 세월은 돌멩이를 뒤로 잡아당기고 목표물을 조준하는 시간일 뿐이다. 새총이 발사되는 순간이 끝내 오지 않을까봐 팽팽한 긴장에 몸이 갈기갈기 찢길까봐, 추진력이 모자랄까봐 두려울 것이다. 하지만… 마침내 손을 놓았을 때, 그녀는 대서양 너머까지 날아갔다.

•

　한니발은 카르타고의 편이라기보다는 로마의 반대편이었

다. 그는 어렸을 적 카르타고가 아니라 페니키아 제국의 이베리아 국경 근처에 거주했다. 어쨌든 카르타고는 그렇게 훌륭하지도 않았다. 물론 강력한 힘을 지닌 도시였지만, 그곳엔 맏아들을 불타는 소각로에 던져버리는 나쁜 관행이 있었다. 의견이 다른 사람들을 십자가에 못 박는 — 감정적 은유가 아니라 실제로 십자가에 사람을 못 박는 — 풍습도 있었다. 사실이 아닐지도 모르겠지만 모두가 사실이라고 생각한다. 그게 당신의 적이 당신의 역사책을 전부 불태우고 새 역사를 대필할 때 벌어지는 일이다.

카르타고가 위대했다기보다는, 로마가 위대하지 않았다는 게 맞겠다. 포에니 전쟁 이후 로마는 여느 기업처럼 내실보다는 성장에 몰두했다. 길을 막는 건 무엇이든 개의치 않고 집어삼켰다. 문제가 발생하면 해결될 때까지 돈과 인력을 퍼붓는 게 최선이었다. 그게 로마가 한니발에게 대처한 방식이었다. 그러나 대단한 미치광이와 싸울 때는 힘으로 맞설 수 없다. 기꺼이 말도 안 되는 짓을 저지를 의향이 있어야 한다. (한니발은 전투 중 독뱀이 든 유리병을 적함으로 던져, 깨진 유리병에서 나온 독뱀이 적함 선원들을 공격하게 하자는 아이디어를 냈다.) 말도 안 되는 짓을 저지르는 건 주위 모든 사람들이 성실히 현상유지에 헌신하고 있을 때 한층 어렵다. 반면 수중에 있는 것만으로 어떻게든 변통해야 하는 변방에서는 실험이 곧 규칙이다.

초대받지 못한 여자, 다른 이들을 초대하다

그건 그렇고 한니발의 이름은 '산신山神에게 바친다'라는 의미다. 물론 그는 알프스산을 넘었다.

•

마거릿의 회고록을 읽다보면 모든 걸 콧노래로 만들어버리는 그녀의 태도에 짜증이 난다. 추방, 재정적 파탄, 거부와 핍박과 불의를 흥얼거리는 콧노래. 그녀는 미시간 호숫가 텐트로 이주한 걸 마치 세상에서 가장 신나는 피크닉처럼 묘사한다. 아마 불도저에 치여도 곱게 다듬은 손톱에 흠집이 났다는 불평이 전부일 테다. 그녀에겐 모든 게 하나의 긴 경험일 뿐이다. 세 권에 달하는 회고록에서 그녀는 단 한번도 술에 취해 바닥에서 흐느끼지 않는다.

나는 술에 취해 바닥에서 흐느낀다.

가끔 그런다는 얘기다. 이곳 남프랑스는 대화 상대도 볼거리도 할 일도 없어서 무척 권태롭다. 여기 있는 건 나이트클럽과 비싸서 가지 못하는 레스토랑과 내가 초대받지 않은 파티뿐이다. 벗어날 수 없는 단 한 사람, 나 자신은 그리 좋은 일행이 아니다. 넋 놓고 감상할 오페라 공연이 열렸으면 좋겠다. 나를 집어삼키는 거대한 무언가, 나 자신에게서 벗어나 보다 원형적인 것으로 이끌어줄 무언가가 있었더라면. 온라인에서 문화행사 목록을 훑어보니 볼 만한 공연은 세 도시 너머에서 상연되는

「카르멘」이 유일하다. 부자들과 엘리트들이 금전뿐 아니라 문화적 영역의 엘리트주의에도 자부심을 가졌던 과거가 그립다. 그들에게 좋은 문화의 의미가 작고한 지 오십년이 넘은 작곡가로 한정된다 하더라도. 사춘기 청소년들의 왕국을 거느린 너드, 플레이보이, 상속녀들로 구성된 신흥 부자들의 취향은 절망적으로 따분하다. 나는 다시 해변까지 걸어가 성으로 올라가볼까 고민하지만, 그 성이 20세기에 지어졌다는 사실이 떠오르자 그럴 마음이 싹 가신다. 자기가 원하는 역사쯤이야 그저 돈으로 살 수 있다고 생각한 어떤 부자의 짓일 테니.

그래서 나는 오후 다섯시에 와인 한병을 따서 밤새 느긋하게 비우면서 러시아 혁명을 다룬 책을 읽고, 부유한 억압자들이 치욕당하는 걸 지켜보며 기쁨에 취한다. 가난한 억압자들이라고 해서 꼭 위인들인 건 아니었지만. 미국 중서부에서 문화혁명이 벌어진다면 결말이 좋긴 어려울 거다. 그러나 수간獸姦 운운하는 농담과 맹목적인 종교적 믿음에 대한 비웃음과 멍청한 촌놈, 순진해빠진 소도시 사람의 전형에 내 고향 사람들이 복수하는 걸 상상하자 잠깐이나마 기분이 좋아진다. 특히 어떤 편집자의 중심부에 삼지창을 꽂는 상상이 무척 뿌듯하다. 그러나 혁명은 순식간에 퇴락할 것이고, 게다가 생각해보니 현실에서 삼지창을 쓰는 캔자스 사람은 듣도 보도 못했다.

마거릿이 질질 짜는 걸 보고 싶다는 얘기는 아니다. 내가 보고 싶은 건 분노한 마거릿이다. 랜덤하우스 사무실 창문에 벽

초대받지 못한 여자, 다른 이들을 초대하다

돌을 던지는 그녀를 보고 싶다. 출판업자 베넷 서프^{Bennett Cerf}가 무심코 뒤뜰 창밖을 내다봤을 때 가로등 아래에 모피 숄을 두르고 반짝이는 진주목걸이를 한 마거릿이 담배연기를 내뿜으며 가운뎃손가락을 들어 보이고 있어서 질겁하길 바란다.

술에 취해 침대로 기어오르며 나는 다른 행로를 택하겠다고 결심한다. 바다 대신 알프스산을 넘어 나만의 문예잡지를 시작할 거다. 로마시대 용어를 빌려 『스포일라』*Spoila*라고 이름 붙이면 어떨까. 건물의 부서진 잔해로 새로운 건물을 짓는다는 뜻이다.

·

마거릿이 프랑스에 상륙한 뒤 『리틀 리뷰』는 오래가지 못했다. 재판 직후부터 발행 간격이 길어지기 시작하더니 곧 새 호가 나오지 않게 되었다. 하나의 문제는 돈이었다. 언제는 돈이 많았냐마는, 정부에 의해 몇 호가 통째로 파기당한 타격이 컸다.

낙관으로 일관한 회고록에서 차마 던지지 못한 질문이 있었으리라. "내가 대체 누굴 위해서 이러고 있나?" 독자라는 추상적인 관념을 통해 스스로를 지탱하는 건 쉽지 않다. 위스키 병 바닥에 깔린 절망으로 몸을 던지는 걸 막으려면 세상의 인정이 필요하다. 원한다면 아무 말이나 할 수 있다 ─ 이를테면 예뻐지려고 단식 중인 인디애나폴리스의 열여섯살짜리들을 위해 내가 이 일을 하고 있다고 말할 수도 있다. 그러나 어떤 종류의 보상, 가령 명예나 돈이나 존경을 얻지 못한다면, 남에게 나눠 줄 수 있는 건 영혼밖에 없다.

프랑스가 마거릿의 필요를 채워줬을 가능성도 있다. 그때 그곳엔 그녀가 갈망했던 것들이 빠짐없이 있었다. 작가와 지식인과 작곡가와 철학자와 화가와 시인과 미학자들이 한 지역에 바글바글 모여 와인과 작업을 공유하고 대화를 나누었다.

결핍은 세계에서 가장 위대한 동기 부여 장치다. 금전적 성공으로 채울 수 없는 결핍이라면 더욱 강력하다. 내적 또는 외적인 것에 대한 필요가 우리를 거듭 책상으로, 이젤 앞으로, 무대 위로 데려간다. 그러다가 마침내 만족하고 작업을 그만두게 되는 시점이 언제인가에는 많은 진실이 깃들어 있다. 큰 상을 받았을 때인가? 남편과 아이와 안정적 가정을 찾았을 땐가? 계좌 잔고가 두둑해졌을 땐가? 매일 밤 처음 보는 열일곱살짜리가 찾아와서 당신을 위해 바지를 벗을 땐가? 으르렁대기를, 싸우기를, 뒤쫓아 달리기를 멈추는 건 언제인가? 아니면 당신은 마지막 숨을 내뱉는 순간까지 쉬지 않고 분투하는 쪽인가? 무엇이 더 우울한 삶의 방식일까?

마거릿에게 일이 그렇게까지 중요했던 것 같진 않다. 그녀가 원하는 건 삶이었다. 마침내 삶을 쟁취하자, 원하는 삶을 얻기 위해 곁에 두고 싶은 사람들의 책을 출판해야 할 필요가 없어지자, 잡지의 의의는 퇴색되었다.

기성 미국 문예계에 등을 돌리고 프랑스의 변방에서 집을 찾은 건 옳은 판단이었다. 문지기와 취향 생산자, 출판인과 권력자에게 받아들여지기 위해서 그녀는 변해야 했을 테고, 세상에 필요한 건 희석되지 않은, 도수 높은 마거릿 앤더슨이니까.

그녀는 구루(guru, 힌두교·시크교의 스승이나 지도자 — 옮긴이)를 찾았다. 연주회에 다녔다. 정신 나간 회고록을 썼다. 이성애자 여성을 수없이 유혹했다. 다른 데 신경 쓸 겨를이나 있었겠는가?

•

한니발은 로마에서 너무 빨리 떠난 탓에 결국 패배했다. 카르타고는 파괴되었다. 땅에는 소금이 뿌려졌고 우물은 독으로 오염되었고 카르타고의 명성은 승리자들의 손에 더럽혀졌다. 오늘날 미국에 『율리시스』를 수입한 사람은 베넷 서프로 알려져 있으며, 그는 위대한 문학이 피어났던 20세기의 주요 인사 중 하나로 꼽힌다. 마거릿 앤더슨의 회고록은 싸그리 절판되었다.

하지만 다시 말하건대 그녀가 추구한 건 생이었지 내세가 아니었다. 마거릿이 어린 소녀들에게 위험하다는 정부의 주장 말인데, 나는 동의한다. 신에게 감사할 일이다.

5

뮤즈가 되기엔
너무 주체적이어서

모드 곤, 골웨이

Maud Gonne, Galway

모드 곤
Maud Gonne, 1866~1953

영국 출신의 아일랜드 혁명가, 여성참정권 운동가.
아일랜드의 독립을 위해 싸웠고 자치를 강력히 주장하였다.
시인 윌리엄 예이츠가 노래한 수많은 시구의 주인공이었으나
정작 그의 끈질긴 청혼을 받아주지 않았다.

여행 중엔 보통 물건이 자꾸 없어진다. 속옷을 하도 잃어버려서 누군가 내 꽁무니를 따라다니며 내가 잠든 동안 가방에서 속옷을 꺼내간다고 믿을 지경이다. 등 뒤로 깜박 놓고 간 책과 잃어버린 펜의 자취가 길게 남아 있을 테다. 내가 잃어버리는 건 대개 작고 감상적인 것, 침대 아래나 옷장 뒤로 떨어져 나라를 세군데는 옮겨간 뒤에야 비로소 빈 자리를 실감하는 것들이다.

목걸이를 잃어버린 걸 언제 깨달았는지는 모르겠으나 어느 호텔방에 놓고 왔는지는 제법 확신할 수 있었다. 자주 착용하지는 않았지만 굉장히 애착이 가는 목걸이였다. 은으로 감싸인 진주 한알이 달린 초커 목걸이는 처음으로 혼자 떠난 뉴욕 여행의 기념품이었다.

호텔에 분실물을 문의했으나 성과가 없었다. 마침 황금여명회(Hermetic Order of the Golden Dawn, 19세기 말 영국에서 설립된, 오컬트와 마법을 탐구하는 단체 ─ 옮긴이)와 모드 곤에 대해 연구하고 있던 터라 사소한 마법이 도움이 되지 않을까 하는 생각이 문득 들었다. 이 주제에 관한 나의 멘토가 말하길, 요정들은 상냥하게 대하는 사람에게 잃어버린 물건을 찾아준다고 한다. 그래서 나는 창문 밖에 버터를 조금 바르고 작은 잔에 위스키를 담아놓고선 요정들에게 목걸이를 찾아달라고 부탁했다. 그리고 그일을 까맣게 잊었다.

몇시간 뒤 잠자리에 들려는데 침실 문을 열자마자 거대한 나방이 내 얼굴로 날아들었다. 나는 화들짝 놀라서 나방을 향해 손에 집히는 대로 장갑 한짝을 던졌다. 옷장 위에 놓여 있던 낡은 장갑이었다. 그 순간 장갑 안에서 잃어버렸던 목걸이가 미끄러져 나와 바닥으로 떨어졌다.

고개를 들자 나방은 사라지고 없었다. 나는 비명을 지르며 문밖으로 뛰쳐나왔다.

•

모드 곤에 대해 제일 먼저 이야기해야 하는 것은 그녀가 아일랜드인이 아니라는 사실이다. 혼란스럽게 들릴지도 모르겠다. 그녀는 회고록에서 내내 아일랜드와 연이 닿아 있다고 거짓말을 했으며, 영국 점령군에 맞선 저항군을 응원함으로써 아일랜드의 살아 있는 상징이 되지 않았던가. 그러나 그녀는 영국군 대령의 딸이었고, 결핵 때문에 공기 좋은 아일랜드 시골로 잠깐 요양을 갔던 때를 제외하면 아버지가 (점령군의 일원으로) 더블린에 주둔하기 시작한 열여섯살 이전엔 아일랜드에서 살지도 않았다.

그녀의 회고록에서 빠진 내용은 이뿐만이 아니다. 십대 시절 그녀는 악마에게 영혼을 팔았다. 사산된 아들의 영혼을 다시 임신하기 위한 부활 의식이었다. 그녀는 윌리엄 예이츠의 구혼을 여든번쯤 거절한 뒤 그에게서 대신 그녀의 딸과 결혼해도 되겠느냐는 질문을 받자 당연하다는 듯 허락했다. (딸은 숙고한 뒤, 고맙지만 됐다고 거절했다.)

모드 곤은 일생 동안 아일랜드 영혼의 전형처럼 보이려는 과업에 전념했다. 아일랜드의 영혼이 영국적이어선 안 될 일이었다. 그러나 그녀의 진짜 이야기, 연기자였다가 혁명가였다가 흑마술사였다가 종국엔 하나의 알레고리가 된 인생의 이야기는 아일랜드 자체의 역사만큼이나 복잡하다.

•

내가 앉아 있는 골웨이의 아파트에서는 가시지 않는 습기와 제습을 위한 중앙난방과 닫힌 창문의 냄새가 난다. 해가 아주 잠깐 얼굴을 비춘 틈을 타 나는 남향 유리문에 붙어앉아 일광욕을 한다. 구름이 걷히고 차디찬 발가락에 감각이 돌아오길 기다리면서 불안에 대해, 그것이 공포와 어떻게 다른지에 대해 읽는다. 롤로 메이Rollo May에 의하면 불안과 공포의 차이는 어떤 힘에 맞서야 하는가에 있다. 공포는 어떤 사물이나 무력이나 사람이나 상황에 위해를 당하거나 심하게는 파괴당할 수 있을 때 느끼는 감각이다. 그래서 우리의 몸은 물리적인 정복 행위가 일어날 것에 대비해 전투태세를 갖춘다. 적에 집중하고, 나머지는 전부 지운다.

불안의 경우 두려움의 근원이 정확히 무엇이며 어디서 해코지를 당할지 결코 확신할 수 없다. 저 바깥의 어둠 속에 무언가 도사리고 있다는 건 알지만 그게 뭔지는 도통 모른다. 예리한 이빨이 달렸는가, 잘 벼린 칼을 들고 있는가? 우리가 등을 돌릴 때까지 기다릴까, 아니면 지금 우리가 서 있는 자리를 덮칠까? 혹은 멀리서 독침을 쏴서 우리를 쓰러뜨린 게 정확히 무엇인지도 모른 채 목숨을 끊어놓을까? 규정 불가능한 위험 앞에서 우리의 몸은 경계심을 폭넓게 발동시키고 위협을 가할 수 있는 존재를 부단히 찾아나선다. 공포의 이름을 알아낼 수 없을 때, 우리를 스토킹하는 존재의 정체를 밝혀낼 수 없을 때에는 다가오는 모든 이들이 적으로 보인다.

그러니 공포에 지배받았던 중부유럽 국가들은 그나마 사정이 나았던 건지도 모른다. 그들은 적이 누군지 알았다 — 적은 국가였다. 국가에게 공격당하지 않는 방법도 확실했다. 엄격한 자기 통제. 줄을 벗어나면 고문을 받거나, 투옥당하거나, 혹은 호의가 전부였던 시대에 호의를 받는 대상에서 제외될 것이 명백했다.

한때 공포에 지배받았던 체코공화국과 동독과 폴란드가 적이 퇴치된 후 그토록 빠르게 회복되고 밝아진 것도 그렇게 놀랄 일은 아니다.

영국은 아일랜드를 공포가 아니라 불안으로 지배했다. 처음엔 방향감각을 잃게 하려고 아일랜드어를 금지했다. 다음으로는 어떤 행동이 용인되는지에 관한 규칙을 계속 바꿔서 누구도 형벌에서 면제되지 못하도록 했다. 다음으로는 안정감을 뒤흔들기 위해 무분별한 폭력을 행사하고 포악을 부렸다. 그러나 영국이 가장 마음에 들어했던 전쟁 무기는 때마침 찾아온 아일랜드 대기근이었을 것이다. 그들은 인구 4분의 1을 죽이거나 추방시키고선 아일랜드인에게 그 비극이 자초한 것이라는 생각을 주입시켰다. 보시다시피 이건 신의 재분배지요. 우리에겐 당신네를 도울 길이 없는데, 왜냐면 이 땅에서 기르는 다른 작물과 키우는 가축과 바다에서 잡은 고기는 전부 우리 것이라서, 그중 당신네에게 줄 수 있는 건 하나도 없습니다, 정말로. 당신네가 그렇게 못되게 굴지만 않았더라면…

그렇다. 아일랜드를 불안으로 통치한 영국이 다음 공격의 발원지를 어찌나 감쪽같이 숨겼던지, 아일랜드인들 대부분은 적이 마침내 사라졌다는 것조차 알아차리지 못했다. 그래서 서로에게 총구를 겨눴다. 남자와 여자, 예수회와 그들이 보살피는 어린이들, 가톨릭과 프로테스탄트, 자신과 자신 사이에.

대기근이 정점을 찍고 몇년 되지 않은 1866년, 모드 곤은 그런 시대에 태어났다. 바로잡아야 할 아버지 대의 죄가 산적해 있었다.

·

첫걸음은 악마에게 영혼을 파는 것이었다. E. T. A. 호프만 E. T. A. Hoffmann이 그녀의 전기를 썼다면 꼭 이런 표현을 썼을 테다.

모드는 아일랜드의 자치를 소리 높여 외치고 시끄럽게 레지스탕스 활동을 하면서 영국군 아버지에게 반항을 일삼는 소녀였다. 어느날 밤 그녀는 아버지 서재를 뒤지다가 흑마술에 대한 책을 발견했다. 밤늦게까지 그 책을 읽던 중, 그녀는 악마에게 자기 존재에 대한 통제권을 받을 수 있다면 그에게 영혼을 내주겠다고 소리 내어 선언했다. 그 순간 괘종시계가 열두시를 알렸다. 그녀는 요청이 전해졌다고 믿었다. 보름이 채 지나지 않아 아버지가 죽었다. 그녀는 아버지가 평생을 바쳐 한 일들을 되돌리는 데 평생을 바치기로 했다.

앞으로 돌아가보자. 그녀가 악마에게 영혼을 판 목적은 자기 인생의 통제권을 손에 넣기 위해서였다. 당시 조금이라도 생각이 있는 19세기 여성들은 근친상간 이력이 있는 우둔한 귀족 가문에 얽매여 남은 일생을 가랑이 사이에만 집중하며 보내리라는 공포에 젖어 있었는데, 모드가 단지 그런 운명을 피하게 해달라고 빈 건 아니었다. 독립적인 여성으로서 유럽 호텔과 사교계를 일주하는 순회 여행을 할 수 있도록 충분한 돈을 벌게 해달라고 빈 것도 아니었다. 흑마술의 요점은, 당신이 의지를 관철하게 해준다는 것이다. 이는 '그대는 행해질 터이니 잠자코 앉아 적응하려 애쓸지어다'로 요약되는 기독교 개념과는 정반대다. 이것이 교육제도와 언어, 미래에 대한 일말의 희망과 자유의지가 존재한다는 증거를 빼앗긴 아일랜드 가톨릭교도들의 태도였다. 그들은 교회에 기대면서 그런 믿음에 기대 있었다. 반면 흑마술을 믿는 건 내가 우주를 위해 움직이는 게 아니라 우주가 나를 위해 움직인다고 말하는 방법이었다.

무신론자 철학자들과 과학자들이 만들어낸 물질주의적 세계에 사는 지금의 우리에겐 이런 흑마술의 부활이 필요할지도 모르겠다. 자유의지의 부정은 진성 칼뱅주의자들과 무신론자들이 만나는 교점이다. 다만 물질주의자들에게는 공연을 진행시키는 것이 신이 아니라 망할 생물학이라는 게 다르다. 우리는 무의식적 충동, 진화 데이터, 호르몬과 엔도르핀과 신경전달물질로 구성된 자율신경계의 노예다. 우울은 단지 화학적 불균형일 따름이고, 우리는 그 샐러드를 먹기로 선택했다고 생각할지 모르나 사실 결정을 내린 건 — 빵가게에서 흘러나온 냄새에 반응하여 그것을 행복과 또한 뜬금없지만 성기능과 연상시켜 그것이 최고의 샐러드라고 주장한 우리의 뇌, 혈당 수치와 광고에 지배받는 우리의 뇌, 즉 — 시스템이다. 우리는 세계를 희미하게 인지하고 있는 고깃덩어리에 불과하다.

사랑은 성호르몬과 과다한 엔도르핀과 건강한 자손을 생산할 수 있는 면역체계의 양립 가능성을 염두에 둔 후각적 정보에 의한 판단일 뿐이고, 재생산은 종의 종속을 위해 우리 안에 심어진 생물학적 본능일 뿐이고, 등등.

물질주의적 세계관과 비이성적인 흑마술 중 하나를 선택하라면 나는 흑마술을 택하겠다. 내가 자유의지로 행하는 첫번째 행동은 바로 자유의지를 믿기로 선택하는 것이다.

•

모드가 아일랜드 전체의 화신이었다면 아일랜드 어디에서나 그녀를 만날 수 있으리라 생각했다. 나는 공짜로 묵을 수 있는 아파트가 있고 멀지 않은 거리에 지인이 있는 골웨이를 고른다. 몇년 전 머물렀던 코크가 가깝다는 것도 공연히 안심이 된다.

노라 바너클이 같은 골목에 살았다. 나는 그녀의 집을 방문하고 싶지만 개장 시간이 명시되어 있지 않고 어느 요일, 어느 시간대에 방문해도 문이 굳게 닫혀 있다. 그녀의 집은 부동산 광고에 '매력적'이고 '전원적'인 '아일랜드 전통 오두막집!'이라고 묘사될 법하다. 이제 아일랜드 전통 오두막집에 살 만큼 금전적으로 여유로운 사람은 없지만. 아무튼 그녀의 집은 직접 보면 춥고 어둡고 서글프다.

또 이 모양이다. 잠에서 깨어 상념에 잠길 걸 대비해서 컴퓨터를 침대맡에 두고 자야 한다. 생각을 끊어야 한다. 생각에 골몰해봤자 나는 정체될 뿐이다. 아무것도 나아지지 않을 테고, 결국은 모든 게 사라질 테고, 바다가 내게 말을 걸어온다… 텔레비전, 블로그, 소셜미디어가 이런 생각들을 방해해준다.

예이츠의 황금여명회를 연구하는 건 점점 무의미하게 느껴진다. 이 연구의 목적이 대체 뭔가? 원하는 걸 손에 넣는 방법을 알아내는 것? 그러나 나는 원하는 법을 잊었다. 며칠에 한번 식료품점에서 똑같은 것들을 산다. 구운 닭고기, 감자, 방울양배추. 대단한 맛을 기대하는 건 아니다. 내가 뭘 갈망하는지 알고 싶은 것도 아니다. 스스로에게 질문을 던지기 시작하면 나는 유제품 진열대 앞에 앉아서 울음을 터뜨릴 테고, 곧 축축하게 젖은 불쌍한 자루처럼 사람들에게 끌려나올 것이다.

세계 각지에 굶주리는 사람들이 있지만 고통을 수치화하고 비교한다 해서 기분이 나아지는 건 아니다.

"요가나 명상을 해보는 건 어때요?" 아일랜드 남자가 내게 말한다.

사람들을 의자에 붙들어두는 건 자신이 잘못하고 있을 거라는,
누군가 비웃으며 바로잡아줄 거라는 공포다.

"전 요가가 싫어요. 호흡 운운하는 것도 그렇고, 사람들도 끔찍하고요."

"그래요, 사람들은 끔찍하죠. 하지만 생각을 억누르는 데 도움이 될 텐데요."

나는 나름대로 최선을 다하고 있다. 요가 스튜디오를 지나치고, 대신 서점으로 향한다. 내 생각은 억누를 게 아니라 다른 사람들의 더 나은 생각으로 대체되어야 한다. 로버트 그레이브스 Robert Graves의 생각은 새벽 두시에 멋지게 그 임무를 수행한다.

●

나는 1989년 루마니아 혁명 영상을 되풀이하여 시청하고 있다. 루마니아는 늦은 축에 속했다. 동유럽과 중부유럽의 다른 공산주의 정부들은 이미 줄줄이 붕괴했다. 니콜라에 차우셰스쿠 Nicolae Ceauşescus는 고삐를 더 바짝 조였고, 무시무시한 독재하에 국민들은 어떠한 반발도 할 수 없었다. 아주 오랫동안 시절이 좋지 못했다. 그러던 중 금세 진압될 게 분명한 소규모 시위가 벌어졌다. 정부에서는 여느 때처럼 대응했다. 사람들의 열을 한 김 식히고, 발언권을 행사했다고 생각하게 만들고, 힘을 과시하고 한편으로는 민중을 이해하는 척하고, 시위대를 해산시켰다.

그런데 어디선가 계획이 어긋났다. 총성 같은 소리와 비명이

들렸다. 차우셰스쿠는 움찔해서 공포와 혼란을 드러냈다. 정부 권력을 공고히 하는 역할을 맡고 있던 텔레비전 뉴스는 지도자의 약한 모습을 송출할까 두려워 생방송을 끊었다. 화면이 나가기 직전 루마니아 국민 전체가 마지막으로 본 장면은 지금껏 보아온 바위처럼 강인한 지도자, 악인들의 생각을 읽고 비밀 국가경찰을 보내 벌주는 전능한 신이 아니라 혼란에 빠진 노인이었다. 적이 약점을 드러낸 것이다. 몇분 뒤 부쿠레슈티 시민들은 거리로 쏟아져나왔다. 시위는 점차 몸집이 불어나 폭동으로 진화했다. 신과는 싸울 수 없지만 한낱 노인은 패배시킬 수 있다. 정부는 무너졌다.

(무너진 정부는 비밀경찰의 손에 넘어갔고, 그들은 정의의 망토 아래 숨은 세력에 대중이 관심을 갖지 못하도록 전 지도자들을 빠르게 처형했다. 사태가 어떻게 흘러가는지 사람들이 알아차렸을 때에는 이미 상당한 시간이 흘러 있었다. 그렇다고 해도 공포를 이겨낸 사람들의 행동이 위대했다는 건 달라지지 않지만.)

●

아파트 창밖의 강은 미친 듯 흘러간다. 잉크처럼 까맣고 빠르다. 강물은 제 안으로 떨어진 것은 무엇이든 결연히 아래로 끌고 내려간다. 부두를 따라 걷다보면 몇 미터마다 구명튜브가 있다. 그 자그마한 튜브와 강을 번갈아 관찰하다보면, 물마루에서 철벅이며 희게 부서진 물방울이 잠깐 고개를 돌린 찰나에 먼바다까지 밀려간다는 걸 알 수 있다. 튜브의 잠금장치를 풀고 조준하고 던지는 찰나에 사람의 몸은 바다 깊이 빠질 것이다. 얼마나 깊이? 내가 가보고 알려주겠다.

강은 최면을 건다. 웅얼거리며 손짓한다. 자살 상담 전화번호가 적힌 작은 현수막이 구명튜브만큼 규칙적인 간격으로 비치되어 있다.

이곳은 전부 회색이다. 바다도 하늘도 석조 건물도 온통 잿빛인 가운데 검은 강물만이 유일한 변주다. 그토록 많은 사람들이 이 강에 뛰어드는 것도 당연하다. 나는 강가를 걸을 때마다 맹렬한 끌림을 느끼고, 강물에 뛰어드는 나 자신을 그린다. "오늘은 아니야." 나는 강에 대고 말한다.

●

"학습된 무력감이란 겁니다." 역사학자 팀 팻 쿠건Tim Pat Coogan이 내게 전화로 말한다. 아일랜드에서는 최근 몇번의 시위가 벌어졌는데, 유럽과 아프리카, 아시아, 남아메리카에서 벌어지고 있는 다른 시위에 비하면 우호적으로 느껴지는 수준이다. 임신중단권을 지지하고 긴축재정을 반대하는 소규모 시위들, 그리고 어째서 소수의 부유한 백인들이 세계경제를 박살

냈는데도 교도소에 가는 대신 웃으면서 발뺌할 수 있었는지에 관한 혼란.

인간이 행동하지 못하는 이유를 밝히기 위한 연구가 여럿 있다. 가령 사람들을 방에 가둬놓고 불이 켜질 때까지 버튼을 누르게 한다. 버튼 몇개는 전구와 연결되지 않았다. 사람들은 묵묵히 앉아서 자신이 뭘 잘못하고 있는지, 왜 남들의 전구엔 불이 들어오는데 자신의 전구엔 들어오지 않는지를 궁금해한다. 과학자들은 사람들이 아무 소득 없이 버튼을 누르고 있다가 일어나 도움을 청하거나 이게 웬 개똥 같은 실험이냐고 욕하기까지 얼마나 오랜 시간이 걸리는지 측정한다. 사람들을 의자에 붙들어두는 건 자신이 잘못하고 있을 거라는, 누군가 비웃으며 바로잡아줄 거라는 공포다.

개를 열린 문 앞에 묶어두고 문을 통과하려 할 때마다 전기충격을 가하는 실험이 있다. 개는 계속해서 자유를 되찾으려고 애쓰지만 그때마다 고통을 받는다. 오랜 시간이 흐르고 나면 개는 결국 포기한다. 그 뒤에는 전기충격을 없애도 탈출하려는 시도조차 하지 않는다. 이게 학습된 무력감이다.

첫번째 실험의 연구자들은 피실험자들에게 실험의 기본적 원리를 설명해서 누구도 낙오자가 된 기분을 안고 집에 가지 않도록 했다고 밝혔다. 그러나 상징적인 버튼이 상징적인 전구에 연결되어 있지 않았던 피실험자들, 돈을 숭배하는 우리 사회에서 이기지 못한 사람들에게 패배의 악취가 그렇게 쉽게 씻

뮤즈가 되기엔 너무 주체적이어서

겨나갈 수 있을지 의문이다. 비디오게임을 하다가 계속 같은 장소에서 죽는데 그건 당신이 알아내지 못한 요령 때문이 아니라 그저 당신이 인간으로서 실패작이며 제대로 하는 일이 하나도 없어서, 당신의 인생이 엿 같은 재난의 연속일 뿐인 건 바로 당신이라는 인간 탓이라서 — 별안간 그렇게 느껴지는 날들이 있지 않은가? 그들 중 몇명이나 귀갓길에 강변을 걸으면서 '오늘은 아니야'라고 말할 힘을 낼 수 있었을까?

실험당한 개들이 어떻게 되었는지에 대해선 아무 언급이 없다. 몇몇은 들개가 되어 살처분당했으리라 상상해본다.

·

모드는 무장혁명을 지지했으나 아일랜드에 필요한 게 단순히 총기가 아니라 새로운 이야기라는 걸 알았다. 오랫동안 아일랜드인의 무의식에 똬리를 틀고 있던 무기력과 학습된 무력감의 이야기를 대체할, 그들이 누구이며 어디서 왔고 무얼 할 수 있는지에 관한 새로운 이야기가 필요했다.

그래서 불타는 빨간 머리에 182센티미터에 달하는 장신의 배우 모드 곤은 상징적 인물이 되었다. 오래된 켈트족 이야기들과 민간 신화, 요정과 유령 이야기에 그녀만큼이나 매혹되어 있던 윌리엄 예이츠가 그녀의 든든한 동료가 되어주었다. 예이츠는 승리한 전투와 영웅과 비극을 노래한 오래된 이야기들을 부활시켜 희곡을 썼다. 모드는 의인화된 아일랜드 또는 위대한 여신이나 여걸로서 무대에 섰다. 그녀는 아일랜드를 돌아다니며 연설을 했다. 그녀의 입에서 흘러나오는 건 그녀의 목소리가 아니라 아일랜드의 목소리였다. 모드는 무대에 서면 마치 신들린 것처럼 몽환에 빠져 자신이 무슨 말을 했는지, 극이 어떻게 진행되었는지 기억하지 못하곤 했다. 그녀의 육체는 국민들의 저항정신을 일깨울 도구가 되었다. 그녀는 급진적 여성단체 '에린의 딸'을 대상으로 오래된 여성들의 이야기, 메브와 브리이드와 모리안(아일랜드 신화 속 인물들 ─ 옮긴이)의 이야기를 들려주었다. 헌신적인 어머니와 아내와 딸의 역할에 머무르지 않았던 여자들, 전사이자 여왕이었던 여자들의 이야기를.

그것이 황금여명회와 신지학협회Theosophical Society를 비롯한 당대의 신비주의 컬트와 마법 체계의 매력이었다. 여성들은 보조자가 아니라 사제였다. 여성들은 위계에 속했다. 권력의 지위에 오를 수 있었고 실제로 올랐다. 신비주의의 이야기에서 여성들은 단지 신과 인간의 혼종을 출산할 순결한 전달자가 아니었다. 그들은 여신이었고 신과 동등했다. 창조자로서 전쟁과 사랑과 생명을 불러왔다. 이 체계에서 여성들은 섹스를 할 수 있었고, 목소리를 낼 수 있었고, 형제들과 어깨를 나란히 할 수 있었다.

하지만 쓸모없는 일이었다. 무장 투쟁은 나의 신과 당신의 신이 벌이는 싸움으로 격화되었고 사람들은 가부장적 교회의 손아귀에서 벗어나지 못했다. 알레스터 크롤리Aleister Crowley가 마법을 망쳤다고 진짜로 그를 탓할 수는 없다. 그는 자아를 더 내세워야 한다고 주장한 유일한 영적 지도자였으니까. 마법과 제의는 승리와 패배 사이의 선을 흔들지는 못하더라도 투쟁 의지를 불어넣을 수는 있다. 실재를 바꾸지는 않더라도 의식을 바꿀 수 있으며, 의식의 변화 역시 똑같이 중요하다. 그게 새로운 서사가 하는 일이다. 스스로에게 들려주는 이야기를 바꿈으로써 의식을 바꾸는 것. 멍청한 물질주의자들은 절대 이해하지 못할 테다. 무의식이 우리의 논리력보다 약하거나 무디거나 덜 중요하다고 우기지 않는 한, 무의식을 부정하지 않는 한 우리는 무의식적 충동의 노예가 아니다. 중요한 건 우리를 지배하는 이야기를 이해하고 다시 써나가는 것이다. 전이성轉移性은 이성을 두려워하지 않는다. 전이성과 소통하려면 눈높이를 맞춰야 한다 — 신화와 제의, 상징, 은유로써. 그리고 마법으로써.

그러나 모드와 윌리엄 예이츠의 시대에 전해 내려오던 오래된 이야기들은 사람들의 의식에 너무나 깊이 뿌리박혀 있었다. 가부장제와 교회, 그리고 아일랜드가 놓인 피정복 상태의 복잡성을 훤히 까발리기가 주저되었을 것이다. 모드가 켈트문학회에 가입을 신청하자 여성은 받지 않는다는 대답이 돌아왔다. 또 그녀가 영국인 지주가 아일랜드 세입자를 쫓아내는 불법적 행태에 맞서고자 여성토지연맹을 찾아보니 남성만 회원으로 받는 토지연맹에 의해 해체된 뒤였다.

아직도 누가 인간으로 간주되는지를 논하고 있다면 인권이란 없다. 무력함의 무게를 감내하기란 너무나 어렵다. 특히 자신들이 세계의 수호자라고 믿으면서 자랐고 지금도 그렇게 믿고 있는 남성들에게 자신의 세상은 축소된 것임을, 허상임을, 자기보다도 더 무력한 주위 사람들에게서 땅을 뺏어 지은 것임을 발견하는 것은 실망스러운 일이었다.

모드는 그녀가 되고 싶어했던 아일랜드의 잔다르크는 아니었다. 그러나 남자들에게 핍박받은 순간만으로 그녀를 평가한다면 얘기는 달라진다.

●

아일랜드 남자와 함께 영화관으로 걸어가던 중 그가 길거리의 빈 건물을 가리키며 말한다. "여긴 막달레나 세탁소였어요."

나는 충격에 입을 다문 채 계속 걷는다. 세탁소에 대해선 익히 알고 있었다. 법정의 판결에 의해 혹은 가족에 의해 세탁소에 보내진 여성들은 이곳에서 노예마냥 학대당하며 무급 노동을 했다. 사회에 받아들여지지 않았던 여성들, 고집이 세거나 범죄를 저질렀거나 성적으로 방종해서 벌을 받아야 했던 여성들이 이곳에 보내졌다. 내가 읽은 바로는 '강간 피해자' 역시 '성적 방종' 죄로 벌을 받아 싸다고 여겨졌다고 한다. 1996년이 되어서야 마지막 세탁소가 문을 닫았다. 세탁소는 교회에 의해 운영되었다. 교회의 감시 아래 여성들은 성적으로 학대당하고 신체적으로 고문당했으며 기관 내에서 아이를 낳기라도 하면 자신의 의사와 무관하게 입양을 보내야 했다.

나는 그런 세탁소들이 먼 시골에나 있을 줄 알았다. 어딘가 외딴 곳, 가령 말을 타고서만 갈 수 있는 오지에 숨겨져 있으리라 생각했다. 그렇지 않다면 그냥 울타리를 넘어 도망가버리면 되는 게 아닌가? 많은 여자들이 도망쳤다는 건 알지만, 내 말은 어째서 모두가 도망치지 않았냐는 것이다. 혹은, 어째서 골웨이의 여자들이 횃불과 수제 폭탄을 들고 바리케이드를 무너뜨려 막달레나 세탁소의 여자들을 바스티유 감옥의 죄수들처럼 풀어주지 않았는가? 그 영웅적인 장면은 높이 2.5미터의 캔버스에 그려져 더블린 국립미술관에 걸렸을 텐데.

(왜 나는 나의 정부를 전복시키지 않는가? '월스트리트를 점령하라' 운동을 벌인 사람들이 그냥 집에 돌아가기로 결정한 이유는 무엇인가? 우리는 왜 은행가들을 교도소에 처넣고 경제정의를 요구하지 않는가? 왜 직접 주거체계와 건강보험과 사회안전망과 식량공급 체계를 만들지 않는가? 우리 역시 불안에 지배받지만 불안의 출처는 기업과 광고회사다. 우리의 불안은 신경안정제와 상품들로 달래진다.)

머릿속이 복잡하다. 우리는 어둠 속에 앉아 뱀파이어가 나오는 아일랜드 영화를 본다. 뱀파이어들이 고등학교에 간다. 영화가 끝나고 술집으로 향하는 길에서 나는 나 자신의 무력감과 절망감에 대해 토로하는 대신 영화에 대해 언성을 높인다.

"고등학교에 다니는 뱀파이어라니! 대체 왜 이딴 멍청한 이야기들이 계속 나오는 거죠?" 실제로 목소리가 커지고 손은 분노로 떨린다. "불멸의 몸인데 말예요. 섹시한 열일곱살짜리의 몸에 영원히 살고 있다면 다시 고등학교에 가겠어요? 지긋지긋한 체육 수업을 듣겠느냐고요. 고약한 치어리더 여자애들한테 당하려고 수세기를 살았겠어요? 무슨 얘긴지 알아요. 나도 치어리더였거든요. 아뇨, 고등학교엔 안 가겠어요. 대수학 수업을 듣는 대신 밖에 나가서 남자들을 유혹하고 세상을 보고 제국이라도 하나 세우겠죠."

이쯤 되면 아일랜드 남자가 딱하다. 허리가 굽고 점잖은 이 남자를 나는 서점에서 만났다. 그는 과학자가 되고 싶었지만, 머리에 이상이 생기면서 무의식에서 온갖 것들이 기어나오기 시작했다고 한다. 이제 그는 명상과 고요 속에서만 멀쩡해지는데, 나는 그가 곁에 있는 게 좋아서 자꾸 그를 바깥으로 끌어낸다. 나는 맥주를 산다. 내가 할 수 있는 건 고작 그게 다다. 그는 배낭에서 나를 위해 직접 구운 비스킷을 꺼낸다.

"소리 질러서 미안해요."

"괜찮아요."

우리는 부스석에 나란히 앉고, 둘 중 누구도 해야 할 말을 하지 않는다.

뮤즈가 되기엔 너무 주체적이어서

"당신 잡지 이름이 뭐라고 했었죠?"

"『북슬럿』*Bookslut*요."

"아! 저 또한 헤픈 여자*slut*에 평생 관심이 있었죠."

대기근 때 사망한 백오십만명에 대해 영국이 책임져야 하는 이유를 설명한 책 『대기근 음모』*The Famine Plot*의 저자 팀 팻 쿠건이 얼마나 큰 반발을 샀는지 알고 나는 그와 대화를 하고 싶어졌다. 겨우 통화가 연결됐다. 그는 거짓말을 했다고, 반영국 정서를 부추긴다고, 지긋지긋한 아일랜드공화국군*IRA* 문제를 다시 들쑤셨다고, 까마득한 과거에 일어난 일로 징징댄다고 비난을 받았다. 전부 조국인 아일랜드 사람들에게서 쏟아진 비난이었다.

"그때 영국이 우리 정부를 쓰러뜨려서 많은 문제가 생겼다는 걸 기억해야 합니다." 대기근과 현재 금융위기 사이의 연결고리에 대한 화제를 꺼내자 그가 말한다.

"최근 단 몇년 사이 정부와 은행가들의 낭비로 인해, 그리고 무슨 일이 벌어지고 있는지 포착하지 못했거나 혹은 알고도 아무런 조치를 취하지 않은 부패한 공무원들 탓에 우리는 다시 한번 주권을 잃었습니다. 아일랜드는 국제통화기금*IMF*의 허락 없이 10센트도 쓸 수 없죠. 우리의 법은 파산법이고 각 가정에서 소비할 수 있는 것조차 기준이 정해져 있습니다. 대기근을 통해 배워야 할 교훈이 있습니다. 이것, '학습된 무력감' 역시 대기근 당시 생겨나 지금까지 이어져왔습니다. 할 수 있는 게 없어서 그냥 복종하는 거죠. 대기근과 우리의 권위주의적인 종교의 결합, 어머니 영국과 어머니 교회라는 두 식민적 구조의 결합은 우리를 권위에 종속시켰습니다. 그리고 자기주장을 하거나 자신감을 갖는 것을 무척 꺼리게 만들었죠. 그 결과, 아무도 이 끔찍한 위기를 해결하려 나서지 않습니다."

전화를 끊고 나서도 계속해서 『대기근 음모』의 문장이 머릿속에 맴돈다. "섭리, 즉 신의 뜻이 이 재난을 불러왔다는 선언이 잇따랐다. 부자가 빈자에 대해 논박하고 강자가 약자와 대결할 때 흔한 일이다. 같은 시기 신대륙에서는 아메리카 원주민들이 '명백한 운명(manifest destiny, 1840년대 미국의 영토 확장주의를 정당화한 말―옮긴이)'이라는 비슷한 교리 앞에 무너지고 있었다."

운명론은 약자를 위로하고 강자를 정당화한다. 행동하지 않는 죄를 사한다. 잘해봐야 미완성의 혁명이 되고 최악의 경우 순전한 실패가 될 행동에 대한 실망으로부터 우리를 보호한다.

모드가 자신이 실패할 걸 알았을지 궁금하다. 그녀는 자치라는 타협안이 실현되는 데 일조했지만, 수년이 지난 지금까지도 그녀가 열심히 주창한 의식과 서사의 변화는 이루어지지 않았다.

예이츠와 곤의 이야기는 매혹적이고 낭만적이라고 여겨지지만, 나는 어째서인지 그들 관계의 역학이 불편하다. 두 사람이 만났을 때를 회상하며 예이츠는 곤을 두고 "고전 속 봄의 화신 같았다. 시인 버질의 찬사 '그녀는 여신처럼 걷는다'는 오로지 그녀만을 위해 만들어진 것이었다"라고 말했다. 모드는 예이츠와의 첫 만남을 기억하지 못했고, 두 사람이 다른 어딘가의 파티에서 만났다고 생각했다. 예이츠가 그녀를 열가지가 넘는 처녀신과 님프에 비유하는 사이, 곤은 유부남과 불륜을 하며 사생아를 낳았다. 예이츠는 자신이 그녀를 얼마나 속속들이 아는지, 두 사람이 함께 있을 때 얼마나 완벽한지, 자신이 얼마나 깊은 사랑에 빠져 있는지 공언했으나 모드가 그녀의 실제 상황을 털어놓자 겁먹고 꽁무니를 뺐다.

그녀가 그의 뮤즈였다고 말할 수도 있을 것이다. 실제로 그녀에게 영감을 받아 쓴 글이 한 무더기이니. 하지만 그녀는 누군가의 뮤즈가 되기엔 너무 능동적이었다. 자고로 뮤즈란 가만히 엎드려서 시어에 몸을 씻기는 존재가 아니던가. 예이츠에게 영감을 준 건 그가 내면에 품고 있던 곤의 이미지로서, 실제의 모드 곤과 거의 무관하다. 그녀는 예이츠가 품은 허상을 실재로 바꾸지 않을 만큼 똑똑했다. 그의 섬약한 기질은 그 충

그녀가 그의 뮤즈였다고 말할 수도 있을 것이다.
실제로 그녀에게 영감을 받아 쓴 글이 한 무더기이니.
하지만 그녀는 누군가의 뮤즈가 되기엔 너무 능동적이었다.

격을 견뎌내지 못했을 것이다.

"이 비극적인 분투를 그만두고 평화로운 삶을 사세요." 예이츠는 무수한 청혼 중 한번은 이렇게 말했다. 모드에게 있어 분투가 삶의 전부라는 사실을 몰랐던 것이다.

그녀는 답했다. "내가 당신과 결혼하지 않는 것에 온 세상이 감사할 겁니다."

곤을 황금여명회에 데려간 사람이 예이츠였다. 그는 황금여명회에서 적극적으로 활동했고 회원들과도 깊이 사귀었으며, 조용한 연구와 안정이 곤에게 유익하리라 생각했다. 두 사람의 영혼을 한결 가까이 묶고 그녀가 너무 멀리까지 방황하지 않도록 해줄 테니까.

황금여명회의 회원이 되려면 인내심과 심도 있는 공부가 필요했다. 여느 신비주의 교파와 마찬가지로 회원들은 등급이 나뉘어졌고, 다음 등급으로 승급하려면 특정한 지식과 기술의 수준에 도달했음을 증명하고 선배들의 시험을 통과해야 했다. 황금여명회는 카발라와 장미십자회 둘 다를 기반으로 했으므로 히브리 문자와 수비학數祕學, 타로카드, 기도, 제의, 행성부호, 부적, 점술까지 공부해야 했다. 숙지해야 할 정보의 양은 방대했고 승급에는 여러해가 걸렸다.

모드 곤에게는 죄다 쓸모없는 것들이었다. 진짜 마법을 배우기까지 얼마나 오랜 시간이 걸리는지 알고 그녀는 꼬리를 뺐다. 헛소리에 허비할 시간은 없었다. (그리고 그녀는 신비주의에 빠져 넋이 나가 보이는 황금여명회 사람들을 참을 수 없었다.) 그녀에겐 부활시켜야 할 죽은 아들이 있었다.

그녀의 첫 아들 조르주는 오래 앓았다. 결국 아들을 잃은 뒤, 모드는 자주 아이 곁을 비운 스스로를 탓했다. 아일랜드를 위한 싸움과 자신의 정치적 행보를 아들보다 앞세웠음을 후회했고, 아들의 죽음 앞에서 몸이 갈기갈기 찢기는 죄책감과 슬픔을 느꼈다. 그래서 그녀는 아들을 부활시킬 계획을 세우고 이번엔 성공하고야 말리라고 결심했다.

핼러윈 전날 밤에 모드 곤과 조르주의 아버지는 아들의 무덤에 가서 알려지지 않은 의식의 일환으로 묘지 안에서 섹스를 했다——구전과 그녀가 찾은 책의 내용을 섞어 만든 의식이었을 테다. 어쨌든 그녀는 그날 밤 아이를 뱄고 그녀의 끝없는 죄책감은 치유되었다. 모드 곤은 다음 해 조르주가 부활한 딸 이졸트를 낳았다.

예이츠가 수정구를 들여다보고 전생의 환영을 보고 과거의 영혼들과 소통하여 시를 쓴 반면, 오컬트에 대한 모드의 관심은 훨씬 개인적이었다. 예이츠가 지하세계의 관광객이었다면 모드는 지하세계의 거주민이었다. 혹은 적어도 자신의 의사로 통제할 수 없는 입장권을 소지하고 있었다. 사후에서 불러오고 싶은 누군가가 있다면 요긴하겠지만, 식료품점에 갈 때는 오히려 불편하다. 농산물 코너에서 순무를 고르고 있는데 갑자기 저세상의 전언이 들려온다고 생각해보라. 모드는 아버지가 죽기 몇주 전 꿈에서 아버지의 장례식을 세세하게 목격했고, 그 꿈이 현실에서 그대로 되풀이되는 것을 보고 겁에 질렸다. 그녀는 어려서부터 꿈에서나 현실에서나 회색 숄을 두른 여성의 유령에게 쫓겨 다녔다. 그림 속 인물들이 움직였고 그녀와 대화를 했다. 그녀에게 있어 영혼과 악마는 현실이라는 수면 바로 밑에 도사리고 있었다.

물론 그녀를 환자로 진단할 수 있다. 오늘날 비슷한 증세를 가진 여성은 아무리 일상적 기능에 문제가 없더라도 정신분열증을 선고받을 것이고 엄청난 양의 항정신병 약물을 투여받을 것이다. 혹은 거짓말쟁이, 사기꾼이라는 딱지가 붙을 것이다. 나는 모드가 베일이 한꺼풀 벗겨진 세계에 살았다고 생각하고 싶다. 그녀가 이졸트의 몸에 조르주의 영혼이 담겼다고 생각하고 싶어했던 것처럼.

●

나는 주문을 찾아 나선다. 그러나 무엇을 위한 주문인가? 치유를 위한 주문? '치유'란 모호해서 멋진 단어다. 여기서 우리가 인생에 대해 스스로 들려주는 또 하나의 멍청한 이야기가 시작된다. 회복, 치유, 자기발견의 여정. 이것들은 전부 순전히 내면을 향하고 있다. 때때로 내면에 주의를 기울여야 할 때도 있지만 요점은 다시 바깥으로 시선을 돌려야 한다는 것이다.

내 머릿속에는 바덴바덴에서 로마 목욕탕에 갔던 날의 기억이 소중히 보관되어 있다. 그때 내 몸이 느낀 감각을 내 영혼이 느끼길, 적어도 위스키를 마시지 않고도 숙면을 취할 수 있기를 바란다.

쇼핑센터 지하, 바닥에 시체가 숨겨져 있어도 놀랍지 않을 향초 가게 바로 옆에 작은 뉴에이지 가게가 있다. 천사 카드와 수정구 절반은 가격표가 잘못 붙어 있다. 치유의 여정에 관한 책, 천사와 요정과의 소통에 관한 책, 그리고 향이 몇 상자 진열되어 있다. 불자가 아닌 사람들을 위한 옥 부처상과 힌두교도가 아닌 사람들을 위한 석영 가네샤상도 보인다.

여신 카드 덱 하나가 개봉되어 있어, 손끝으로 카드 하나하나를 훑어본다. 투쟁과 복수의 여신이자 전사였던 모리건이 인생을 어떻게 바꾸는지 이야기해준다. 그녀가 알려주는 건 억압하는 적의 머리를 따고 그의 전우들이 지켜보는 앞에서 그의 피를 마시는 방법이 아니라, 임금 인상을 요구할 용기를 내는 방법이다. 물론 그녀는 가슴이 엄청나게 크고 가죽 코르셋 차림에 검은 갈가마귀 깃털을 달고 있다.

이 가게는 우리가 얼마나 미친 세계로 걸어들어가고 있는지 보지 못하게 해준다는 점에서 선택적 세로토닌 재흡수 억제제(SSRI, 항우울제의 일종 — 옮긴이) 치료와 같다. 우리는 우리 자신만 책임지면 된다고, 우리의 작은 세계만이 중요하다고 말한다. 모드 곤이 황금여명회 동료들에게 역겨움을 느낀 이유 중 하나는 당대 점차 심해지던 폭력에 그들이 대응하던 방식 때문이었다. 그들은 명상하고 기도했다. 곤은 스스로 평화주의자라고 주장했지만 전시에는 총을 들고 적을 쏴 죽여야지 그들 앞에 무릎을 꿇고 귀신들이 돕기를 바라서는 안된다고 말했다.

모리건이 모드 곤을 그리워할 거라고 장담한다. 그녀는 사람들이 방금 꺾은 꽃과 향 대신 점령자들의 심장을 도려내 제단에 바치기를 바랄 것이다. 더 많은 사람들이 자기 가치에 대한 내적 깨달음보다는 피가 강처럼 흐르게 해달라고 기도하길 바랄 것이다.

나는 아일랜드 남자와 술을 마시러 이 도시의 작은 중심부로 돌아간다. 암울한 경제 상황에도 불구하고, 골웨이 도심은 여전히 아일랜드를 찾는 관광객들을 위해 돌아가는 커다란 「작은 세상」 놀이기구 같다. 도보의 자갈은 반들반들 닦였고 뮤지션과 가수들이 동전함을 놓고 버스킹을 한다. 열린 창 밖으로 '전통' 아일랜드 음악이 흘러나오는 '전통' 아일랜드 펍, 주중엔 단돈 5파운드밖에 안 하는 '전통' 아일랜드식 아침식사 광고, '전통' 양모 스웨터와 아이들을 위한 작은 레프러콘(아일랜드 전설에 등장하는 작은 요정 ─ 옮긴이) 인형을 파는 가게들이 즐비하다.

그러나 동쪽 혹은 서쪽으로 몇 블록만 걸으면 전면에 널빤지를 덧댄 점포들과 오년째 장외 도박장을 맴도는 듯한 딱한 노인들이 보인다. 아일랜드 헌법을 철저히 연구해서 소득세가 사실상 의무가 아니라는 걸 알아낸 사람이 그 소식을 퍼뜨리려고 붙인 전단지가 보인다. 소득세 납부를 멈추시오라고 흑백 전단지는 소리친다. 그 아래에는 법령상 소득세를 내지 않는다 해도 제재를 가할 수 없다는 헛소리가 적혀 있다.

아일랜드 남자는 술집 구석에서 기다리고 있다. 그는 맥주 파인트를, 나는 아무것도 타지 않은 위스키를 마신다. 옆 테이블의 미국인들은 바텐더를 제외하면 이곳에서 유일한 아일랜드 억양을 포착하고는, 곧 내 친구와 이곳이 얼마나 아름답고 자연스럽고 푸른지에 대해 대화를 시작한다. 시카고에서 온 두 남녀는 변호사다. 남자는 취했고 자기 앞을 지나가는 모두를 끌어안을 양 친근하게 군다. 여자는 뾰로통한 얼굴로 스마트폰을 들여다보다가 나도 시카고에 살았다는 이야기를 하자 그제야 호기심 어린 눈으로 올려다본다. 우리 사이에 공통의 지인이 없다는 걸 확인하고 그녀는 다시 스마트폰으로 돌아간다.

남자는 자신이 소유하고 있는 시내의 콘도와 자신의 중책에 대해 이야기한다. 그가 자기 입으로 중책이라는 단어를 말한 것 같지만 빈속에 위스키를 쏟아붓고 있는 나로서는 확신할 수 없다. 그들은 신혼여행으로 아일랜드를 일주하고 있다고 한다. "우울할 줄 알았어요. 왜, 알잖아요. 하지만 그렇지 않더군요. 모두가 아주 친절해요." 그들은 족보를 거슬러올라가면 아일랜드 피가 섞였다고 한다. 얼마나 거슬러올라가야 하는지, 또 어느 정도 아일랜드 피가 섞였는지는 모호하지만 어쨌든 그들

뮤즈가 되기엔 너무 주체적이어서

은 뿌리를 찾아 여기까지 왔다.

"당신도 아일랜드인인가요?" 남자가 묻는다.

"아뇨, 제 조상은 크롬웰파였어요. 그게 제가 부시밀즈 위스키를 마시는 이유죠." 남자는 이해하지 못하는 표정이다. "프로테스탄트 지주였거든요. 위스키에 전 재산을 탕진하면 죗값을 치를 수 있겠죠." 나는 아일랜드 남자의 소매를 잡아당기며 당장 튀긴 음식을 목구멍에 집어넣지 않으면 끔찍한 일이 일어날 것 같다고 말한다.

아일랜드인 뿌리를 탐내는 사람이 왜 이렇게 많을까? 아일랜드인이 되는 것이 녹색 맥주를 마시고 녹색 토사물을 게워내는 끝없는 성 패트릭의 날 행렬에 참여하는 것과 동의어인 양. 블라니 돌에 입을 맞추면 말재주가 생긴다는 이야기 때문인가? 아일랜드를 여행하면서 자기가 실은 이 땅에 깊이 연결되어 있다고 설명하는 여행 작가를 백명은 안다. 내 말은, 나도 그렇다는 거다. 나도 그렇게 끔찍하다. 열아홉살 때 대학과 가족과 내 인생에 대한 기대에서 도망칠 곳으로 여기를 택했다. 조상이 아일랜드인이라는 막연한 생각을 품고. 하지만 내겐 아일랜드인의 피가 흐르지 않는다.

위안이 되는 건 그런 짓을 하는 사람이 우리만은 아니란 거다. 모드도 아일랜드인인 척을 했다. 그러면서 예이츠에게 그가 충분히 아일랜드적이지 않다고 ─ 영국인인 그녀보다 아일랜드적이지 않다고 설교했다. 그녀는 외부인으로서 국가를 전복하고자 했다.

정체성과 정체성의 각종 징표들, 젠더, 인종, 성, 국적, 혈액형에 매혹된 현 시대에 우리는 우리가 얼마나 억압받는지 평가할 수 있다. 어떤 인구통계학적 결합이 가장 큰 특권을 지니는지, 오늘은 어떤 특성이 일등으로 고통받는지 순위를 매길 수 있다. 외부인이 우리를 대변하려 든다면 우리는 발끈할 것이다. 우리는 남성 페미니스트들에겐 특권을 누렸으니 닥치라 말하고, 동맹군에 대해서는 '알지도 못하면서 끼어드는' 관광객이라고 흉을 본다. 다른 목적으로 이용한다는 비난을 받지 않으면서 한 문화에 대한 존중을 보이긴 어려워졌다. 그러나 우리 내부의 가시덤불에 발이 걸리지 않고 미로를 빠져나가는 길을 꿰뚫어볼 수 있는 사람이 외부인 말고 누가 있단 말인가?

어떤 장소를 사랑하면서도 그곳에서 살 수는 없을 수도 있다. 육개월짜리 비자가 만료되어 아일랜드를 떠나며 열아홉살의 나는 생각했다. 돌아올 거야. 그렇게라도 아일랜드인이 될 거야. 그러나 부동산 버블이 꺼졌고 미입주 주택 문제가 심각한데도 불구하고 골웨이의 집세는 충격적으로 높다. 중산층 이하 가임기 여성에게는 여기서 집을 구하기가 여전히 너무 비싸고 어렵다. 노동시장의 부침에 면역이 있는 자영업자에게조차 어렵다. 그게 지금 아일랜드를 떠나는 이민율이 대기근 이래 최고를 기록하고 있는 이유다. 여기선 누가 누구를 배신하는지 말하기 어렵다. 국가가 젊은이들을 배신하는지, 젊은이들이 국가를 배신

뮤즈가 되기엔 너무 주체적이어서

하는지. 반항하지 않음으로써, 대안을 찾지 않음으로써, 서로를 돌보지 않음으로써. 그러는 대신 고원지대로 도망감으로써, 독일과 미국과 영국의 땅 한뙈기를 놓고 서로 싸움으로써. 이 나라는 자살률도 무척 높다. 공식적으로 인정되는 사실은 아니지만 말이다. 이곳에서 자살은 아직도 금기라서 사망증명서가 위조되곤 한다.

모드도 여기서 살 수는 없었다. 그녀는 대부분의 시간을 프랑스에서 보냈다. 영리하게도 한곳에서 존재감을 과시하되 소유물은 다른 곳에 둔 것이다. 사생아를 낳은 건 물론이고 총기 밀수업자 및 스파이로 활약했으니 여기서 살 수 없었을 것이다. 그녀는 아일랜드에 오면 날개 달린 모자를 쓰고 그녀의 그레이트데인과 함께 예이츠를 만나러 더블린으로 갔다. 현지인들을 질색하게 하고, 아일랜드를 몸소 구현했다. 그리고 그녀는 프랑스로 돌아가 사람이자 연인이자 어머니이자 흑마술사로 살았다.

아일랜드를 영국의 지배에서 벗어나게 할 대단한 주문이 없었다는 게 안타깝다. 오늘날 우리에게는 국제통화기금의 지배에서 벗어나게 할 주문이 필요하다. 성공이 어떤 모습인지에 대해, '좋은 삶'이 무엇인지에 대해 우리가 품은 병든 생각들을 지워낼 대단한 주문이 필요하다. 마법을 부리기 위해 검은 고양이를 몇마리나 소리 없이 죽여야 할지 모르겠다. 내가 가진 마법서 어디에도 그런 내용은 나와 있지 않았으니까.

어느날 아침 습한 방에서 깨어나 나는 다시 내가 된다. 왜 그런지 묻기보다는 우리처럼 머릿속이 엉망진창인 사람들에게 이런 날이 얼마나 드문지를 떠올린다. 팔다리가 뜻대로 움직이는 날, 일어나자마자 울음을 터뜨리고 싶은 충동이 찾아오지 않는 날, 갈망하는 법을 기억해내는 날. 이 아파트에 일주일 더 머물 수 있지만 곧장 짐을 싸고 부다페스트에서 닷새를 보낼 여행 계획을 정교하게 짠다. 굴라시가 필요하다. 아일랜드에서 한 사람에게 할당되는 정도 이상의 태양이 필요하다. 자두 브랜디와 목욕탕과 아르데코 건물이 필요하다. 나는 내가 무얼 원하는지 안다. 나는 떠나고 싶다.

뮤즈가 되기엔 너무 주체적이어서

6

모든 걸 잃은 순간
온전히 자유롭다

이고르 스트라빈스키, 로잔

Igor Stravinsky, Lausanne

이고르 스트라빈스키
Igor Stravinsky, 1882-1971

러시아 출신의 미국 작곡가.
발레곡「불새」「페트루슈카」로 성공을 거두고
대표작「봄의 제전」으로 찬반론의 소동을 일으키며 큰 주목을 받았다.

"저 산들 중 일부는 속이 비어 있다는 거 아시죠?"

엄청난 음모론처럼 들리지만 내가 대화를 나누고 있는 아일랜드인 작가는 정신이상자가 아니다. 수집한 칼들을 벽에 일렬로 걸어놓아서, 내가 어느날 새벽 화장실에 가려고 어둠 속을 더듬다가 손을 잘못 짚는 바람에 발가락이 잘릴 뻔하긴 했지만.

"인구의 95퍼센트가량을 수용할 수 있는 폭격 대피소도 있고요. 미국은 핵폭탄이 터졌을 때 몇명이나 대피소에 수용 가능한지 아세요? 전체 인구의 5퍼센트 미만이에요."

"우리가 아직도 그런 걸 걱정해야…"

그의 아내가 끼어든다. "국경을 건너는 다리에는 죄다 폭발물이 설치되어 있어서 공격을 받으면 일분 만에 외부의 접근을 차단할 수 있대요.”

그때 나는 두 사람이 『뉴요커』 기사에서 잘못된 정보를 얻었 겠거니 했다. 하지만 조금 찾아보니 두 사람의 말은 살짝 과장 이 섞이긴 했어도 진실이었다. 스위스는 언제든지 바깥세상으 로부터 스스로를 분리시킬 준비가 되어 있다. 중립을 선언한 나라에는 중립성을 지켜낼 힘이 있어야 하는데, 스위스에겐 확 실히 그런 힘이 있다. 의무징병제를 시행할뿐더러 언제든 끊을 수 있는 다리까지 갖췄으니. 스위스의 모든 다리에 실제로 폭 발물이 설치된 건 아니라 해도 모든 다리를 순식간에 무너뜨 릴 수 있는 방법이 있다고 한다. 물론 지금은 그런 편집증을 토 대로 설계하지 않지만, 이 나라 대다수의 기반시설은 편집증이 남아 있던 시절에 생겨났다.

충동은 죽지 않았다. 외형을 바꿨을 뿐이다. 독일과 국경을 맞대고 사는 게 긴장되는 일이라는 건 충분히 이해하지만 이 나라는 극단까지 치달았다. 전 인구가 고개를 끄덕이며 ‘그래 요, 그게 합당하겠군요, 산에 구멍을 뚫읍시다, 그렇게 투표하 도록 하지요’라고 말했다는 사실은 내면의 무언가를 드러낸다. 무의식적 충동에 사로잡혀 있을 때는 하나의 행동을 멈추더라 도 그 빈자리를 다른 행동이 채운다. 똑같은 충동이 옷만 갈아 입는 거다.

스위스가 오늘날 국제 뉴스에 등장하는 건 핵미사일과 형태 가 유사하다는 이유로 이슬람 첨탑의 건설을 금지하거나 이민

모든 길 잃은 순간 온전히 자유롭다

자 수를 엄격히 제한하는 등 유럽인들의 포용력과 유연한 국경 담론에서 벗어난 태도 때문이다. 스위스는 안다. 요새를 건설하는 데에는 하나의 방법만 있는 게 아니라는 걸.

•

독일 국경을 넘어 스위스로 향하는 동안 터널이 붕괴하거나 다리가 무너지지는 않는다. 즉 그들은 나를 위협으로 보지 않는다. 과거에 스위스를 방문했을 때에도 나는 감정적으로 소강 상태에 빠져 있었다. 스위스는 산산이 조각난 몸을 이끌고 오기 좋은 나라다. 이 나라의 견고함과 포근하게 감싸는 산맥의 물리적 존재감은 일종의 감정의 외골격이 되어준다.

내겐 약간의 운이 따랐다. 제네바 호숫가의 농장에 사는 여자에게서 여행으로 집을 비우는 동안 손님으로 머물러도 된다는 초대를 받은 것이다. 그 여자나 그녀의 가족과 아는 사이는 아니지만, 그녀는 나처럼 작가고 페이스북은 도움을 구하는 사람에겐 상당히 좁은 곳이다. 그러나 열차가 목적지를 두 정거장 앞두고 이유 없이 멈춰버렸다. 문이 열리고, 안내방송은 나오지 않고, 시간만 하염없이 흐르는 가운데 모두가 아무 일 없는 듯 행동한다. 역사 지붕을 두드리는 빗소리만이 정적을 깬다.

이십분 뒤 나는 주머니에서 미셸의 연락처가 적힌 쪽지를 꺼내 전화를 걸어서 늦을 것 같다고 말한다. "기차에서 내려요."
그녀가 바로 자신의 차에 타며 말한다. 나는 그녀의 말을 따라
기차를 나서면서, 묵묵히 앉아 있는 승객들을 어깨 너머로 흘
끗 본다. 미셸은 금방 도착한다.

"이유를 알려줬나요?"

"아뇨, 안내방송이 따로 나오지 않았어요."

"아마 철로에서 누가 자살했을 거예요. 그렇지 않으면 이유
를 알려주거든요."

나는 이 나라를 종국엔 떠나야 한다는 사실을 애써 스스로에
게 상기시킨다. 너무 오래 머무르면, 제때 외골격을 벗어던지
지 않으면 그 아래에서 자라나는 생물은 으스러지고 만다. 내
가 좋아하는 스위스 작가들은 전부 미쳤다.

미셸과 그녀의 가족은 아늑하고 따뜻한 집에 와인과 파스타
를 차려놓고 나를 맞아준다. 나는 바닥에 조용히 빗물을 떨어
뜨리면서 집에 대한 설명을 듣는다. 난롯불을 때서 집 안을 덥
히는 법, 기차역까지 걸어가는 법, 소들을 겁주지 않는 법을 배
우고 그 집 딸의 공주 인형 소개까지 듣고 나서 침대로 들어간
다. 일어나보니 그들은 공항으로 떠난 뒤고 나는 혼자다. 로잔
에서 기차로 이십분 거리, 언어도 모르고 아는 사람 하나 없는
이곳 농장 집에, 나와 내 수트케이스만 덩그러니 남겨졌다. 미
셸은 친절하게도 위급한 때를 대비하여 차 열쇠를 남겨주었지
만 나는 운전면허가 없다. 무심히도 차가운 비가 계속되고 시

모든 길 잃은 순간 온전히 자유롭다

골길은 미끄덕거리는 잿빛 진창이다. 식료품을 사려면 어디로
가야 하는지도 모르겠다. 다시 한번 생각해볼걸 그랬다.

●

> 로잔은 한때 지성의 수도로서 루소와 볼테르 같은 위대한 사상
> 가들을 매료시켰다. 오늘날 이곳은 수상스키와 수영, 요트를 즐기
> 는 이들의 휴양지다.
>
> ──로잔 관광 웹사이트

요새에는 많은 이점이 있다. 어디까지나 요새 안에서 볼 때
의 이야기다. 많은 철학자, 독재자, 작가, 예술가, 스파이, 음악
가, 무용수, 작곡가들이 무너지는 고국을 떠나 스위스로 피란
했다. 나라에서 시인들을 입대시키려 들자 시인들은 전장 대신
스위스로 떠나 목숨을 부지했다.

이고르 스트라빈스키는 전쟁을 피하려고 1914년 가족과 함
께 스위스로 왔다. 프랑스에 살면서 삼십대의 젊은 나이에 이
미 「불새」 「페트루슈카」 「봄의 제전」으로 세번의 대성공을 거
둔 뒤였다. 그에겐 작품을 공연해줄 발레단 발레 뤼스가 있었
고, 애증을 보내는 관객도 있었다. 그는 정확히 원하는 대로 살
수 있었다.

그 시점에 커리어에 방해를 받은 것이다. 제1차 세계대전은

그에게서 발레 뤼스와 파리 오케스트라를 앗아갔다. 대부분의 음악가들은 원하든 원치않든 입대하게 되었다. 돌이켜보면 그토록 말도 안 되는 대의를 내세운 전쟁에 그토록 많은 사람이 열정적으로 뛰어들었다는 게 신기하다. 상상으로라도 정부에 대해 그만한 신뢰를 끌어내고 파괴와 유혈에서 그만한 영광을 느끼게 하기는 어렵다. 허나 세상물정 모르는 이들을 맞아준 것은 독가스와 포병대였고 군인들의 얼굴에선 영영 활기가 사라졌다.

스트라빈스키는 변혁이라면 종류를 막론하고 싫어했는데, 어찌나 거부감이 심했던지 자신의 음악을 '혁명적'이라고 묘사하는 것조차 질색할 정도였다. 그는 군인들을 응원할 마음도, 전쟁에 참여할 마음도 없었고 오로지 작곡에 몰두할 조용한 장소만을 원했다. 그래서 가족을 데리고 스위스 로잔 근처, 제네바 호숫가의 집으로 이사해서 격변의 시대를 넘겼다. 그곳에서 스트라빈스키 가족은 조금이나마 안정을 찾았고 전선이 유럽 곳곳을 오가는 동안 도망다닐 필요도 없었다.

그러나 삼 년 뒤 러시아 혁명이 벌어지고 러시아 이민자들이 국가 재건에 힘을 보태려 대거 귀국하자 스트라빈스키는 더욱 고립되었고, 가문의 땅에서 얻는 수입도 끊겼다. 그는 유럽에 홀로 남았고, 그전까지 계속 함께 일했던 공동작업자와 생계 수단을 잃고 새로 시작해야 했다. 그의 세계는 작은 집과 빈 공책, 피아노로 좁혀졌다. 다시 시작할 시간이었다.

모든 길 잃은 순간 온전히 자유롭다

스트라빈스키와 제임스 조이스, 서머싯 몸을 안전하게 보호해준 스위스가 고맙게 여겨질 수도 있다. 바깥세상이 거꾸로 뒤집어져 소용돌이칠 때는 스위스의 방어적 행보를 이해할 수 있다.

　허나 그렇지 않을 때는, 야만인들이 문 앞에 버티고 있지 않을 때는, 언덕 맞은편에 그들을 파괴할 계략을 짜는 적이 없을 때에는 어떤가? 그때도 방어적인가? 하염없이 방어적인 건 아닌가? 지금은 경비대원에게 ─ 옛 전투의 상처를 훈장처럼 두르고 싸움의 기술을 갈고닦은 그에게 어떤 일을 시켜야 할까? 내버려두면 그는 단 한가지, 누가 안에 들어갈 수 있고 누가 바깥에 머물러야 하는지만 생각한다. 그가 아는 건 그 두 종류로 사람을 구분하고 표시하는 방법이 전부다. 그는 지정학적 분위기가 어떻든 문 앞에 버티고 서서 방문객을 분류할 것이다. 그가 할 줄 아는 건 그게 다니까.

·

　스위스를 방문할 때마다 즐거운 시간을 보냈고 스위스 사람들이 예의바르고 친근하다고 느꼈지만, 그건 내가 그들의 요구조건을 충족하기 때문일 테다. 나는 백인이고, 동맹국 국적이고, 지식인이고, 금전적으로 자립해 있다. 프랑스어를 잘은 못하지만 정말 죄송하게도 영어로 대화할 수 있느냐고 정중히 질문해서 그들의 환심을 살 수 있을 만큼은 한다.

스위스가 나를 환대하는 건 당연하다. 나는 그들이 곧장 받아들일 수 있는 사람들 목록에 오른다. 정체성을 어디까지 바꿔야 그들이 나를 타자로 인식하고 문을 닫고 통행을 금지하려 들지 궁금해진다.

나는 환영받지만 그들의 일원은 아니다. 그러므로 나는 유럽에서 기이하게도 오로지 시각적으로만 소속감을 느낀다. 나는 각지고 뼈가 튀어나온 이상한 얼굴을 가졌다. 왼쪽에서 보면 슬라브족의 얼굴이고 오른쪽에서 보면 켈트족의 얼굴이다. 스물여덟살 때 프랑크푸르트를 통과하는 열차 안에서 고개를 들었다가 처음으로 내 얼굴에 맥락이 있음을, 내 얼굴도 어딘가에 속해 있음을 알았다. 그 전에는 평생을 '다른 그림 찾기' 놀이 속에서 살았다. 심지어 조국에서도 처음 만나는 사람에게서 대뜸 '어디서 왔느냐'는 질문을 받곤 했다. '여기'라고 하면 상대는 벙찐 표정을 짓거나 고개를 가로저었다. 아니, 내 말은 '어디서 태어났느냐'고요. '여기'요.

유럽을 여행할 때 내 얼굴엔 '여기'라고 적혀 있다. 나는 '여기' 출신으로 추정된다. 그러나 입을 열면 보이는 것과 다르다는 것이 드러나고 누구도 나를 어디로 분류해야 할지 모른다.

모든 길 잃은 순간 온전히 자유롭다

첫인상에서 느껴진 '우리의 일원'이라는 시각적 부호는 일부러 해체하지 않는 한 쉽게 흔들리지 않는다. 미국 억양의 영어로 영국인과 대화하는 나를 보면서도 스위스 사람들은 여전히 내가 이 근처 어디 출신이냐고 묻는다. 아뇨, 저는 스위스인이 아니에요. 그러면 상대는 고개를 가로젓는다.

유럽에서 나는 그렇게 살아남는다. 능력과 소속에 대해 호의적인 추정을 받음으로써. 행인들은 늘 내게 길을 묻는다. 이렇듯 신원을 의심받지 않는 곳에서 돌아다니기란 식은 죽 먹기다. 언제 입을 다물고 있어야 할지만 안다면.

•

하녀였던 안나 괼디Anna Göldi는 아마도 주인과 동침하고 있었을 것이다. 화려한 스캔들을 벌이고 싶어서가 아니라 춥고 굶주린 채 거리에서 죽고 싶지 않아서였을 가능성이 높다.

어떤 일이 일어났다. 정확한 자초지종은 끝까지 알 수 없으리라. 불쌍한 하녀의 말에 귀 기울이는 사람은 어차피 없을 테니까. 그녀는 맞서 싸웠을지도 모른다. 남에게 고자질하겠다고 협박했을지도 모른다. 어쨌든 요한 야콥 추디 박사Dr. Johann Jakob Tschudi는 십칠년 동안 자기 집에서 일한 하녀를 갑자기 마녀로 몰아붙였다. 추디의 딸이 재채기를 하면서 바늘을 뱉기 시작했는데, 이는 괼디가 딸의 우유에 마법의 힘으로 숨겼거나 딴 세계에서 비롯된 수단으로 딸의 몸에 심은 것이리라는 주장이었다.

그녀는 고문을 받았고, 고문받은 사람답게 자백했다. 추디의 딸은 멀쩡했지만 퀼디는 참수형을 당했다. 그 당시에 사형 선고는 아마 반사적인 경련과 다를 바 없었을 것이다. 스위스의 마녀사냥은 유독 무참하고 피비린내 나기로 악명 높았다. 기록에 따르면 성인 여성이 단 한명도 남지 않을 때까지 깡그리 쓸어버린 마을도 여러군데였다고 한다.

퀼디가 마지막이었다. 유럽에서 마녀로 몰리고 유죄 선고를 받은 여성은 그후에도 있었지만, 사형당한 사람은 그녀가 마지막이었다. 영국에서는 20세기에도 마녀재판이 이루어졌으나 예전처럼 무절제한 판결을 내리지는 않았다. 퀼디가 사형당한 건 1782년, 계몽시대가 지나고 볼테르와 루소와 다른 위대한 사상가들이 나고 죽은 뒤였다. 누군가 마녀로 몰리는 일은, 사람들이 그래. 어디 잘 달군 부지깽이를 들고 진실을 알아내볼까 하고 나서는 일은, 이미 훨씬 전에 끝났어야 할 시점이다.

경비대원에게는 정말로 다른 일거리가 필요하다.

*

비가 멈추지 않을 기세다. 식량이 바닥을 드러내서 식사는 점점 마구잡이가 된다. 미셸은 떠나기 직전 어깨 너머로 "뭐든

모든 걸 잃은 순간 온전히 자유롭다

드셔도 돼요"라고 마지막 한마디를 남겼고, 나는 우산을 쓰고 진창길을 걸어내려가 읍내로 나가는 기차를 기다리기 싫어서 그녀의 말을 따른다. 점심은 땅콩버터를 바른 빵, 치즈 한조각, 사과 하나, 차 한잔이다. 저녁으로는 전자레인지에 돌린 팝콘과 소시지를 먹을 예정이다.

저 아득히 어딘가 알프스산맥이 서 있지만 낮게 깔린 구름에 가려 보이지 않는다. 시골은 온통 구름 밭이다. 시야가 닿는 곳은 멀어야 옆 농장이고, 헛간에서는 목에 걸린 종을 흔들며 이따금 답답한 듯 울어대는 소 소리가 들린다. (녀석들의 고통이 느껴진다.) 농부의 아들은 웰링턴 부츠를 신고 다닌다. 넓은 어깨와 두툼한 손과 깜짝 놀라면 바닥으로 내리꽂히는 순수한 눈빛. 그는 나의 신사를 닮았다. 도플갱어라 해도 될 정도다. "그럼 그 남자를 덮쳐야겠네." 낭만주의자인 신사가 편지에 적는다.

나는 주로 목욕을 하면서 엘리자베스 스마트의 글과 감정적 황폐에 대한 다른 이야기들을 읽고, 다음 목욕을 준비하기 위해 벽난로에 불을 피운다. 헛간이 집에 붙어 있어서 진흙탕을 뚫고 헤매지 않아도 새 땔감을 가져올 수 있다. 농부의 아들이 일주일에 한번씩 땔감을 채워준다. 본 적은 없지만 그는 땀에 젖은 셔츠 차림으로 청바지 앞에 진흙을 묻히고 헛간에서 장작을 팰 것이다. 어쩌면, 그에게 물 한잔을 가져다주면… 내가 돌봐야 하는 고양이가 몸에 진흙과 소똥을 묻히고 돌아와서 바깥

세상을 전해준다. 녀석은 반쯤 빈 사료 그릇 앞에서 울음소리로 나를 부르고, 또 꼬박 하루 동안 사라진다. 나는 녀석에게 밥을 먹이고 걸레로 진흙을 닦으면서 물을 무서워하는 이 맹수가 나보다 폭우를 더 잘 버티고 있다는 사실을 생각지 않으려 애쓴다.

언젠가 이건 아름다운 기억이 될 것이다. 언젠가 내 왕국은 이 집과 내가 일년째 입고 있는 옷 네벌 이상으로 확장될 것이다. 다섯시간이 지났으니 또 한번 목욕을 해도 되겠지? 그래, 괜찮다.

●

스트라빈스키는 먼저 일의 한계를 속속들이 파악해야 작업에 착수할 수 있었다. 그를 온전히 자유롭게 하는 건 속박이었다.

— 보리스 드 슐뢰처 Boris de Schloezer

요지는 스트라빈스키가 스위스 시기에 그의 음악 형식을 혁신했다는 것이 아니다. 이 주제에 관한 책은 이미 차고 넘친다. 협력자 없이, 오케스트라 없이 음악을 작곡하고 연주했다는 것, 관현악 대신 실내악을 작곡했다는 것, 결핍이 그에게 오히려 영감을 주었다는 것, 그가 러시아에 둔 뿌리를 끊어버리고 보다 유럽적이고 미국적인 풍미를 가미했다는 것 ── 이 모든 내용은 이미 책으로 쓰인 바 있다. 내가 스위스로 떠나기 전 한 러시아 작가가 물었다. "왜 스위스에서 스트라빈스키에 대해 쓰려고 하시죠? 스트라빈스키의 스위스 시절에 대해선 모두가 쓰잖아요. 심지어 저도 쓴 적이 있는걸요."

실로 스트라빈스키보다 더 많이 책으로 쓰인 작곡가는 없다. 심지어는 스트라빈스키 본인도 스위스의 스트라빈스키에 대해 썼다. 그는 자신의 사고와 작업 과정을 언어로 명료하게 표현할 수 있었던 몇 안 되는 작곡가 중 하나였다. 그가 작가들에게 인기 있는 소재인 이유는 그의 음악에 사고가 있고, 음악을 받아들이기 위해 청자도 그 음악과 함께 사고해야 하기 때문이다. 또한 그의 음악은 단순히 이론을 실천하는 것이 아니라 깊은 감정과 직관을 담고 있다. 이렇게 영혼과 두뇌가 결합하는 경우는 드물다. 그의 음악을 들으면 우선 몸의 모든 세포가 흥얼거리기 시작하고 온몸이 덜덜 떨리고 척추에 전기가 통하는 짜릿함을 느낀다. 그러고 나면 이 대단한 남자가 대체 무얼 하고 있는지 알고 싶어져서 머리를 쓰게 된다.

스트라빈스키의 인생에 대한 책을 읽으면서 내가 느낀 불만은 그의 인생이 음악과 따로 논다는 것이다. 그의 음악은 오롯이 독자적으로 존재하는 듯 보인다. 언젠가 그는 친구에게 악곡의 첫 음들은 언제나 신에게서 나오며 자신의 일은 나머지 음을 쫓아가고 그것들에게 형태를 주는 것이라고 말한 적이 있다. 우리는 예술가의 삶이 그의 작품에 묶여 있다고 생각하는

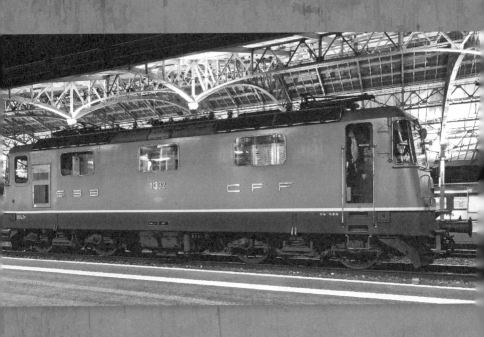

잃어버린 것들이 ──아파트, 친구들, 내 연인의 환상,
수입의 상당 부분──내게 필수적인 게 아니었음을 처음으로 실감한다.
그리워할 필요도 없다. 이건 선택이다.
여기에선, 내 삶의 시시한 내용물들이 충만하고 풍요로워 보인다.

것에 무척 익숙하다. 음악이나 책, 그림은 창작자에게 일어나고 있는 일의 표출이라고 생각한다. 그러나 스트라빈스키에게 인생과 작품은 전혀 다른 얘기였다. 물론 작품의 구조와 제약은 그의 삶에 의해 부과된 것이다. 가령 당시 그의 곁에 있었던 악기의 종류가 음악에 영향을 미쳤다. 그러나 그 구조를 채운 음들은 창작자와 분리되어 있다. 자유롭게 떠다니는 그 음들은 과연, 실로, 신성하다.

왜냐하면 「페트루슈카」를 들을 때 나는 인간 스트라빈스키, 그가 놓여 있던 인생의 단계와 그 음악이 어떻게 연결되는지 느끼지 못하기 때문이다. 세르게이 댜길레프Sergei Diaghilev와 작업했고 림스키코르사코프N. Rimsky-Korsakov의 제자였던, 채 서른이 되지 않은 젊은 야심가 스트라빈스키는 데뷔작 「불새」로 즉각적인 성공을 거둔 뒤 스스로를 증명하려 애쓰고 있었다. 그러나 제임스 조이스의 『젊은 예술가의 초상』이나 모차르트의 「돈 조반니」와는 다른 방식이었다. 스트라빈스키의 곡은 전부 전작과도 후속작과도 동떨어진 것처럼 느껴진다. 예술가들은 이따금 창작이 막힌 나머지 똑같은 걸 매번 각도만 조금씩 다르게 표현하면서 제자리를 맴도는 아름다운 습관이 있는데, 스트라빈스키의 경우는 한 작품에서 다음 작품으로 연결시키며 담아내고자 하는 커다란 생각 같은 게 없었다. 그는 매번 작곡에 착수할 때마다 전혀 새로운 작품을 내놓았다. 그의 음악은 어디에도 얽매이지 않고 주인 없이 땅 위를 활보했다.

그러니, 아니다. 나는 스트라빈스키의 스위스 시절에는 관심 없다. 진흙 묻은 운동화를 신고 그의 집 안을 활보하거나 그가 가장 좋아했던 카페에 앉아 그의 정신과 하나가 되고 싶은 생각은 없다. 나는 단지 하나의 생각을 끝마치려 여기 왔다. 제약에 대한 생각이다. 어떤 예술가들은 제약의 무게에 짓눌려 목숨이 끊어지지만 스트라빈스키는 오히려 제약의 무게 아래에서 번성했다. 어떻게 모든 것을 잃은 상황에서 일할 수 있는가? 과거와 연을 끊고 새로 시작해야 하는 처지에서 그게 어떻게 가능한가?

1918년 스트라빈스키는 로잔에서 그의 가장 성공적이고 대중적인 작품 「병사 이야기」를 선보였다. 그는 오케스트라와 협업하는 데 익숙했지만, 병사와 악마의 거래를 다루는 이 곡은 바이올린, 콘트라베이스, 코넷, 트롬본, 클라리넷, 바순, 퍼커션으로 연주되었다. 그때 근처에 있던 악기가 그것이었기 때문이다. 이 곡을 함께 쓴 사람은 스위스 작가 샤를 페르디낭 라뮈 Charles Ferdinand Ramuz였는데, 그때 근처에 있던 사람이 그였기 때문이다. 스트라빈스키는 이 곡에서 왈츠, 탱고, 래그타임 기법을 자기식으로 개성 있게 해석했다. 그리고 마지막엔 심장을 멎게 하는 드럼 소리를 넣었다.

첫 음이, 첫 생각이, 처음 캔버스에 뿌려지는 색채가 외부에서 온다고 생각하면 한결 이해하기 쉬울 것이다. 지니와 뮤즈는 영원하고 초월적이며, 먼저 구조가 만들어져야 그곳에 깃들 수 있다고. 우리 같은 필멸자들은 영원을 이해하지 못하기에 제약이 필요하다. 우리는 신의 뜻을 순수한 잠재력의 결합 있는 축소판으로 표현할 수밖에 없다.

신성한 존재들이 깃들어 유희할 수 있도록 사방에 벽을 세우는 게 우리의 일이지만, 간과해선 안 될 사실이 있다. 뮤즈들은 오로지 예술가가 제공하는 재료만 가지고 작업한다는 것이다. 그러므로 예술가의 일은 단순히 영감을 받아적는 것뿐 아니라 부단히 자신의 경계를 확장시켜 자신을 가능한 한 큰 캔버스로 만드는 것이다. 스트라빈스키는 온갖 새로운 형식으로 유희를 벌이고 끊임없이 여행하고 낯설고 새로운 것들을 열심히 받아들임으로써 스스로를 확장시켰다. 한계를 인정함으로써 한계를 무너뜨릴 수 있었다. 물리적으로 제약된 돈과 장소와 악기는 역설적으로 확장을 위한 도구에 불과했던 것이다.

그 행위, 확장의 행위는 매번 다르다. 세상을 여행하는 것, 묵묵히 연구하는 것, 정치에 참여하는 것, 무엇이든 상관없다. 이런 행동들은 우리의 몸에 잠시 깃든 지니에게 새로운 할 일을 준다. 확장에 태만한 건 뮤즈들에 대한 모욕이다. 우리의 세계를 우리 혼자 창조했다고 믿는 건 신성을 모욕하는 일이다. 우리가 모든 걸 책임지고 있다고 믿는다면, 홀로 책상에 앉아 협력자 없이 일하고 있다고 믿는다면, 우리의 펜 끝에서 흘러나오는 말들이 그렇게나 묵직하게 지상에 얽매인 것도 무리는 아니다. 뮤즈들에게 거절당하지 않을 리 없다.

나의 세상은 이게 전부다. 기내용 수트케이스 하나와 백팩 하나, 원피스 겸 애착 담요인 짙은 푸른색 스웨트셔츠. 언제 마지막으로 영어책 서점을 방문했는지에 따라 권수가 달라지는 책 몇권. 갑자기 오페라를 보러 갈 때를 위한 그럴듯한 칵테일 드레스와 괜찮은 하이힐 한켤레. 전에 입던 청바지의 엉덩이 부분이 찢어지는 바람에 급히 산 청바지 한벌. 소매 길이가 다른 티셔츠 세장, 기묘하게도 수가 자꾸 주는 속옷. 선드레스 두벌, 스웨터 한벌, 가죽 재킷 한벌. 운동화 한켤레와 발레 플랫슈즈 한켤레. 화장품과 세면도구 가방 하나. 화장지로 감싼 목걸이를 넣어둔 검정색 가죽 클러치 하나.

나는 이 물건들 하나하나를 보물처럼 아끼고 경멸한다. 나는 이 물건들의 정확한 윤곽과 무게, 접었을 때와 말았을 때의 크기를 안다. 가방 속의 물건들은 전부 원하는 것보다 조금 더 크고 조금 더 무겁다. 아무리 아프거나 숙취에 시달릴 때라도 남의 도움 없이 머리 위로 들어올릴 수 있도록 신중하게 고른 물건들이다. 위급시를 위한, 일부러 존재를 잊으려 하는 필수품도 몇개 있다. 비상용 탐폰, 비상용 아스피린, 비상용 아이리시 브렉퍼스트 차.

항상 같은 물건으로 채워진 이 수트케이스를 들고 길에 오른

지도 한달만 있으면 곧 일년이 된다. 짐 보관소에 들러 옷을 한 번 바꾸긴 했지만. 눈부시게 아름다운 날이었다. 새 옷을 입자 나 자신이 새로워지는 기분이 들었다. 그 기쁨은 똑같은 셔츠를 입고 삼일째 지내자 수그러들었지만, 그래도 어찌나 즐거웠던지.

나는 지금 물건에 욕심을 내는 동시에 소유를 경멸하고 있다. 집을, 한 장소에 뿌리내려 더는 방황하지 않아도 되는 집을, 가구와 벽에 걸 액자와 그 벽의 색깔과 책꽂이에 꽂을 책을 내가 정할 수 있는 집을, 무엇보다도 주전자가 있어서 아침에 찻물을 프라이팬으로 끓이지 않아도 되는 집을 원한다. 옷이 하도 많아서 한번만 입고 버릴 수 있다면 좋겠다. 산처럼 쌓인 하이힐을 갖고 싶다. 모든 색깔과 높이의 하이힐로 채워진 책꽂이, 구두의 서가를 갖고 싶다. 자갈 깔린 골목을 걷다가 까지거나 굽이 닳았거나 택시에서 내리다가 굽이 헐거워져서 세번 수선하지 않은 하이힐들을 갖고 싶다. 그리고 나만의 서재를, 무겁게 이고 다니지 않아도 되는 책으로 가득 찬 서재를 갖고 싶다. 책들은 한번에 한권씩만 꺼낼 것이다. 방에서 방으로 옮길 뿐 집밖으로 들고 나가지 않을 것이다. 세상의 모든 주제마다 책이 한권씩 있었으면 좋겠다. 모든 종류의 책, 나의 모든 변덕과 관심사를 만족시킬 책, 내가 일평생 한순간이라도 읽고 싶었던 책 ─ 그것들이 전부 손 뻗으면 닿을 거리에 있었으면 좋겠다. 아, 화분도 몇개 있었으면.

그렇지만 물건을 사서 죄다 한곳에 모아두고 그 곁에서 사는 내 모습을 상상하면 그것 역시 무게에 얽매인 삶으로 느껴진다. 그래서 나는 옷가게에 가서 수트케이스에 담긴 옷 무엇과도 어울리지 않는 멋진 프릴 블라우스를 쓰다듬는다. 이걸 사면 펜슬스커트나 회청색 슬랙스를 사야 할지도 모르겠는데, 생각해보니 어울리는 신발도 없고, 구석의 저 분홍색 키튼힐이 어쩌면 세일 중일지도 모른다… 나는 한달째 입고 있는 스웨터 차림으로 부띠끄를 나서 농장으로 돌아가는 열차를 탄다.

●

전쟁 후 스위스를 떠나 파리로 간 스트라빈스키에게 컬럼비아 레코드에서 음반 녹음을 권했다. 78알피엠 디스크 양면에 삼분 전후의 소리를 녹음할 수 있던 시절이었기에 스트라빈스키는 디스크를 뒤집을 때 음악이 어색하게 끊어지지 않도록 삼분짜리 악장만으로 구성되는 새로운 곡을 쓰기로 했다.

그 결과물이 독일 야상곡 기법을 택한 4악장짜리 「피아노를 위한 가장조 세레나데」이다. 각 악장은 전혀 다른 구조로 개성이 있지만, 그럼에도 스트라빈스키가 자서전에서 설명했듯 "'가' 음이라는 소리를 축으로 전개된다."

나는 이 곡의 연주를 딱 한번 들어보았다. 러시아인 피아니스트는 스트라빈스키 특유의 새처럼 자유로운 느낌을 온몸으로 표현하고 있었다. 재빠른 팔놀림, 머리와 몸의 까닥임, 건반과 몇 센티미터 거리에서 새 부리처럼 움직이는 코.

「피아노를 위한 가장조 세레나데」를 쓰던 당시 스트라빈스키는 미국을 여행하면서 받아들인 재즈 음악에 자극을 받아 작품에 재즈 리듬과 구조를 차용했다. 다른 클래식 숭배자들이 재즈와 래그타임의 부상이라는 차가운 무질서에 절망한 반면 스트라빈스키는 변화를 받아들인 소수에 속했다. 대부분의 작곡가들이 팔짱을 낀 채 변화를 굳게 거부하자 곧 관객이 줄고, 악보 음악이 힘을 잃고, 작곡가들이 천재가 아니라 고상한 광대로 여겨지기 시작했다. 관객이 클래식 음악을 버리자 작곡가들은 대중보다는 서로를 위해 작곡을 하기 시작했고, 음악은 점점 더 지적이고 배타적이 되었다. 그러자 관객은 더욱더 줄어들었고 심지어 소수의 관객조차 고상한 광대로 여겨지기 시작했다. 작곡가들이 수학적 질서에 맞추어 종이에 음표를 적고 씨가 말라가는 관객들에게 그것을 들려주기 시작하자 신성함은 다른 곳으로 옮겨갔다. 뮤즈들은 죄다 데이비드 보위David Bowie의 집으로 이사했다.

입장 허가 정책이 너무 엄격하면 누가 실수로 문전박대를 당할지 모르는 일이다.

•

마침내 비가 그치자 알프스가 모습을 드러낸다. 다시 식료품을 사러갈 수 있다. 그러나 나는 기차를 타고 도시로 가는 대신, 산을 걸어 내려가서 마을 장에서 산 고기와 과일과 와인 병으로 배낭을 채운 뒤 다시 산을 올라 돌아온다. 처음 옆집을 지나갈 때 개가 사납게 짖어대기에 나는 유순한 태도로 눈을 내리깔고 고개를 숙이고 길을 돌아갔다. 두번째로 지날 때 녀석은 나와서 꼬리를 흔들며 인사를 건넸다. 가방을 내려놓고 머리를 긁어주자 내게 몸을 기댔지만, 날아다니는 파리를 향해 손을 휙 올리니 겁에 질려 쏜살같이 달아났다. 딱하기도 하지, 녀석에게 말한다. 그런 움직임에 앞서 무엇이 있었는지, 어떤 일을 겪어야 경련이 반사작용이 되는지 잘 아니까.

개와 소와 대화를 나눈다. 내 말 한마디 한마디에 귀를 기울여주는 소는 훌륭한 대화 상대다. 봄이 게으르게 비옷과 부츠를 벗어던지자 소들을 마당에 풀어놔서 나는 몇시간이고 녀석들을 지켜볼 수 있다. 이렇게 커다란 짐승들이 장난치며 뛰노는 모습은 상상하기 어려웠으나, 오랜만에 초원에 긴 시간 풀려나니 녀석들은 신나게 논다. 뛰기도 한다 ── 끔찍이도 땅에 얽매인 존재들이라 높이 뛰는 건 무리지만. 녀석들은 풀밭을 내달리고 진흙탕에서 뒹군다. 녀석들의 움직임, 몸을 부비며 서로에게 인사를 건네는 모습이 무척이나 매혹적이다. 바닥에 벌러덩 누우면 그들의 세계 전체는 몸을 둘러싼 몇 센티미터로 축소된다. 두꺼운 가죽을 덥혀줄 햇볕과 누운 채 목을 뻗어서 주둥이가 닿는 풀 약간만 있으면 된다. 나는 소가 돌연 땅에 목을 처박는 걸 관찰하고, 종이 울리는 소리를 듣는다. 송아지 한 마리가 자꾸 다른 녀석에 올라타려고 하지만 그 다음엔 정확히 뭘 어떻게 해야 할지 몰라서 그냥 등에서 미끄러져 내려온다. 나는 창밖까지 들리도록 스트라빈스키 음악을 틀지만 소들은 건스앤로지스Guns N' Roses 음악을 선호하는 듯하다.

이곳에서 나는 부족한 게 없다. 해가 뜨고 소들이 울타리로 다가와 아침 산책을 나서는 내게 인사를 건네면 외로움조차 나를 찾을 수 없다. 연인은 다시 내 메일함에 기어들어왔다. 그는 고개를 숙이고 그만의 손님방에서 지낸다. 우리는 편지를 주고받는다. 컴퓨터 모니터에 뜨는 검은 글자가 스카이프로 그의 얼굴을 보고 목소리를 듣는 것보다 더 안전하다. 그러나 여기서는 연인조차도 그의 공간에 그냥 남겨둘 수 있다. 슬픔을 짊어지고 산을 오르내리지 않아도 된다.

돈이 떨어져가지만 스카이프로 타로점을 봐주면 현금을 다소 손에 넣을 수 있다. 자기 인생에 대해 새로운 이야기를 듣고 싶어하는 사람은 언제나 있기 마련이다. 나는 약간의 노동으로 번 돈을 스테이크와 버섯 파이로 바꾼다. (아가씨들, 미안.) 잃어버린 것들이 ─ 아파트, 친구들, 내 연인의 환상, 수입의 상당 부분 ─ 내게 필수적인 게 아니었음을 처음으로 실감한다. 그리워할 필요도 없다. 이건 선택이다. 여기에선, 내 삶의 시시한 내용물들이 충만하고 풍요로워 보인다.

노트북과 싸구려 헤드폰이 아니라 전축으로 음악을 들은 지 오래라서, 기왕 주택에 머무는 동안 아리고 보이토Arrigo Boito의 「메피스토펠레스」로 내 귀를 채울 기회를 놓치지 않기로 한다. 이 작품은 보이토가 작곡한 유일한 오페라로, 아름답지만 해괴하고 도무지 지상의 것 같지 않다. 음악이 마치 작은 고양이처럼 집 안을 살금살금 돌아다닌다. 이 작품은 혹평을 받았다 ─ 이게 정확한 표현이리라. 보이토는 경험이 일천함에도 자신이 직접 오케스트라를 지휘하겠다고 우겼다. 결과는 참담했다. 스트라빈스키의 「봄의 제전」 초연에서처럼 폭동이 일어났다. 지기 스타더스트Ziggy Stardust처럼 시대를 너무 앞서가서가 아니라 그냥 너무 엉망이라서 항의가 빗발쳤다. 이 오페라는 딱 두번 상연되었고, 보이토는 다시는 오페라를 쓰지 못했다. 가끔 내 꿈속에 등장하는 미완성 오페라를 제외하면 말이다.

보이토는 스트라빈스키보다 사십년 먼저 태어났고, 두 사람은 뱉어낸 결과물도 영 다르다. 몇번의 고점을 찍고 사라지는 예술가와 탄탄한 커리어를 쌓는 예술가 사이의 차이는 무엇인가? 물론 성격이나 황도십이궁에서 토성의 위치만으로 결정되는 차이는 아닐 테다. 가장 이상적인 조건에서만 창작할 수 있는 예술가들이 있는데, 이상적인 조건은 세상 무엇보다도 빠르게 사라져버린다. 명성이나 새로 태어난 아기, 혹은 대중의 무관심으로 인해 집중력을 잃기란 쉽다.

우리는 딱 잘라 규정할 수 없는 둘 사이의 차이를 알아내고, 후자를 만드는 요소를 함양하려고 부단히 노력하고 있다 ── 투지, 인내, 성격. 그것이 가르칠 수 있는 것이라는 전제하에 학교 커리큘럼을 정한다. 이상적인 조건이 충족되지 않더라도 살고 성공하는 능력은 타고나는가, 학습되는가? 잡초처럼 자라나는 법을, 어떤 제약이라도 선선히 받아들이는 법을 우리 모두가 배울 수 있는가? 좁은 감방에 갇혔을 때 창살 바깥만을 애타게 바라보는 대신 방 안의 가구로 무언가 만들어내는 법을 배울 수 있는가?

스트라빈스키가 스위스에서 작곡한 실내악곡 「군인 이야기」에서 가장 놀라운 점은 악기 하나하나가 제 소리를 낸다는 것이다. 코넷은 오보에가 되려고 노력하지 않는다. 바순은 플루트의 자리를 채우려 전속력으로 연주되지 않는다. 스트라빈스키는 그 악기들을 자신이 진짜로 원했던 것의 대체물로 사용하지 않았다. 그는 자신이 무엇을 사용할 수 있는지 확인하고, 그것들의 특징을 살피고, 제약을 받아들인 채 작업했다. 그는 더 좋은 걸 내놓으라고 심술부리지 않았다. 이상을 꿈꾸느라 시간을 허비하지 않았다. 그는 일상적인 것의 초월성을 믿었다. 그는 현실 세계에서 일했다. 그는 첼로가 되지 못한 클라리넷을 용서했다.

그는 자신이 무엇을 사용할 수 있는지 확인하고,
제약을 받아들인 채 작업했다.
그는 더 좋은 걸 내놓으라고 심술부리지 않았다.
이상을 꿈꾸느라 시간을 허비하지 않았다.
그는 첼로가 되지 못한 클라리넷을 용서했다.
우리는 모두 첼로가 되지 못한 우리의 클라리넷을 용서해야 한다.

우리는 모두 첼로가 되지 못한 우리의 클라리넷을 용서해야
한다.

●

물론 스트라빈스키가 스위스로 오면서 멀어진 건 오케스트
라와 돈과 다른 유럽 국가들만이 아니었다. 그는 댜길레프가
닿지 않는 곳에 있었다.

세르게이 댜길레프는 아름다운 괴물이었다. 평범한 재료를
모아 특별한 것을 창조해내는 마법사였다. 그는 거의 무(에 가
까운 보잘것없는 자본)로부터 20세기에 큰 영향력을 발휘한
예술운동을 만들어냈다. 그의 작은 발레단은 한세기에 걸쳐
예술, 음악, 무용, 패션, 디자인, 문학에 영향력을 주었다. 그는
(니진스키와 스트라빈스키 같은) 무명의 인재를 기용해 전설
로 만들었고 (샤넬과 피카소 같은) 전설들이 무명들과 다름없
는 보수를 받고 일하도록 설득했다.

댜길레프는 앙상한 몸 안에 비대한 야망을 욱여넣고 있던 이
십대의 젊은이 스트라빈스키를 택해「불새」작곡을 맡겼다. 댜
길레프가 타고난 가장 위대한 재능은 선택의 재능이었을 것이
다. 아직 유망하지조차 않은 미완의 인물을 보면서 그의 앞날
을 미리 보는 능력. 마치 시간을 비껴서서 누가 적임자인지, 누
구에게 조력자가 필요한지, 누가 누구와 만나야 재능을 꽃피울

지를 꿰뚫어보는 것 같았다. 댜길레프와 일한 사람들은 그의 조종 능력을 동경하는 동시에 경멸했다. 그에게 의존해야 하는 걸 혐오했고, 자신에게 많은 걸 빚지고 있다고 굳이 일깨워주는 댜길레프의 교활함도 혐오했다.

「불새」로 스트라빈스키는 스타가 되었다. 그는 첫번째 장편으로 성공을 거두었고 처음으로 파리에 갔고 처음으로 명성의 맛을 보았다. 전부 댜길레프 덕분이었다. 스트라빈스키는 분명 그에게 감사했고, 감사는 분명 속박의 도구가 될 수 있다. 이런 역학을 활용할 줄 알았던 댜길레프는 모든 동료 작업자들을 학대했다. 관계는 대개 댜길레프가 동료를 갑작스레 자신의 궤도 바깥으로 밀쳐내고, 그가 댜길레프의 이름을 저주하게 되는 것으로 끝났다.

스트라빈스키에겐 이 상황이 생산적으로 작용했다. 「불새」로 스타가 된 그는 「페트루슈카」로 천재의 위상에 올랐고 「봄의 제전」으로 악명이 자자해졌다. 소동이 일어났을 당시 스트라빈스키는 무대 뒤에서 관객들에게 닥치라고 소리 지르고 싶은 충동을 니진스키의 옷자락을 부여잡고서 가까스로 참았고, 니진스키의 어머니는 기절했다. 이날의 소동은 신화가 되었으며 지금 우리가 스트라빈스키에 대해 떠올리는 것들을 결정했다. 소동이 벌어졌을 때 댜길레프는 스트라빈스키를 마주보고 말했다. "정확히 내가 바랐던 바요."

두 사람의 관계는 생산적이었지만 영원히 그럴 수는 없었다.

제작자나 관리자에게 감사하는 천재는 자신의 힘을 모르거나 자신감이 부족한 사람뿐이다. 댜길레프가 끌어당기는 힘이 워낙 대단했기에, 사람들은 그가 자신들을 둘러싼 대기를 쭉쭉 빨아들여 더이상 남은 것이 없을 때까지 너무 오래 그의 곁에 머물렀다. (댜길레프의 연인이자 스타 무용수였던 니진스키는 그에게서 벗어나기 위해 남아메리카로 이주하고, 여자와 결혼하고, 이곳 스위스에서 시설 신세를 져야 했다. 그러나 헛수고였다. 너무 오랜 세월을 댜길레프 곁에 머무르며 너무 오래 조종당한 니진스키는 댜길레프에게서 온전히 벗어날 수 없었다. 그의 커리어는 그렇게 끝났다.) 스위스는 스트라빈스키에게 꼭 필요했던 휴식을, 누군가의 옆을 떠도는 위성이 아니라 자기 자신이 될 시간을 제공했을 것이다.

두 사람은 나중에도 다시 협업했지만 전과 같지는 않았다. 스트라빈스키는 댜길레프를 동등하게 대했다. 스트라빈스키는 더이상 댜길레프의 과제가 아니었다. 댜길레프의 제자나 고용인이 아닌, 그의 동료였다. 스트라빈스키의 작품은 새로운 형식과 외양을 취하며 빠르게 진화했다. 그는 더이상 댜길레프에게 작품을 주지 않았다. 더는 진 빚이 없었으므로.

·

독일에 거주하는 미국 시민이 스위스를 여행하면서 러시아 여행 비자를 받는 건 상당히 어렵다. 일을 해결하러 제네바로 기차를 타고 간다. 라틴 문자에서 키릴 문자로 옮겨졌다가 다시 알파벳으로 적히는 과정을 거치고서 내 성은 크리스폰Krispn 이 된다.

"해줄 수 있대?" 연인에게 묻는다.

"러시아로 가면서 새로운 신분증을 만들 게 아니라면 신청서의 무슨 박스에 체크해야 했나봐."

곧 스위스를 떠난다는 생각을 떨치려 애쓴다. 찰나의 휴가가 달콤했기 때문이다. 영사관에서 업무를 마치고 종교개혁 박물관으로 걸어간다. 인간은 누구나 운명이 미리 결정된 채로 태어나며 생전 무엇을 해도 신의 뜻으로 지옥 불에 떨어지는 걸 막을 수 없다고 믿었던 장 칼뱅Jean Calvin은 제네바를 신권정치로 다스렸다. 그러나 결과는 썩 좋지 않았다. 이런 건 박물관을 돌아보는 것만으로는 알기 어려운 사실인데, 박물관은 제네바 봉기보다는 당시 사람들이 쓰던 가구에 더 초점을 두고 있기 때문이다.

자유의지라는 개념을 빼앗으면 개인은 어떻게 행동하는가? 남자들은 아내를 거리에서 살해하면서 자기 안에 그런 충동이 있다면 어차피 지옥 불에 떨어질 운명이었다고 합리화했다. 지옥행을 확신하는 사람들은 고삐를 풀고 날뛰었다 ── 어차피 영혼이 영원히 고통받을 텐데 무엇하러 현생에 금욕적인 선善을 추구하는가? 성직자들은 제네바를 평화롭고 질서 잡힌 도시의 선례로 만들려는 목표하에 엄하게 통치했고, 교회의 장식과 종교예술을 없앴다. 전부 우상숭배고 신성모독이라는 이유에서였다. 그들은 사람들의 상상력을 파괴했다. 그리고 사람들이 봉기를 일으키자 놀랐다.

칼뱅의 통치하에 이단자로 몰린 미카엘 세르베투스Michael Servetus가 화형당한 장소를 찾아보려 했는데, 내가 길을 빙빙 돌고 있거나 정확한 위치가 표시되어 있지 않은 모양이다. 칼뱅은 누가 자기편이고 누가 반대편인지에 집착했는데, 세르베투스는 확실히 반대편이었다. 시학과 신학과 철학과 기상학을 아우르는 유쾌한 박식가였던 세르베투스는, 성서 원문을 번역할 수 있었기에 가톨릭과 프로테스탄트 둘 다 자기 쪽에 유리하도록 원문을 왜곡하고 있음을 알았다. 그는 그 죄로 사형을 선고받았다.

세르베투스의 대응 방법은 당장 제네바로 가는 것이었다. 그는 칼뱅의 교회에 섰다. 그리고 칼뱅의 속을 긁어 놓았다. 그가 순교를 자처했는지 그저 칼뱅을 움찔하게 만들고 싶었을 뿐인지는 모르겠다. 동기가 무엇이었든 그는 앞서 그랬던 마녀들과 이단자들과 이방인들처럼 불에 타 죽었다.

나는 그날 밤을 제네바 교외, 프랑스 국경 바로 옆에 있는 한 지인의 중세풍 집에서 보낸다. 폴라와 나는 아주 훌륭한 일본산 위스키를 마시고 서서히 취한다. 뱃속에서 시작된 따뜻함이 발가락 끝까지 퍼져나갔다가 다시 다리를 타고 올라가고, 나는 폴라가 들려주는 방구석에 사는 유령 이야기에 맞장구를 쳐주며 ("거기서 불붙인 쑥을 흔들어봐요. 아니면 벽 사이에 묻혀 있는 시체를 파내서 태워봐요. 드라마 「슈퍼 내추럴」에선 그렇게 하던데.") 연인에게 경솔하고 추잡한 이메일을 보낸다.

"그때 후각을 잃었어요."

그 말이 내 주의를 끈다.

폴라는 어느날 빙판에 넘어지면서 머리를 세게 부딪혔다. 그녀는 바로 자리를 털고 일어났고, 아무 문제를 느끼지 못했다. 무언가 잘못되었다는 걸 깨달은 건 그날 밤 요리를 하다가 허브가 전부 말라버렸나 생각했을 때였다. 의사에게 가볍게 그 얘기를 건넸다가 그녀는 응급 뇌수술을 받게 되었다. 넘어질 때의 충격으로 후각 신경의 연결이 끊어졌다는 것이다. "그래서 병원에서…"

"잠깐, 멈춰봐요. 그래서 후각은 돌아왔나요?"

"네, 하지만 전과 같진 않아요." 폴라는 와인과 술에 대해 글을 쓴다. 수십년을 미각을 날카롭게 다듬고 향과 맛의 언어를 배우며 보냈다. "이상하죠. 냄새를 알지만 이름을 댈 수는 없어요. 어딘가에서 연결 끊긴 기분이에요."

가장 의존하는 것을 잃으면 대신 적응력이라는 강점을 얻게 된다는 이론을 펼치자 그녀는 나를 미친 사람 보듯 한다. 나는 그 근거로 비행기에서 기압을 조절하다가 고막이 터져서 한달 동안 귀머거리로 살았던 이야기를 들려준다. "썩 괜찮았어요.

지하철에서 남들의 대화 같은 걸 듣지 않고 정적 속에서 걸을 수 있었죠." 나는 허니비라는 사람과 주방에서 함께 파스타를 만들던 이야기를 했다. 반죽을 치대서 작은 수동 제면기에 넣는 내내 방 안을 무의미한 수다와 소문으로 채우지 않아도 되었다. 우리는 침묵 속에서 나란히 일했다. 그게 좋았다. "거의 그리울 지경이에요."

"후각을 잃는 건 끔찍해요. 아무것도 먹고 싶지 않았어요. 음식에서 아무 맛도 나지 않았거든요. 지금도 글 쓰는 건 괴로워요."

그녀는 나를 손님방으로 안내한다. 나는 거대하고 도도한 고양이 두마리가 사는 그녀의 아름다운 집이 부럽다. 잘생긴 고소득자 남편도 부럽다. 아침에 그녀는 여러 종류의 빵과 잼, 반숙 계란, 갖가지 토핑을 얹은 요거트, 정확히 내 취향에 맞춘 커피를 내줄 것이다. 이런 진수성찬은 몇달 만에 처음이라 나는 울고 싶어질 것이다. 하지만 지금 경사진 지붕 아래 누워 또 한번 낯선 곳에서 첫밤을 보낼 준비를 하며, 나는 내가 정확히 어디에 있는지조차 잊는다. 실은 폴라의 차에 타기 전부터 이미 조금 취해 있었기에, 창밖 풍경은 금세 나무와 국경 검문소와 근사한 저택들이 뒤섞여 희미해졌다.

깊은 안락함 속에서 나는 내 안의 대체 무엇이 계속해서 불편을 좋게 만드는지 생각한다. 집에서 안정적인 생활을 할 때 나는 산산이 부서진다. 어쩌면 내가 계속 닮고 있다는 것, 나의 조각들이 바람에 풍화되어 벗겨지고 있다는 걸 알아차리지 않기 위해 쉼 없이 움직여야 하는지도 모르겠다. 내일 나는 기차를 타고 농장으로 돌아가는 길에 소들을 지나칠 것이다. 녀석들은 내가 자기들을 어딘가로 이끌고 있다고 생각한다 ── 뒤를 돌아보면 열마리가 넘는 소들이 따라오고 있다. 프라이팬에 물을 끓여 직접 차를 우리고 식료품을 등에 짊어진 채 집과 도시를 오갈 것이다. 그리고 아주 가까운 시일 내에 짐을 싸서, 또 다른 곳에서 이 모든 걸 거의 같은 방식으로 되풀이할 것이다.

그러나 당장은, 나는 머문다. 빵과 무척 훌륭한 커피와 대화와 친구와 함께. 어쩌면 언젠가 제네바에 돌아와 다시 이런 하루를 보낼 수 있을지도 모른다. 그러나 순식간에 스쳐가는 이러한 순간이 되풀이되기 어렵단 걸 알기에, 나는 폴라와 함께 앉아 있는 동안에도 벌써부터 그리움에 마음이 아리다. 폴라와 스위스가 벌써 그립다. 나는 어느날 인생을 다시 부풀릴 테고, 그때 뼈만 앙상한 지금의 간소한 삶을 그리워할 거다. 이 고통은 아름답다.

7

사랑에 부서지고
결혼에 무너지고

서머싯 몸, 상트페테르부르크

W. Somerset Maugham,

Saint Petersburg

윌리엄 서머싯 몸
William Somerset Maugham, 1874-1965

영국의 소설가 겸 극작가.
본래 의학을 공부했으나 후에 문학으로 전향했다.
대표적인 작품 『인간의 굴레』는 자전적 소설로,
주인공이 겪는 정신적 방황은 몸의 인생관을 담고 있다.

사랑에 빠진 소녀들이여, 갈보가 되어라.
그래야 덜 아프다.

— 엘리자베스 스마트 Elizabeth Smart

러시아 여행 비자가 발효되는 날짜를 기다리며 바젤에서 시간을 때우고 있는데 신사에게서 메시지가 도착한다. "프랑스로 와." 아는 사람과 대화를 나눈 지 너무 오래되었다. 곧 헤어질 초면의 사람들에게 끊임없이 내가 어떤 사람인지 요약하는 게 지겨워서, 점점 사교모임이 귀찮아지고 있었다. 거짓말도 능숙해졌다. 왜 여행을 떠났냐는 질문에 진실한 대답을 듣고 싶은 사람은 어차피 없을 테다. "날 계속 살아가게 할 이유를 찾으려고요. 당신은 여기서 뭘 하고 있죠?"

신사와 마지막으로 만났을 때 우리는 파리의 아파트에서 위스키 한병을 마시고 그가 나를 임신시키면 어떻게 될지에 대해 부적절한 농담을 나누었다. 그리고 고함을 지르고 물건을 던지고 섹스를 하다가 소파를 망가뜨렸다. 그래, 한번 가보자, 어떻게 되는지 보자고. 나는 기차표를 예매한다.

도착하고 십분 만에 와인 병을 땄다. 남은 저녁이 어떻게 흘러갔는지는 안개에 싸인 듯 뿌옇다. 깨어보니 나는 침실에 있다. 옷은 벗고 있고, 침대에는 몸의 반만 올라와 있다. 그가 문을 두드리더니 레드와인 한잔을 손에 들고 들어온다. "세상은 끔찍해." 나는 그에게 말한다. 머릿속, 뱃속, 방 안의 모든 게 휘청거린다.

"알아. 이게 도움이 될 거야." 그가 대답한다.

그와 지내는 동안 나는 와인과 도시를 누비는 긴 산책과 섹스와 별 아래서 나누는 대화가 로맨틱하다고 스스로를 설득하려 노력한다. 친구들에게 근황을 설명하는 이메일 속에서 나는 여자가 바랄 수 있는 모든 걸 다 가진 듯이 보인다. 그러나 그런 생각이 내 몸으로 옮겨지진 않는다. 그가 나를 만지면 갑자기 방 반대쪽으로 도망가고 싶어진다.

어느 이른 아침 나는 떠난다. 이주 뒤 돌아오라는 그의 말에 고개를 끄덕이고 그러겠노라 말하지만 거짓말이다. 나는 지난 팔년 동안 아무것도 필요로 하지 않는 여자로 사는 실험을 벌였고, 실패했다. 공항으로 향하고 보안검색대를 지나는 동안 눈에서 천천히 눈물이 새어나온다. 손을 얼굴에 댈 때마다 훔쳐내야 하는 눈물의 양이 더 많아진다.

실험을 끝낸다는 건 곧 실험 전으로 돌아간다는 뜻인데, 실험 전의 내게는 정말로 아무것도 없었다. 사랑 혹은 그 비슷한 것조차 몇년간 부재했다. 내게 사랑이란 짝사랑이 기본형이다. 남성에게 받을 수 있는 관심이 섹스에 국한될 때는 그게 내가 필요로 하는 전부라고 스스로를 설득하는 쪽이 쉽다. 다른 걸 더 하기에는 너무 바쁘고 독립적인 사람이라서, 연애는 경박하고 당신은 진중한 사람이라서 그런 거다. 바쁜 일과 독립성과 진중함이 홀로 몇년을 지낸 원인인 동시에 결과라는 사실을 인정하는 건 꽤 어렵다.

그래서 나는 동쪽으로 향하는 비행기를 여러대 갈아타고 공항에서 공항으로, 또다른 공항으로 이동하며 끝이 없는 입국심사 줄을 통과하는 내내 눈물을 흘리다가, 핸들을 한 손으로 잡고 시속 백사십 킬로미터로 달리는 상트페테르부르크행 택시 안에서야 무서워서 잠깐 눈물을 멈춘다. 외로움을 다스리려면 러시아가 안성맞춤이다. 사랑받지 못하는 절망을 다스리려면 서머싯 몸이 가이드로 제격이다.

•

세간의 평에 따르면, 서머싯 몸의 아내는 툭하면 고함을 지르고 물건을 던져댔으며, 히스테리를 부리고 시시때때로 분노를 폭발시켰다. 세간의 평에 따르면, 그녀는 전 남편과 이혼하면서 몸의 이름을 공론화하여 자신과 결혼하도록 그를 옭아맸다. 세간의 평에 따르면, 시리 몸 Syrie Maugham은 사실 남편을 사

랑하지 않았다 ─ 그의 작품과 흥미와 욕구와 진지한 감정을
존중하지 않고도 사랑하는 게 가능하지 않은 이상. 그녀는 남
편이 자신이 정한 남편의 이상에 부응하길 바랐고, 부응하지
못하는 것이 자신이 아닌 남편의 탓이라고 생각했다. 세간의
평에 따르면, 십이년의 결혼생활 동안 몸은 온갖 핑계를 들어
그가 진심으로 사랑했던 남자와 함께 긴 여행을 떠났고, 가능
한 한 아내에게서 떨어져 지냈다.

　몸은 다른 인생을 살 수도 있었을 것이다. 물론 사랑하는 남
자와 함께할 수는 없었다 ─ 아직 동성애가 범죄로 취급받던
시절이니까. 그러나 몸에게 주어진 다른 길들은 전부 봉쇄되었
다. 일부는 숙명에 의해, 일부는 몸 자신에 의해, 일부는 시리
몸에 의해.

　그의 인생이 실제로 다르게 펼쳐졌다면 그는 확실히 더 행
복했겠지만, 그 결과 우리 나머지 사람들은 보다 고통받았을지
모른다.

●

　서머싯 몸은 해로운 관계의 음유시인이다. 남편의 비극적인
죽음 직후 갑자기 인생이 피는 여자를 주인공으로 한 1902년
작 『크래덕 부인』*Mrs. Craddock*을 필두로, 그는 여러 소설에서 삐
걱거리는 관계가 당사자들에게 얼마나 파괴적인 영향을 미치

는지를 열심히 파헤쳤다. 톨스토이나 헨리 제임스 같은 다른 작가들도 앞서 같은 주제를 탐구한 적이 있지만 몸의 시각은 보다 예리했다. 기성 사회질서가 요구하는 방식으로 가정을 이룬 부부의 역학 관계에, 그처럼 회의적으로 접근한 사람은 일찍이 없었다.

그의 소설에 등장하는 남녀는 성적 집착과 사랑을 혼동하고, 실망에 빠지고, 상대를 파멸시키겠노라 맹세한다. 그들은 계략을 짜고 학대하고 잘못된 선택을 하고 자기 앞에 선 실재하는 사람보다 환상을 선호한다. 크래덕 씨는 크래덕 부인을 사랑하는데, 그가 사랑을 표현하는 방식은 부인을 폄하하고 그녀가 너무나도 절실하게 갈구하는 행복과 애정을 빼앗는 것이다. 『인간의 굴레』의 필립은 밀드레드를 사랑한 나머지 그녀를 후원하고, 그녀에게 구애하고, 그녀에게서 인간적 관심을 받지 못함에도 불구하고 그녀를 돌보느라 스스로를 거의 죽음으로 몰아넣는다. 『인생의 베일』의 월터는 키티를 사랑해서 둘 중한 명이, 혹은 둘 다 죽으리라는 기대를 품고 그녀를 콜레라 전염병이 창궐하는 지역 한가운데로 끌고 간다. 몸의 여러 소설속에서 구속의 끝은 바로 배우자의 죽음 혹은 배우자를 제거하는 것이다.

그렇다면 그가 시리를 그에게 오도록 부른 걸까? 혹시 이번 생에 태어나기 전에, 사랑과 열정의 급소, 모든 것이 썩어 문드러지는 밑바닥에 대해 기록하기로 서약한 걸까? 그래서 그 소재를 이해하는 데 가장 유용할 최악의 배우자를 일부러 떠안은 걸까? 남자(그리고 몇 안되는 여자)를 사랑하는 남자로서 이성애자로 위장하기 위한 결혼 상대를 찾을 때 선택지가 아예 없진 않았을 것이다. 좀더 무난하고 둥근 사람, 애초에 사랑에 대한 기대치가 그리 높지 않아서 그의 무관심을 묵묵히 견딜 사람을 택할 수도 있었을 것이다. 그러나 그는 자신이 계속 써왔고 죽는 날까지 쓰게 될, 관계에서 일어날 수 있는 모든 악몽의 현신이라 할 만한 사람을 택했다.

∙

　서머싯 몸은 시리와 결혼한 해에 스파이 임무를 받고 상트페테르부르크로 떠났다. 마침 러시아 혁명이 일어난 해였다. 그는 프랑스와 스위스에도 스파이로 파견된 적이 있지만, (극의 화자이자 작가 본인임을 감출 생각이 없는 스파이 겸 작가) 윌리엄 어셴든이 등장하는 소설 가운데 내가 여러번 다시 읽게 되는 것은 상트페테르부르크를 무대로 한 『해링턴 씨의 세탁물』*Mr. Harrington's Washing*이다. 어셴든은 러시아의 제1차 세계대전 철군을 막으라는 불가능한 지령을 받고 혁명 직전의 전운이 감도는 도시에 보내졌으나, 그에게는 자산도 연고도 없었으며 아무런 계획도 없었다. 그의 가장 큰 관심사는 그가 한때 깊이 사랑했던 여성이 같은 도시에 머물고 있다는 것이었다.

내겐 퍽 현실적인 얘기다. 나는 작가로서 푸틴 정부가 동성애자 인권운동가들을 교도소에 처넣고 동성애자 관광객들에게 추방하겠다고 협박하고 심지어는 게이라는 단어를 불법으로 만드는 동안 러시아에서 성적 자유가 얼마나 후퇴했는지를 조사해야 한다. 부패와 정실주의를 조사해야 한다. 푸시 라이엇(Pussy Riot, 러시아의 페미니즘 저항 펑크록 밴드 — 옮긴이) 멤버들이 수감된 교도소에 숨어들어가 단독 인터뷰를 따내야 한다. 허나 그러는 대신 나는 침대에 누워 대부분의 시간을 보내고 검은 빵에 훈제연어를 얹어 먹고 아내와 드디어 별거를 시작했다고 알리는 연인의 이메일을 기다린다. 이런 무기력은 러시아가 뇌에 벌집처럼 총알구멍이 난 저널리스트들의 시신이 줄줄이 발견되는 무서운 나라이기 때문이라고도 말할 수 있겠지만, 얄팍한 핑계다.

몸을 스파이라 부르는 건 다소 과장이다. 그가 나라의 임무를 받고 위장 임무들을 수행한 건 사실이지만 끝에 독이 숨겨진 우산을 지니고 다니지는 않았으니까. 그는 스파이의 삶이 대체로 단조롭고 지루했다고 기록했다. 메시지를 기다리고 메시지를 해독하고 새 메시지를 기록하고 그 메시지가 전달되기를 기다리며 호텔에서 브리지게임을 하는 삶.『해링턴 씨의 세탁물』에서 어셴든은 러시아의 철군을 막기 위한 노력의 일환으로 무수히 많은 오찬에 참여하지만, 그가 임무 수행에 실패하고 러시아가 붕괴되어도 권력자는 신경 쓰지 않는다. 나도 누군가에게 암호 해독표를 건네받고 이곳에 왔더라면 좋았겠다. 누군가가 보낼 메시지를 기다리고 새 메시지를 확인하는 것으로 세상을 구할 수 있다면 나는 이미 국제 위기를 몇번이라도 구했을 것이다.

대부분의 사람들이 자전적이라고 평가하는 어셴든 시리즈에는 시리의 흔적이 없다. 몸이 스파이로서 유럽을 누비기 시작한 시기에 두 사람은 이미 결혼하기로 정해져 있었다. 몸은 자신에게 닥쳐오는 운명이나 사방에서 벽이 죄어드는 감각을 느꼈을지는 몰라도 그에 관해 따로 이야기하지는 않았다. 시리는 이미 몸의 딸을 출산했고, 제약업계의 백만장자 헨리 웰컴과 시리의 이혼 스캔들에서 몸의 이름이 거론되고 있었다. 사회적으로 매장당하고 싶지 않다면 무조건 그녀와 결혼해야 할 판이었다. 혹은 퀴어라는 것을 폭로당하지 않으려면. 오스카 와일드의 재판을 지켜보며 성장기를 보낸 몸은 동성애자 딱지가 사형 선고나 다름없다는 걸 너무도 잘 알고 있었다. 어차피 이 여자와 결혼할 운명이니, 전장에서 위험한 임무를 떠맡는 것이 괜찮은 지연 전술로 느껴졌을 것이다. 어쩌면 그의 소설엔 시리가 전쟁 그 자체로 위장해서 등장하는 건지도 모른다.

시리는 몸에게 영감을 주지 못했다는 의견이 보편적이다. 그녀는 그의 뮤즈가 아니었다. 그는 그녀에게 내면세계가, 깊이가 없다고 말했다. 얄팍한 사교계 사람들은 위대한 문학에 영감을 주지 못한다. 허나 시리가 그의 책에 직접 등장하지 않았을 뿐,

사랑에 부서지고 결혼에 무너지고

그가 시리를 만나고 난 후 집필한 거의 모든 글에서 결혼에 대한 분노와 결혼을 질병의 매개체로 보는 관점이 드러난다.

●

그러니까 나는 몸이 아주 짧게 머물다 간 도시에서 그를 찾고 있다. 그의 유령은 다른 곳에 거주한다. 그가 남긴 흔적들—지문, 잃어버린 커프스 단추 한쌍, 반은 그가 피운 담배가 나머지 반은 붉은 립스틱이 묻은 담배가 수북한 재떨이—은 전부 사라졌다. 그러나 내가 찾고 있는 건 그의 유령이 아니라 그의 결혼생활의 유령일지 모른다. 그 유령만큼은 지나치게 자주 피로 물들었던 상트페테르부르크의 길거리에 얌전히 남아 있을 것 같으니까.

내게는 이 도시를 이해할 다른 방법이 없다. 여기서 나는 중고품 가게 구석에 처박힌 인형의 집에 쑤셔넣어진, 크기가 맞지 않는 인형이 된 기분이다. 상트페테르부르크는 광활하다. 궁전은 프랑스 건축을 베껴 지었지만 더 넓고 높게 확장되었다. 그 결과 이곳을 방문한 외국인은 건물이 지나치게 큰 게 아니라 자신이 작아진 것처럼 느낀다. 광장은 마치 성난 대중을 수용하기 위해 특별히 설계된 듯하고, 거리는 탱크가 누벼야만 자연스러워 보일 만큼 넓다. 끝없이 바다로 쏟아져나가는 사납고 어두운 강물은 강이라기보다는 거의 작은 만에 가까우며 지나치게 공격적이다. 다리를 건널 때는 까치발을 들거나 제물을 바쳐야 합당할 듯하지만, 사람들은 장바구니를 들고 또는 개를 끌고 쿵쿵거리며 걷는다.

이곳의 첫 거주민들은 돈을 받고 왔다. 이 도시는 유랑민들이 이곳이야 하고 선택해서, 자연적인 인구 이동으로 만들어진 것이 아니라, 한 사람의 결정에 의해 지상에 등장했다. 그러므로 이 도시는 땅이 아니라 표트르 대제의 정신에 토대를 두고 있다. 그는 백성들의 필요는 거의 염두에 두지 않았다. 백성들은 어차피 시키는 대로 따를지니. 그래서 그는 북극에 가까운 국경지대에 프랑스의 온난 기후에 어울리는 궁궐과 주택을 지었고, 인간의 몸이 아니라 황제의 자아에 맞춰 크기를 확장했다. 그는 상트페테르부르크가 하나의 상징이 되길 바랐고 그 바람은 이루어졌다. 이 도시는 그가 바란 위대한 러시아의 상징이 아니라, 지배자의 현실감각과 평민의 일상 사이의 괴리의 상징이 되었다.

표트르 대제는 아직 이 도시에 남아 있다. 범죄자와 반역자들에게 자백을 받아내기 위해 그가 열정적으로 가했던 고문, 그의 세련된 정신과 여자를 밝혔던 성정은, 우뚝 솟은 건축물과 오페라하우스와 밝게 칠해진 궁전이 드리운 그림자로 존재한다. 이 건물들은 전부 표면이 반들반들 빛난다. 그러나 곧, 금과 장신구와 정교한 장식은 빈정대는 것처럼 느껴지기 시작한다.

사랑에 부서지고 결혼에 무너지고

상트페테르부르크가 존재하는 건 한 남자가 여기에 도시를 세우지 못할 이유가 없다고 말했기 때문이다. 그가 여기에 도시를 세운 건 다른 차원에서 희미하게 빛나는 잠재력을 봤기 때문이 아니라 전투에서 따낸 작은 영토를 확실히 자신의 것으로 지키고 싶었기 때문이다. 여름엔 늪지대가 되고 겨울엔 빙판 지옥이 되는 이 땅에 그의 영역 표시를 위한 도시가 세워졌다.

지하철을 타러 지하세계로 한없이 내려가는 동안 섬뜩한 냄새가 난다. 대부분의 도시보다 훨씬 깊은 곳에 건설된 지하철의 에스컬레이터는 끝없이 하강한다. 에스컬레이터 꼭대기에서 바닥이 보이지 않을 정도다. 미리 마음의 준비를 하지 않은 사람에게는 상트페테르부르크 지하철의 첫 경험이 당황스러울 것이다. 귀가 멍멍해지는데 다시 돌아서 올라갈 길이 없다. 몇분이 지나도 하강은 계속된다. 이건 정상이고, 주위 사람들도 이게 정상인 것처럼 행동하고 있다. 지상의 빛이 보이리라는 기대로 고개를 돌리는 건 헛수고다. 이건 시작도 끝도 보이지 않는, 천천히 움직이는 연옥이다. 그러나 난간에 무기력하게 엉덩이를 기대고 있던 사람들이 자세를 곧추세우기 시작하는 걸 보니 끝이 다가오는 모양이다.

에스컬레이터에서 내리면 빛나는 광고판이 맞아준다. 주황색 아기 고양이 한마리의 사진이 담긴 거대한 광고판이다. 고개를 갸우뚱 기울인 고양이는 솜털이 보송보송하다. 순간 내가 이걸 상상하고 있는 건 아닌지 의심했다. 너무 지하 깊이까지 내려와서 일종의 환각을 보는 게 아닌가 싶었다. 그러나 이 광고판은 실재한다. 무얼 광고하는 것도 아니고, 글씨 하나 적혀 있지 않다. 아마 악마 같은 에스컬레이터를 만든 자들이 전하는 사과인가 보다.

나는 상트페테르부르크에 도취되는 동시에 상트페테르부르크에 진이 빠진다. 지하철역과 아파트 사이 나무가 빽빽한 공원에서 자꾸 길을 잃는다. 사람들과 풍선들과 빵 파는 수레와 모든 활기찬 소음에 정신을 빼앗기다보면 어느덧 도시의 반대편에 다다라 있고, 집으로 돌아갈 길은 막막하다.

러시아를 잘 아는 친구가 이메일을 보내 어떻게 지내느냐고 묻는다.

"침대에서 많은 시간을 보내고 있어."

"그래, 거기선 시차가 아니라 존재의 차이에 적응해야 하지. 꼭 낮잠을 자도록."

·

세상은 몸에게 시리의 대안을 주었다. 시리 이전의 시대, 몸이 시리의 존재를 알지도 못하던 시대의 일이다. 그는 한 여자에게 푹 빠졌다. 그것도 난잡한 여자에게. 명랑하고 경박하고 자유분방했던 그 자그마한 여자는 재치와 유쾌함으로 몸을 애타게 했다. 수줍고 쭈뼛거리는 성격의 몸은 언제나 스스로 만

내게 중요한 건, 고통이 아니라 그 고통에 대처하는 방법이다.
고통은 우리를 흔들고,
깨뜨려 활짝 열리게 하고, 서로와 접촉하도록 만든다.
중요한 건 그때 우리가 취하는 행동이다.

든 덫에 빠져 있었는데, 그녀는 그런 문제와는 거리가 멀었다. 그러면서도 세련되었고 예술 취향이 고상했다. 그녀는 몸이 게이인 걸 알았다. "마음속 깊은 곳에선 뭔가… 다르다는 걸 알았어요"라는 식이 아니라, 정말로 알았다. 두 사람은 웃음거리로 넘길 만한 짧은 정사를 나누었고 어쩌면 그 다음엔 밤새 브랜디를 마시며 지금껏 정복한 남자들에 대해 수다를 떨었을지도 모른다. 누가 알겠는가. 그녀는 연극에 출연하기 위해 미국으로 떠났고 몸은 인생이 어떠해야 하는가에 대한 시각을 갖게 되었다.

인생이 어떠해야 하는가 하면, 남녀가 가정 내에서 동등하게 존재해야 한다. 남편과 아내는 서로를 사랑하고 서로에게 애정을 쏟되 질투로 서로에 대한 소유권을 주장해선 안 된다. 남편은 수영장 청소부 소년과 자도 된다. 아내도 수영장 청소부 소년과 자도 된다. 육체적으로 별개이되 공존하는 삶을 살면서 칵테일 아워에는 만나서 이야기를 나누고 카드놀이도 한다.

관계를 시작할 때는 모두 같은 걸 바란다 ─ 이번 연애는 여자가 집 앞에서 그의 물건을 불태우거나 남자가 등허리에 문신을 한 스물여섯살짜리와 달아나는 것으로 끝나지 않을 거라고 믿는다. 이상에서 현실로의 추락이 목을 부러뜨리지 않기를 희망한다. 몸과 그의 유쾌하고 헤픈 여자는 두 사람의 추락이 얼마나 깊을지 확인할 기회조차 갖지 못했다.

몸은 그녀에게 청혼했다. 그녀가 막 임신 사실을 깨닫고 아

사랑에 부서지고 결혼에 무너지고

이의 아버지인 남자와 결혼하기로 결정했다는 사실은 몰랐다. 그 남자가 내민 패가 무엇이었는지는 알 수 없다. 내 아내가, 이 아이의 엄마가 되면 사회적 매장을 당하거나 갈보 취급을 받지 않아도 된다고 말했을지도 모른다. 몸은 그녀에게 자신의 부부상을 이야기했지만, 그녀는 이상주의를 믿기가 어려웠을지도 모른다. 몸이 며칠만 더 일찍 찾아왔더라면, 자기 안에서 무엇이 자라고 있는지 몰랐더라면 그녀는 젊음의 패기로 승낙했을지도 모른다. 무대에 서는 독신의 삶에서는, 별 문제 없이 사회적 관습을 흔들 수 있다. 그러나 그녀의 몸 안에는 아기가 자라고 있었고 앞으로 이십년은 더 임신할 가능성이 있었다. 여성의 행실에 대한 사회적 압박도 부담스러웠을 것이다. 비난과 소문, 신이 나서 스캔들을 퍼뜨리고 두 사람의 커리어를 망치려 하는 사람들에게서 충분히 떨어진, 두 사람이 집을 지을 수 있는 곳은 없었다. 그녀도 알았을 것이다.

여자는 몸의 청혼을 거절했다. (아니, 신들이 거절했다.) 그녀는 아이의 아버지와 결혼해서 평판을 지켰다. 그녀는 머지않아 불행한 죽음을 맞았다. 홀로 남은 몸은 시리와 맞닥뜨려야 했다.

•

지식인들이 죄다 무신론자가 된 이 시대에 지독히 자주 보이는 논리가 있다. 신이 존재하고 그가 전능하다면 어째서 악이 있는가? 어째서 대학살이 벌어지고 골수암에 걸린 아이들이 존재하고 지나가는 길에 모든 걸 파괴하는 태풍이 생겨나는가? 신이 있다면 이런 고통은 없어야 마땅하다.

내겐 이 신학적 논리가 방금 사탕을 빼앗긴 일곱살짜리의 입에서나 나올 법한 것으로 들린다. 불완전하고 엉망진창인 걸 만들 게 아니라면, 애초에 창조하는 목적이 무엇인가? 작고 완벽한 구*를 만드는 요점이 무엇인가? 완벽함은 어차피 망가진다. 완벽은 유지되지 못한다. 그 간극, 현실과 이상 사이의 간극은 언제나 고통의 형태로 우리를 찾아올 것이다.

신이 우리에게 견딜 수 있는 역경만 준다는 말은 믿지 않는다. 그 말을 믿기엔 살인과 자살이, 어느날 돌아가는 길을 잃은 사람들이 너무 많다. 내게 중요한 건, 고통이 아니라 그 고통에 대처하는 방법이다. 고통은 우리를 흔들고, 깨뜨려 활짝 열리게 하고, 서로와 접촉하도록 만든다. 중요한 건 그때 우리가 취하는 행동이다.

연민을 느끼는 나의 일부는, 몸이 사랑과 평화와 행복, 무조건적인 응원과 상냥함으로 가득한 삶을 살았기를 바란다. 그에게 술을 따라주고 농담에 웃어주고 이야기를 들어주는 사람이 있었기를, 여행을 떠날 때 동행이 누군지는 신경 쓰지 않고 배웅해주는 사람이 있었기를. 몸 역시 그 사람의 농담에 웃어주고 그의 빈 잔에 술을 따라주고 그 혹은 그녀가 개인적인 모험

길에 오를 때 배웅할 수 있었기를. 이렇게 바라는 나는 그의 전기를 다시 쓰고, 그게 현실로 바뀌기를 소망한다.

반면 우울하고 외롭고 언제나 포식자들 옆에 몸을 눕히고 마는 나의 일부는, 곁에 놓인 그의 소설이, 그 안의 현명한 통찰이 감사하다. 진짜배기 노처녀인 나의 일부는, 언제나 신나는 곳으로 떠나고 자기 돈을 직접 관리하고 선원들과 눈이 맞는 몸의 소설 속 노처녀들에게 감사한다.

나의 이런 일부는 그 지혜가 어렵게 얻은 것임을 안다. 그 지혜가 고통의 또다른 목적임을 안다.

•

표트르 대제는 유럽에 러시아를 소개하고 싶었지만 그러기엔 러시아가 너무 부끄러웠다. 사회적 계층 상승에 성공한 사람이 애팔래치아산맥에 사는 가족들을 부끄러워하는 것처럼. 러시아인들은 미신을 믿었고 외국인을 혐오했고 괴상망측한 옷을 입었다. 표트르 대제는 계몽과 과학과 재치 넘치는 대화의 나라에서 온 유럽의 고관들을 후진적인 고국에 도저히 초대할 수 없었다.

표트르의 해법은 이러했다. 의복을 바꾸라고 명령한다. 표트르 대제의 주변 사람들은 러시아 예복과 모자와 장신구를 벗고 깔끔히 면도해야 했다. 황제는 근처에 수염을 기른 사람이 보이면 손수 칼을 꺼내 수염을 잘라버렸다. 대신들은 스타킹과 굽 높은 부츠와 맞춤 재킷을 갖춘 유럽인 차림을 해야 했다.

그러나 겨울이 오면 유럽인이 된 러시아인들은 속수무책이 되었다. 손을 덮는 풍선 같은 소매와 겹겹이 껴입은 상의 없이 정강이와 얼굴이 북극의 공기에 노출되자, 동상과 체온 저하가 속출했다. 러시아인들은 계속 품격을 따져야 할지, 그 모든 게 죽음을 감수할 가치가 있는지 선택해야 했다. 그러나 거듭 말하건대 차르의 은총에서 벗어나는 것도 수명 연장에 도움이 되진 않았다.

　●

이렇게 우리는 사회적으로, 문화적으로 동의한다. 모두가 그렇게 하고 있고 자신만 다른 이유를 설명하는 게 민망하기 때문에. 스스로를 부자연스럽게 꾸미고 불편에 적응하고 나면 남들에게도 똑같이 하라고 강요한다. 다른 길을 택하는 건 비정상이라고 말한다. 지금껏 그래 왔고 앞으로도 그래야 한다고 말한다.

내겐 관계의 규칙도 앞서 말한 것과 같아 보인다. (노처녀의 말임을 감안하시길.) 불륜이 규칙 위반이고 일부일처제 외의 모든 것이 미친 짓으로 간주되고 부부의 동거가 의무적인 곳에서, '정상'이 열정이나 영감이나 흥분보다 우선시되는 곳에서는 그렇다.

다른 신과 여신들의 두려움을 산 유일한 신은 에로스다. 그는 화살 하나로 신들의 삶을 끝장낼 수 있었다. 신들은 갑자기 나무나 인간 혹은 소처럼 영 격이 떨어지는 상대와 뜨거운 사랑에 빠졌다. 사랑은 소파에 누워 보내는 아늑한 밤이 아니다. 사랑은 버스에 치이는 것이다. 부력장치 없이 깊은 물속으로 끌려들어가는 것이다. 신들은 이를 알았다. 반면 우리 인간들은 모든 게 정돈되고 이해되고 합리화되고 편안하길 바라서, 단지 사회적으로 용인되기 위해 사랑의 가장 재미있는 부분을 잘라내려 든다.

나는 상담 칼럼 읽기에 푹 빠져 있다. 인기 웹사이트에 칼럼을 기고하는 한 여자는 모든 연애 상담 질문에 똑같은 공식으로 답한다. 원고에게 '망가진' 관계를 떠나고 집중 치료를 받으라고 조언하면서, 매주 일주일 중 하룻밤은 남편과 데이트를 하면서 감정적 안정을 얻는 자신의 이성애적이고 규범적인 결혼에 대해 우쭐해서 얘기를 늘어놓는다. 그녀는 그게 궁극의 목표라고, 그게 자기계발과 온갖 테라피의 산을 넘은 사람이 받는 보상이라고 외친다. 나는 죽어버린 열정과 빈사 상태의 연애에 대한 모든 두려움을 만나본 적도 없는 그녀의 결혼생활에 투사한다. 그녀에게 말하고 싶다. 남편이 매일 밤 당신의 침대에 있는 당신의 결혼생활. 남편과 같이 밥을 먹고 때때로 다른 커플과 함께 외식을 하는 결혼생활. 잊지 않으려고 섹스 스케줄을 미리 짜야 하는, 텔레비전 프로그램을 중심으로 일주일이 돌아가는 결혼생활. 집에서 자신의 욕구를 억누르고 희생하고 부정하고 있는 상대의 감정을 다치게 하지 않기 위해 당신의 욕구를 억누르고 희생하고 부정해야 하는 결혼생활. 매년 개발도상국 휴양지로 휴가를 떠나고, 혼자만의 시간은 결코 허가되지 않고, 명절에는 시가와 친정을 번갈아 방문하는 결혼생활. 그 모든 게 내겐 미친 짓으로 보인다. 죽음처럼 보이기도 한다.

내 머릿속 그녀의 목소리는 그게 관계를 보는 미성숙한 관점이라고 말한다. 내가 비현실적이라고도 말한다. "당신은 진정한 사랑이, 진정 상처받는 것이 두려워서 그 남자 곁에 머무는 겁니다."

실제로 난 두려움을 느낀다. 그러나 그 대상은 진정한 사랑이 아니다. 내가 느끼는 두려움이 내면의 투사인 것만은 분명하다. 나는 자신의 절망을 합리화하고 아무런 조치를 취하지 않아도 되도록 애쓰고 있다. 그러나 조용히 길들여지는 것이 이 고통스러운 연애보다 오히려 나를 더 빠르게 갉아먹으리라는 것도 뻔하다.

●

우리는 마치 남녀 문제와 가정의 구성에서 무엇이 자연스럽고 자연스럽지 못한지를 판가름할 수 있다는 듯이 떠든다. 우리가 문화 속에서 태어나고 문화에 의해 빚어지지 않는 것처럼, 선사시대부터 내려온 유전자의 희미한 메시지를 올바로 해석하는 게 가능하기라도 한 것처럼, 그걸 알아내면 행복해질 것처럼.

모든 게 들어맞는 순간이 한번이라도 있었다면 ─ 우리가 천성대로 편안하게, 그러면서도 조화롭게 산 순간이 한번이라도 있었더라면 우리는 그 상태에 머물렀을 것이다. 그러나 우리에겐 돌아갈 정원도, 전원에서 보낸 완벽한 어린 시절도, 편안했던 자궁도 없다. 에덴동산은 지루했고, 어린 시절은 어서 끝나기만을 바랐던 악몽이었고, 우리의 어머니는 임신 중 흡연을 했고 태아를 인공감미료에 중독시켰다. 우리가 할 수 있는 최선의 행동은 계속 앞을 향해 실수해 나가면서 결과가 어떤지 보는 것이다.

•

인공적으로 갑작스럽게 개발된 도시에는 쉽게 사라지지 않는 기묘함이 있다. 반면 땅에 깊숙이 뿌리내리고, 나름의 역사가 있고, 언제나 그 자리를 든든히 지킬 것처럼 보이는 도시들도 있다. 상트페테르부르크는 그런 도시가 아니고 모스크바는 그런 도시다. 모스크바의 역사가 중세로 거슬러올라가기 때문이 아니다. 그전에 벌어졌던 모든 일들 ─ 그 땅에 거주했던 사람들과 그 땅을 스쳐간 사람들, 슬라브족과 침입자들과 쫓겨난 자들, 그 땅을 자신의 것으로 주장했던 모든 사람들의 유골 때문이다. 모스크바는 도시에 허용되는 한에서 가장 자연스럽다. 긴 세월 동안 사람들은 그 땅을 방황했고 그곳에서 머무르기로 선택했고 오두막을 지었고 이제는 돌과 벽돌과 철근으로 건물을 세우고 있다. 모스크바의 뿌리는 아주 깊이 내려간다.

상트페테르부르크가 큰 도시가 아니라는 뜻은 아니다. 상트페테르부르크는 광대하다. 그러나 상트페테르부르크는 설탕으로 만든 도시다. 폭우가 한번 쏟아지면 씻겨내려갈 것 같다.

길을 걷다보면 더러 발밑에서 느껴진다. 한 사람의 변덕에 의해, 혹은 방어를 위해 세워진 이 도시는 스스로를 뿌리째 뽑아 다른 곳으로 잽싸게 달려갈 능력이 있고, 어쩌면 그럴 의향도 있다는 것이. 숙소가 위치한 교외에서 도심을 향해 걷던 어느 아침, 오늘은 상트페테르부르크가 그 자리에 없을지도 모른다는 예감이 나를 사로잡는다. 도시가 동쪽으로 옮겨갔을지도 모른다. 그러면 내가 좋아하는 빵집은 어떻게 찾아가지? 이 도시가 바다에 몸을 던지면, 나도 같이 바다에 휩쓸려 들어갈까? 아니면 나와 다른 모든 주민들은 뒤에 남겨져 차디찬 땅 위에서 눈을 뜨게 될지도 모르겠다.

●

사랑에 부서지고 결혼에 무너지고

사랑은 소파에 누워 보내는 아늑한 밤이 아니다.
사랑은 버스에 치이는 것이다.
부력장치 없이 깊은 물속으로 끌려가는 것이다.

시리가 결혼에서 무엇을 얻었는지 생각해본다. 그녀가 무언가를 얻었다는 건 분명하다. 그렇지 않으면 이혼을 해서 위자료를 받고 공짜로 집을 한채 받고 세상을 마음껏 유랑하며 전 남편에게 청구서를 보내는 삶도 가능했을 테니까. 당시 이혼녀의 삶은 그랬다. 게다가 그녀는 백만장자와 결혼해서 대단한 재산을 받고 이혼하지 않았는가. 이혼녀는 노처녀보다 재정적으로나 성적으로나 더 자유로우니 아마 평판의 문제는 아니었을 것이다. 아내로서 주로 하는 일이 사랑하는 사람을 천천히 파괴하는 것이라면, 차라리 뜨개질에 취미를 붙이는 편이 낫지 않을까?

그녀가 자신의 커리어를 쌓은 뒤에는, 새로운 결혼이나 괴롭힐 새로운 남편(그녀는 잘 알려졌다시피 첫번째 남편에게 전혀 충실하지 않았다.)을 찾아나서지 않았다는 게 그저 우연은 아니다. 그녀는 실내 장식업자가 되었고 마침내 다른 놀잇거리를 찾았다. 방에 흰 가구를 놓고 흰 카펫을 깔고 벽을 흰색으로 칠한 다음 '좋아, 이렇게 인류에 공헌했군'이라고 생각하는 일이었다.

내 어조가 까칠하다는 건 인정한다. 나는 아는 남자들이 이런 여자들에게 넘어가는 걸 봤다. 이런 여자의 남성 버전과 살아본 적도 있다. 나를 을러대고 협박하고 괴롭히고 폄하하는 남자들, 새벽 네시에 술에 절어 음흉한 목소리로 "네 문제가 뭔지 알아"라고 말하는 남자들. 우리는 정교한 수단들로 사랑

사랑에 부서지고 결혼에 무너지고

하는 사람을 무너뜨리고, 스스로가 무너지도록 놔둔다. 나는
그 수단들을 안다. 가장 심한 학대가 뺨을 때리는 것이 아님을
안다.

．

나는 당신을 위해 할 수 있는 모든 일을 했고, 설령 당신이 원하
는 대로 할 수 없었다 해도 마땅히 잔혹하고 심한 비난을 받아야 했
다고는 생각지 않아. 당신은 내게서 애정을 원했고, 당신은 잘 모르
는 것 같지만 나는 당신에게 애정을 줬어. 하지만 당신은 온 힘을
다해 그 애정을 죽여버리는 것 같더군. 당신에게 들은 말들은 난생
처음 들어보는 것이었어. 당신처럼 내게 불평하고, 신경질을 내고,
날 괴롭힌 사람은 없었다고. 그런데 어떻게 내게 당신에 대한 애정
이 남아 있길 기대하지? 나는 이제 당신이 무서워.
　　　─W. 서머싯 몸, 회고록 『뒤돌아보며』에서 아내 시리에 대해

．

나쁘게 끝난 결혼이 으레 그렇듯, 몸 부부를 아는 사람들은
모두 그들의 결혼이 왜 파국에 이르렀는지, 그게 누구의 잘못이
었는지에 대해 나름의 의견이 있었다. 가십란에는 여러 일화와
빈정거리는 논평이 실렸고 친구들은 둘 중 한쪽 편을 들었다. 몸

은『뒤돌아보며』*Looking Back*에서 전 부인이 끊임없이 바가지를 긁었고 자신을 미워했고 학대했으며, 또한 여러번 불륜을 저질렀다고 밝혔다. 그러자 시리의 친구들은 줄을 서서 그녀가 디너파티에서는 우아함과 따뜻함 그 자체였다고 말했다. 많은 결혼생활의 수면 아래 지느러미와 날카로운 이빨을 가진 괴물이 도사리고 있다는 걸 모르는 양. 몸이 죽은 뒤 시리의 친구 한명이 비열한 책 한권을 펴냈다.『인간의 굴레라는 사건』*A Case of Human Bondage*이라는 제목의 이 책에서는 몸을 대놓고 퀴어라고 부르는 건 간신히 참되, 폭군이라는 말은 아끼지 않는다. 그런데 그 저자인 베벌리 니컬스*Beverley Nichols*는 한때 몸의 연인이었다가 버림받은 사람이었다.

니컬스는 어느 저녁날에 대해 이야기한다. 몸이 결혼생활을 포기한 것도, 두 사람의 이혼이 장안을 떠들썩하게 한 것도, 시리가 몸에게 돌아와달라고 조른 것도 이미 한참 전의 일이 된 어느날. 몸이 시리에게서 되도록이면 멀어지고 싶어 영국 땅을 떠난 뒤로 오랜 시간이 흐른 뒤의 어느날. 시리는 몸을 다시 자기 남자로 만들려는 싸움을 시작했다. 그가 영국에 오지 않는다면 그녀가 남프랑스로 떠날 터였다. 그녀는 몸의 옆집 빌라를 사들였다. 집을 다시 꾸몄다. 그리고 그의 사교계 친구들을 죄다 초대하는 파티를 열어 그와 재회하고, 모두의 앞에서 자신이 얼마나 합리적이고 헌신적인 여자인지, 반면 그는 얼마나 불안정한 남자인지를 입증했다. 그럼에도 불구하고 몸이 자신에게 돌아오지 않는 것에 놀랐다.

우리는 남자만이 학대자가 될 수 있다는 생각에 답답할 만큼 매여 있다. 결혼이 나쁘게 끝나면 남편이 악당, 아내가 희생자일 거라고 추정한다. 수많은 몸의 전기 작가들이, 특히 셀리나 헤이스팅스Selina Hastings는 용감하게도 시리의 동기를 이해하려고 노력하고 그녀를 동정적으로 묘사한다. 그러나 성별이 반전되어 시리가 남편이었다면 남자 시리는 깡패이자 스토커로 경멸받을 것이 분명하다.

시리와 같은 유형의 애정을 받아본 사람에겐 그녀의 행동이 몹시 친숙할 것이다. 자신의 필요와 욕구가 너무나 비대했던 시리는 다른 사람의 필요와 욕구는 개의치 않았다. 아무리 큰 사랑도 그렇게 거대한 심연을 채울 수는 없기에, 충분히 사랑받지 못한 그녀는 양분을 얻기 위해 피를 빨았다.

몸의 소설 속에는 깊은 통찰 하나가 녹아 있다. 블랙홀과 별의 상호작용에 관한 것이다. 가끔 우리는 우리를 정확히 파멸로 이끌 사람을 끌어당기곤 한다. 그게 몸에게 있어 사랑의 기본형이었다.

•

잠을 이룰 수 없다. 여름날 상트페테르부르크의 백야는 기대와 달리 낭만적이기는커녕 간헐적으로 찾아오던 불면증을 만성으로 바꿔놓았다. 하늘이 아직 밝을 때 침대에 눕자 내 몸은 낮잠을 잔다고 착각하고 사십분 뒤에 깨어난다. 해가 지면 방 안에 들끓는 모기떼가 골칫거리다. 불을 켜면 순식간에 시야에서 사라지고, 불을 끄자마자 다시 내 머리로 달려든다.

구글 이미지에서 몸이 프랑스에서 살았던 집 '빌라 모레스크'를 검색해보니 리얼리티 쇼 「독신남」The Bachelor에 대한 연예기사가 뜬다. 설마 하는 마음으로 제목을 클릭해보자 「독신남」 영국 버전은 로맨스가 펼쳐질 배경으로 부띠끄 호텔로 탈바꿈한 몸의 옛 집을 택했다는 내용이 나온다.

나는 해당 시즌을 다운받는다──제작진에게 땡전 한푼이라도 줄 생각은 추호도 없어서 불법 다운로드를 한다. 그리고 가슴께로 노트북을 끌어당기고 밤늦게까지 시청한다. 몸은 이 빌라에서 가장 멋대로 살던 시기를 보냈다. 남자 연인들과 공개적으로 사귀었고, 연인들과 친구들과 함께 빌라 부지를 나신으로 돌아다녔고, 술과 마약과 섹스를 공공연히 즐겼다.

이제 이 빌라는 화려한 손목시계와 미백을 받은 치아를 뽐내는 백만장자 미혼남들이 하나같이 금발 붙임머리를 하고 가짜 속눈썹을 달고 수술받은 가짜 가슴과 태닝 스프레이를 뿌려서 서로 분간이 가지 않는 바비 인형 같은 여자들과 시시덕거리는 장소가 되었다. 몸은 시리와 십년을 살고 중년에야 자유를 찾았지만, 세상을 자기 발밑에 둔 스물세살의 남자는 그가 '천생연분'과 평생을 보낼 준비가 되었다고 선언한다.

한 시즌을 다 보고 머리뼈 절개술이라도 써서 눈과 귀를 통해 내 몸에 침입한 악령을 쫓아내고 싶다는 생각이 들 때쯤, 내가 방금 시청한 것이「독신남」의 마지막 시즌이라는 기사를 본다. 영원히 죽지 않을 사랑이 선언되었고, 카메라 앞에서 성사된 커플은 카메라가 꺼지자마자 다시는 서로를 보지 않았다. 여자는 다른 사람과 연애를 시작했고 남자는 전 애인과 재결합했다. 그들이 공유한 친밀감이란 타블로이드 신문을 통해 서로에게 겨누어진 일련의 가시 돋친 말들이 전부였다.

사건이 이렇게 전개됐던 데에는 몸의 성난 유령이 개입한 게 분명하다. 무해한 토끼처럼 그려지는 사랑 ── 샴페인과 장미, 뜨거운 욕조와 초점을 흐리는 프렌치키스, 평생의 헌신과 운명에 대한 이야기 ── 은 지금까지도 대중을 중독시키고 있다. 몸이 저세상에서 헛웃음을 짓는 게 느껴진다.

•

지하철 타기가 무서워서 나는 상트페테르부르크를 걸어서 탐험한다. 이 도시는 워낙 광활해서 어딜 가는 데 몇시간씩 걸리지만, 그래도 걷는다. 무익한 생각을 멈추려고 걷고, 저항할 힘도 없을 만큼 지쳐서 미뤄뒀던 생각들이 시끄럽게 머릿속에 밀려들 때까지 걷는다. 나는 몇번이고 국립러시아박물관까지 걸어가서 어두운 미래와 멈출 수 없는 힘을 묘사한 미하일 브루벨Mikhail Vrubel의 그림 앞에 선다. 작은 금색 플랫슈즈 바닥에 구멍이 나서 발뒤꿈치에 땅이 느껴질 때까지 걷는다. 담배를 사고, 흡연자가 되면 어떨까 생각한다. 아무와도 대화하지 않는다.

길을 자주 잃는다. 운하를 착각해서 계속 걷다가 핀란드로 향할 뻔한다. 내가 머무는 동네의 건물들은 대체로 소련시대 모더니즘 양식으로 지어졌다. 묵직한 벽돌들이 한데 모여 기묘하고 삭막한 아름다움을 자아낸다. 많은 건물이 버림받았다. 평범한 아파트처럼 보이는 건물의 상층 창문과 헐어진 지붕을 뚫고 나무가 자라고 있다. 강을 건너면 벽면에 도금 장식이 박히고 넓은 정원이 딸린 유럽식 건물이 늘어난다. 다듬어지지 않은 러시아 양식이 이따금씩 눈에 띈다. 최대한 여러 색상의 크레용으로 그린 그림이 가장 아름답다고 믿는 아이가 설계한 것처럼 구불구불하거나 지그재그인 선들로 이루어진 건축물들이다. 표트르 대제가 자신의 도시에 들이지 않으려 그토록 애썼던 이런 건물들은, 대제에게 역시 거듭 부끄러움을 안겨준 교회를 통해 퍼져나갔다.

그러나 파리와 빈의 수학자들은 무한 개념을 연구하려다가 정신병원에 보내졌고, 합리적이고 직선적인 사고로는 무한을 받아들일 수 없어 제 손으로 목숨을 끊었다. 겁을 먹는 대신 신이 나서 무한 개념을 받아들이고 이론을 전개시킬 수 있었던 이들은, 우스꽝스러운 수염을 기르고 촌스러운 옷을 입은 러시아의 신비주의자들이었다. 애초에 그들의 세계는 유한한 적이 없었으므로.

●

작가에게 우리 대신 고통받으라고 요구하는 게 올바른가? 학대한 사람도 학대받은 사람도 죽었으니 잘된 일 아닌가? 우리에게 남은 건 고통받은 사람이 써낸 걸작이 다니까.

(하지만 몸과 시리에게 딸이 있었음을, 그리고 그 딸도 아이를 낳았음을 잊지 말길. 절망은 제자리에 머무르지 않고 계속해서 아래로 내려가려는 끔찍한 경향이 있다. 소리 지르고 욕하고 울던 그 모든 밤들은 메아리처럼 반복되었을 것이다.)

●

이 모든 이야기를 통해 말하고 싶은 건 이것이다. 몸의 책을 읽고 몸의 인생에 대해 알아가면서, 누구나 자신이 납득할 수 있는 사랑을 하게 되는 건 아님을 배웠다. 몸에게도 그의 신사가 있었고, 잠깐은 그와 좋은 시간을 보냈지만, 그 다음엔 신사가 주정뱅이로 몰락하고 노름에 빠지고 죽는 걸 지켜봐야 했다 (몸과 삼십년 동안 연인으로 지낸 제럴드 핵스턴 이야기다. ── 옮긴이).

친구들이 내겐 멋진 남자를 만날 자격이 있다고, 미래의 진정한 사랑이 어딘가에서 기다리고 있는 게 분명하다고 말하면 나는 몸이 굳어버리고 머릿속에선 자동적으로 반론이 펼쳐진 다. 재네 말 듣지 마, 통제할 수 없는 희망을 갖지 마. 이상에서 현실로의 추락은 실제로 목을 부러뜨린다. 나는 여전히 이곳 에, 연인이 오기로 했지만 아내 때문에 오지 못한 이 도시에, 너 무 넓은 침대와 말라리아 모기 한떼와 함께 혼자 있다. 이제 목 을 들어 위를 쳐다보는 것조차 버겁다. 고개를 숙인 채 아는 사 람 하나 없는 지구 반대편에서 또 한번 불면의 밤을 헤쳐나가 야 한다. 깊은 절망이 세상이 내게 주는 것들을 망가뜨리지 않 게 노력해야 한다. 세상은 정말로 많은 걸 준다. 바로 이 도시 에도 한 블록 거리에 샐러드 진열장이 백만 킬로미터쯤 펼쳐진 식료품점이 있다. 나는 매일 훈제 생선과 검은 빵과 샐러드 두 종류를 고른다. 매번 새로운 메뉴를 택하지만 아직 못 먹어본 게 절반이 넘는다. 반대쪽 과일 매대에서는 환율을 계산해보지 않아서 정확히 얼마인지 모를 돈으로 맛이 끝내주는 체리를 몇 백 그램 살 수 있다. 숙소에는 피아노가 있어서 내가 유일하게 외우고 있는 「선왕 바츨라프」를 연주할 수 있고, 발에 꼭 맞는 뾰족한 힐 한켤레가 있어서 기분을 낼 수도 있다. 내 머릿속 특 정 구역을 벽으로 막아버리면, 여기서 지내는 건 멋진 일일 수 있다.

그러나 친절하고 애정이 담긴 말, 가시밭과 가시넝쿨 외의 다른 것으로 이루어진 연애를 겪은 사람들이 건네는 말들이 내

사랑에 부서지고 결혼에 무너지고

게 겁을 준다. 이 남자와 관계를 계속하는 것이 비관적인 행위인지 낙관적인 행위인지 모르겠다.

행복하게 끝나는 사랑 이야기를 못 읽겠다. 마음속에서 자기연민의 블랙홀이 나를 삼킬 기세다. 외로움을 이길 수 있다는 걸 기억하기 위해 내겐 서머싯 몸의 신랄함이 필요하다. 외로움은 떨쳐버릴 수 있다. 함께 나눌 사람이 없더라도 혼자서 크나큰 즐거움을 느낄 수 있다.

그래서 나는 모범적인 노처녀답게 생일을 보낸다. 우스꽝스러운 원피스를 입고 반짝이는 구두를 신고 러시아 발레 공연을 본다. 샴페인을 홀짝이고 캐비어 샌드위치를 먹고 옥상에서 담배를 피우되 연기를 들이마시지는 않고 그냥 담배에 불을 붙이고 흔들기만 하다가, 발트해로 흘러가는 강물을 바라본다. 밤이 지독히 덥지만 않았더라면 모피로 된 재킷을 걸쳤을 것이다. 택시를 타고 숙소로 간다. 기사가 "미국인이군요!"라고 외치더니 본 조비 음악을 커다랗게 튼다. 멍청한 백인 십대였던 나는 이 앨범을 카세트테이프로 갖고 있었지. 본 조비는 목소리를 높이고 나는 마차를 타고 도시를 누빈다. 어둠 없는 밤에 잠들어, 다행히 아침까지 깨지 않는다.

●

몸은 말년의 작품 『과자와 맥주』에서 로지라는 인물을 창조했다. 그녀는 활기차고 따뜻한 여성으로, 화자에게 섹스뿐 아니라 애정을 가르친다. 그녀와 섹스를 하는 건 그녀를 소유한다는 뜻이 아니다. 그녀의 영토에 소유권을 주장할 방법은 없다. 그녀는 온전히 자신의 것이므로. 로지는 많은 남자들과 연애를 즐기지만 그것이 각 상대와의 관계를 약화시키는 건 아니다.

사실 로지는 내가 읽어본 문학에서 유일하게 긍정적으로 묘사되는 난잡한 여자다. 그녀는 기차에 몸을 던지거나 바다로 걸어 들어가는 나쁜 결말을 맞지 않는다. 결혼제도에 헌신하는 데 관심이 없고 사랑을 주고받는 법을 모르는 이유를 설명하기 위해 등장하는, 유년 시절에 버려진 경험이나 좌절된 욕구에 대한 가슴 미어지는 과거사도 없다. 로지는 사랑을 잘도 주고받는다. 그것도 여러 상대와. 그녀는 정확히 자신이 원하는 삶을 선택해서, 멋진 노부인으로 살다가 죽는다.

몸은 그가 사랑했던 여자에게 현실에서 줄 수 없었던 삶을 책에서나마 주기 위해 이 이야기를 썼다. 그러나 허구의 세계에서조차 그는 그녀의 곁에서 살 수 없었다. 그런 삶은 상상 속에서도 그의 손아귀를 빠져나갔다.

•

나는 『인간의 굴레라는 사건』을 다시 꺼내서, 아내가 죽은 후 몸이 결혼에 관해 쓴 쓸쓸한 회고록 『뒤돌아보며』와 번갈아 읽는다. 그러다가 문득 같이 잤던 모든 남자를 죽여야겠다는 생각이 든다. 아니면 적어도 그들보다 오래 살아서, 내가 약해졌던 순간들을 악의적으로 묘사하는 책이 출판되는 걸 막아야겠다. 내 얘기를 떠벌릴 남자는 심란할 만큼 많다. 작가들, 시인들, 서점 직원도 한명 있다. 물론 바에서 마주친 어중이떠중이들도.

나는 지금 그들이 전부 죽었기를 바란다. 신사도 포함해서. 아니, 누구보다도 신사가 죽었기를 바란다. 그는 내가 한때 살았던 과거의 마지막 잔재, 과거와 연결된 마지막 끈이므로 다른 남자들 전부를 대표할 수 있다. 사실 난잡하게 몸을 굴린 세월은 재미조차 없었다. 단지 누군가의 손길 없이는 하루도 버틸 수 없었고, 만져지고픈 욕구를 채우기 위해 마사지를 받으러 가는 건 치욕스러웠을 뿐이다. 나는 내가 가질 수 있는 걸 가졌을 따름이다.

일정에 이주가 비고, 신사가 다시 이메일을 보내 프랑스로 돌아오라고 말한다. 그가 나와 함께 지내는 기쁨을 갈망한다고 나 스스로를 속이지는 않는다. 나는 쉽게 침대에 눕혀지는 사람이고 그가 어디에 있다 왔는지 묻지 않는다. 민달팽이를 연상시키는 러시아 약초술을 마신다. 솔잎, 검은 흙, 분해된 잎 찌꺼기, 다람쥐 꼬리, 버섯, 나무껍질까지 숲속 모든 생명체들을 모아 내놓은 듯한 맛이 썩 괜찮다. 그리고 나는 프랑스 대신 부다페스트에서 이주를 보낼 숙소를 예약한다. 왜냐면 나는 그가 생각하는 것보단 나은 사람이니까. 그 반대를 가리키는 증거가 넘쳐나지만 나는 그렇게 믿는다.

몸의 회고록에서 상트페테르부르크에 혁명이 일어나 급히 고국으로 떠나는 대목은 마치 공포영화에서 멍청한 소녀가 다시 집으로 들어가려는 장면을 보는 기분이다. 의자 팔걸이를 붙잡고 숨이 가빠져서 비명을 지르고 싶은 걸 참는다. "그리로 가지 마!" 헤어진 러시아인 연인(책에선 여성으로 그려졌지만 실제론 어땠을지 알 수 없다)과 함께 종말을 맞은 러시아에 남는 게 사이코가 문 뒤에서 도끼를 들고 기다리는 집으로 돌아가는 것보다 덜 위험했을 것이다.

실제로 그는 집에서 성한 몸으로 나오지 못했다. 몸은 시리에게서, 그리고 사랑에서 겪은 실망감에서 영영 회복하지 못했다. 말년에 그는 신랄하고 비열한 사람으로 자주 평가받았다. 평생 고개를 숙이고 기대치를 조정하며 살면 그런 대가가 따른다.

휴대폰에서 새 이메일 도착을 알리는 소리가 난다. 연인이 아내를 떠났다고 한다. 내가 보고 싶다고 한다. 어떻게 해야 할지 모르겠다.

사랑에 부서지고 결혼에 무너지고

8
연약한 척
우는 건 역겹다

진 리스, 런던

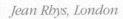

Jean Rhys, London

진 리스
Jean Rhys, 1890-1979

도미니카 연방 출신의 소설가. 첫번째 결혼이 깨지면서
작가의 길을 걷게 되었다. 초기에는 세간의 관심을 받지 못했지만
『한밤이여, 안녕』이 극화되면서 작가로 큰 성공을 거두게 된다.
샬롯 브론테의 『제인 에어』에서 영감을 받아 쓴
『광막한 사르가소 바다』로 유명하다.

외국어와 사교댄스와 에티켓과 요리를 가르치는 수업이 있다.
하지만 가구로 채워진 방에서
깨진 접시를 앞에 두고 자기 자신이 되는 법,
혹은 걱정의 말이나 친숙한 소리 없이
그냥 혼자가 되는 법을 가르치는 수업은 없다.

— 이름가르트 코인 Irmgard Keun

가장 먼저 깨닫는 건 주위의 대화를 이해할 수 있다는 사실
이다. 부다페스트와 런던 사이 어디선가 주위를 둘러싼 언어는
영어로 바뀌었고, 나는 발끝까지 안도감에 젖는다. 더는 식료
품점에 가면서 정육점 매대에서 돼지 목살 일 킬로그램을 주문
하는 복잡한 임무를 위해 머릿속에서 단어와 문장과 발음을 강
박적으로 연습하지 않아도 된다. 단어 몇개라도 아는 나라에서
는 그나마 사정이 나았지만 러시아나 부다페스트 같은 곳에서
는 손가락으로 가리키고 손짓을 했다. 어떤 나라에서는 탐폰이
진열대에 비치되어 있지 않아서 열심히 몸짓 맞추기 놀이를 벌
이다가 음란행위와 비슷한 모양새가 되곤 했다.

그러나 비행기가 착륙하고 기차에서 기차로, 또다른 기차로
갈아타는 동안 나는 벌써 영어에 질려버린다. 루턴에서 킹스

크로스까지 가는 사십분 동안 내 의사와 관계없이 몹시 불편한 대화를, 불편할뿐더러 밀폐된 공간에서 듣기엔 놀라울 정도로 시끄러운 대화를 들어야 했다. 방금 교도소나 무슨 시설에서 나온 것처럼 보이는 남자가 그를 마중 나온 부모와 집에 가고 있었다. 부모는 말을 부드럽게 고르며 명백한 질문을 피하려 애쓰고 있었다. 넌 대체 뭐하는 놈이냐고, 우리가 네게 충분한 애정과 충분한 관심을 주지 않았느냐고. 우리에게서 뭘 더 원하느냐고, 네가 어머니에게 무슨 짓을 했는지 알기나 하냐고. 젊은 남자가 '그 안'의 음식에 대해 농담을 던지자 아버지는 불편한 기색이 역력한 태도로 몸을 꿈틀대며 팔짱을 꼈고, 어머니는 바닥만 물끄러미 보다가 큰 소리로 날씨에 대한 불평을 늘어놓았다.

부다페스트로 날 다시 데려가주오, 내가 모두의 약한 순간을 목격하지 않아도 되고, 영원히 오해받는 곳으로.

가방을 끌고 킹스크로스 역을 힘겹게 빠져나오면서 나는 가방을 이곳 지하철 터널에 놔둬서, 테러방지팀이 그것을 폭탄으로 오인해 해체하도록 하고 지금 입고 있는 끔찍한 옷을 영원히 입고 세상을 돌아다닐까 진지하게 고민한다.

내가 빌린 숙소는 그다지 좋지 않은 동네에 있고 왜인지 몰라도 포크가 비치되어 있지 않다. 크레이그스리스트에 이 숙소를 올린 여자는 제정신이 아니고 바깥에서 차들이 달리면 건물 전체가 흔들린다. 하지만 집세가 쌌다. 개중 쌌다는 얘기다. 런

연약한 척 우는 건 역겹다

던엔 물론 영어 서점이 있어서, 러시아의 서점 구석에 서글프게 놓인 해리포터 시리즈나 켄 폴릿 소설 말고도 읽을 게 있다. 이곳엔 날 아는 사람들이 있고 식료품점에서 장바구니에 담은 게 뭔지 (희망컨대) 언제나 이해할 수 있다. 얼마나 흥분되는 일인가. 허나 런던에 도착했다는 들뜸은 눈 깜짝할 새 사라지고, 딱 십분 뒤 나는 중얼거린다. "망할 침대는 어디 있지?" 저녁 일곱시, 나는 사방에서 들려오는 도시의 소음에 둘러싸인 채 매트리스에 더러운 침대시트 대신 수건을 깔고 누워서 내일과 이 도시가 내게 안겨줄 것들에 대한 기대감에 젖었다.

●

런던에 머무는 동안 대도시와 촌뜨기 여자 사이에 어떤 상징적인 상호작용이 일어난다. 내가 돌연 산업시대에서 길을 잃은 여자들의 노래를 흥얼거리기 시작한 것이다. 안전한 아버지 집을 나서 돈을 벌러 간 여자들, 농장에 머물렀어야 하는데 그러지 않은 여자들의 노래. ("불쌍한 리자 불쌍한 여자, 불쌍한 리자 제인…") 공장에 불이 나 죽은 딱한 여자들, 난방비를 벌기 위해 몸을 팔기 시작한 딱한 여자들, 비정한 도시에 잡아먹힌 딱한 여자들. ("묘책을 찾지 못하면, 그렇게 살다가 죽겠죠. 불쌍한 리자 불쌍한 여자…")

우리 촌 여자들은 작고 먼지 낀 고향 마을보다 더 많은 모험과 기회와 섹스와 흥분과 돈과 매력을 제공하는 도시로 향한다. 우리 중 일부는 함정에 빠진다. 우리 중 일부는 도시의 신에게 바치는 제물이 되어 자본주의와 야망의 제단에 놓인다. 이를 생각하면 어쩐지 등골이 서늘해진다.

열아홉살에 런던을 처음 방문한 나는 겁에 질려 있었다. 내가 어떻게든 세상에서 지워질 거라고, 해적에게 팔리거나 탄광 노예 신세가 될 거라고 확신했다. 현대 런던 문학을 별로 읽지 않아서 한세기쯤 뒤처져 있었던 거다. 막상 현실의 런던은 나를 상냥하게 대하려 애썼다. 가령 '크리스핀즈'라는 이름의 가게를 마주친다거나 — 바깥에서 그런 식으로 내 이름을 보는 일은 흔치 않다 — 어느날 밤 달빛 아래 술에 취해 바에서 집까지 걸으며 내게 '그런 식으로는' 관심이 없는 상당한 미남과 함께 톰 웨이츠 노래를 부른다거나. 나는 스물일곱살에 다시 런던에 돌아왔고, 순전히 우연으로 미술관의 클로드 카엉 사진 두점 앞에 서 있었다. 그러나 나는 여전히 두려웠다. 지하철을 타기가, 혼자서 너무 멀리 떠나기가 두려웠다.

『시스터 캐리』 시리즈와 탐정소설들, 도시에서 사라진 여자가 품위 없는 시체로 발견되는 소설들을 너무 많이 읽어서 그 서사가 내 무의식 깊이 스며든 모양이다. 형체가 없는 거대한 런던은 내게 친구가 되자고 말하는데 나는 아아아악 괴물이다 걸음아 날 살려라!를 외치며 도망치기 바빴다. 내가 깜빡한 건 그 소설 속 여자들이 실제 여자가 아니라 결백과 순수와 도덕성의

연약한 척 우는 건 역겹다

상징이었다는 거다. 여자들의 몰락은 개인이 아닌 사회의 몰락이었다.

그게 내가 진 리스를 읽기 시작한 이유일지도 모르겠다. 그녀의 소설 속 여성 등장인물들은 런던과 파리에서 고통받았지만, 적어도 실제 여자였다. 젖가슴을 내놓고 어떤 고귀한 이상을 대표하는 대리석 조각상이 아니었다. 남자 작가들은 여전히 여자들을 순수의 알레고리로 ― 순수가 증발하고 폭력이 판치는 세태의 상징으로 쓴다. 살인 미스터리 소설은 동맥경화처럼 뇌의 통로를 막는다. 여자는 순수하고 아름다웠고, 그게 그녀가 죽어야 했던 이유다. 그래야 세상에 찌든 탐정이 현 세태에 대해 거들먹거릴 수 있으니까.

실제로 도시는 어떤 사람들을 몰락시키지만, 그건 상징이 아닌 실제 사람에게 일어나는 일이다. 진 리스의 상처받은 여자들은 최악의 것들을, 도시의 가장 무정한 밑바닥을 목격한다. 그녀의 책에는, 별안간 눈이 떠졌는데 다시 잠이 오지 않아서 이런저런 상념에 잠기다 보니 온갖 두려운 생각이 꼬리에 꼬리를 무는 바람에 좀처럼 날이 밝지 않는 새벽 세시의 정서가 담겨 있다. 그녀의 책은 가난하고 굶주리고 의지할 사람이 없는 상태를 다룬다. 그녀의 책은 노력을 그만두고 가만히 앉아서 멜랑콜리와 술로 잔을 채우는 동안 세상이 당신 없이 흘러가도록 놔두는 게 얼마나 좋은 건지 이야기한다. 포기하는 것, 힘을 잃는 것, 아무도 당신을 돕지 않는 것이 어떤 건지 이야기한다. 그런 그녀의 산문은, 그 안에 담긴 문장들은 너무나 아름답고 적나라하다. 은유가 없고 정직하고 강하고 대담하다. 절망을 다룬 그녀의 아름다운 소설들에는 '잃어버린 순수' 운운하는 뒷맛이 없다.

런던에 올 때 나는 두가지를 알고 있었다. 나는 런던을 싫어했고, 진 리스의 소설을 사랑했다. 그 두가지만은 확실했다.

●

두차례의 세계대전 사이, 진 리스가 살던 때엔 신여성이라는 개념이 뜨거운 감자였다. 신여성은 독립적이었고, 대개 사무직에서 일했으며, 데이트를 했고, 때로는 심지어, 에그머니나, 섹스도 했다. 길을 잃은 여자가 힘을 얻으면 신여성이 되었다. (작은 마을에서 대도시로 이동하는) 최초의 궤적은 같지만, 신여성은 목숨을 잃거나 땡전 한푼 없는 신세에 처하는 대신 상사와 결혼을 했다. 그러면서 그들은 평화로운 교외의 가정에서 아이들을 키우는 '착한 여자' 이야기를 다시 시작했다.

그게 진 리스 소설의 여주인공들이 했어야 하는, 그러나 할 수 없었던 일이다. 그들은 너무 예민하고 운이 나빴다. 고향은 이미 멀어졌고 더 나은 삶은 그들의 연약한 손가락 사이를 자꾸 빠져나갔다. 신여성의 삶은 이전 세대의 여성들을 절망시킨 부드러운 털을 덧댄 덫과 다를 바 없이 공허하다고 판명되긴 했지만, 리스의 여자들은 위기를 돌파하고 제3의 길을 찾는 데 필요한 굳센 결의가 부족했다.

진 리스 자신도 신여성은 아니었다. 그건 더 당당하고 요령 있는 여자들에게 주어지는 역할이었다. 리스는 영국령 서인도 제도 출신의 여자였고, 애정이 넘쳐나거나 양육에 관심을 쏟는 가정에서 자라지 않았다. 좋지 않은 가족을 둔 똑똑한 여자들은 새로운 가정을 성역으로 추구하지 않는다. 내가 진 리스의 인생에 대해 아는 건 그게 다였다. 그녀를 더 알고 싶었다. 그녀가 한동안 포드 매덕스 포드Ford Maddox Ford의 정부였고 두 사람이 나중에 각자의 소설에서 상대방을 못되게 각색한 인물을 등장시켰다는 건 안다. 하지만 그건 작가들 사이에서 흔한 일이다. 나는 리스에 대해 더 조사해보기로 했다. 작가에 대해 너무 많이 알면 작품에 대한 애정이 죽을 수 있음을 알면서도.

•

칠년 전 쯤, 사람들이 지겹게 공유하던 기묘한 뉴스가 있었다. 런던의 삼십팔세 여성이 자기 아파트에서 사후 삼년이 지난 시신으로 발견된 것이다. 조이스 빈센트Joyce Vincent가 거의 유골 상태로 발견되었을 때 텔레비전은 계속 켜져 있던 상태였고 그때까지 실종자 신고는 없었다. 그녀에겐 친구들, 전 남자친구들, 그리고 네 자매가 있었다. 사망 당시 그녀의 아버지는 살아 있었다. 그런데 아무도 그녀의 행방을 궁금해하지 않았다. 어쨌든 들리는 소문에 의하면 그랬다.

빈센트 역시 더 나은 삶을 찾아 도시로 온 여자였다. 그녀는 완전히 새 사람으로 다시 태어나고자 했다. 가족과 연을 끊었고 오랜 친구들을 만나지 않았다. 새 남자친구를 사귀면 그의 사교 모임에 참석하고 그의 열망을 함께 꿈꾸며 그의 삶을 자신의 것으로 만들었다. 그러나 그녀의 인생 막바지 이년에 실제로 어떤 일이 있었는지, 어쩌다가 높은 연봉을 받는 금융회사 직원에서 청소부로 몰락했는지, 좋은 동네의 자가 소유 아파트에서 살다가 학대받은 여자들에게 주어지는 보조금을 받는 단칸 셋방으로 이사했는지, 그녀를 그리로 몰아넣은 남자가 누구인지는 아무도 몰랐다.

빈센트에 대한 다큐멘터리의 광고에선 이렇게 묻는다. "당신이 죽으면 누군가 그 사실을 알기까지 얼마나 걸릴까요?" 이 질문은 우리 모두의 내면에 있는 '외로운 소녀'를 불러내고, 안전하지 못한 삶에 대한 노래를 들려주고, 깊이 파헤쳐보면 우리는 누구에게도 사랑받지 못하며 도시는 우리에 대해 추호도 신경 쓰지 않는다고 말한다. 이 노래의 코러스는 이렇다. 누군가를 찾아, 누군가를 찾아, 누군가를 찾아. 최소한 실종자 신고를 해주거나 시신의 신원을 확인해줄 누군가를. 블로거들과 히스테리컬한 뉴스 기자들은 삶이라는 천이 해지고 있다고, 우리 모두 이 딱한 여자처럼 생을 마감할 수 있다고 말한다. 친구들을 스마트폰과 온라인으로만 만나게 된 야생의 툰드라 도시에서 우리는 너무나 단절되었다고, 발을 헛디뎌 영영 무(無)로 사라질 위기에 처해 있다고. 그렇게 또 한명의 죽은 여자가 상징이 된다.

·

진 리스는 어니스트 헤밍웨이의 여자 판이다. 두 사람은 고작 아홉살 차이다. 내가 두 사람을 비교하는 건 방황하는 해외 거주자들의 잃어버린 세대를 기록한 방식이나 무자비하게 정제된 산문이 닮아서라기보다는, 두 사람이 특정 젠더를 전시하려는 함정에 빠져 있었기 때문이다. 헤밍웨이는 문이 닫혀 있으면 열릴 때까지 내 대가리를 쿵쿵 박겠어. 못할 까닭이 없잖아 유의 남성성에, 리스는 내 가방과 다른 가방과 내 온 인생을 들어주지 않을래요? 나는 못하겠으니까 유의 여성성에. 이런 젠더 전시는 두 작가의 작품을 망치고 말았다. 두 사람 다 대단한 재능을 타고났으면서도 병리적 젠더가 자신의 글을 얼마나 제약하는지 인식하지 못했기 때문이다. 알고 보면 그들의 커리어 자체가 남성으로서, 여성으로서 해야 할 바람직한 행동에 대한 믿음을 기반으로 빚어졌다. 헤밍웨이는 박수갈채를 받겠다는 야심찬 욕구를 품고 자기 세대의 목소리가 되겠다고 우겼다. 반면 어떤 목표를 추구한다는 것 자체를 촌스럽게 본 리스는 단지 짧은 소설들을 쓰고 누군가 주목해주길 기다렸다. 심지어 그녀는 여러 남성들로부터 글을 써도 된다는 허가를 기다렸다.

영어 서점이 있는 이곳 런던에서 나는 진 리스 평전을 산다. 그리고 아주 최근에 불평분자들이 폭동을 일으켜 모든 걸 때려 부수고 불태우고 약탈해 간 동네의 셋방 소파에 앉아 그 책을 읽는다. 낙원 같은 도미니카에서 성장기를 보내는 중인 진은 적절히 거리를 두는 엄격한 식민지 시대의 부모 아래서 제법 특권층의 삶을 누리고 있고, 처음으로 남자들이 그녀의 인생에 개입하고 있다. 평전이 그녀의 런던 시기로 넘어가자 나는 문득 의구심에 빠진다. 내가 이 책을 오래전에 읽고 내용을 잊었던가? 내용이 아주 친숙해서 다음에 일어날 일을 알아맞힐 수 있을 정도다.

그러다가 나는 깨닫는다. 내가 읽은 건 진의 소설 『어둠 속의 항해』*Voyage in the Dark*였다. 애나/진은 합창단원이다. 애나/진은 작고 음울한 셋방에서 살다가 돈 많은 남자를 만난다. 애나/진은 그 남자와 사랑에 빠지는데 그 이유는 단지 그가 그녀에게 이런저런 것을 사주기 때문이고, 그 남자 자체에 특별한 장점이 있느냐 하면 그건 아니다. 애나/진은 임신을 한다. 그 남자가 애나/진의 낙태 비용을 대주고, 그는 그녀와 헤어진 뒤에도 그녀를 후원한다.

평전이 그녀의 파리 시기로 넘어간다. 사샤/진은 결혼생활에 문제가 있다. 사샤/진은 밥보다 술로 연명한다. 줄리아/진

연약한 척 우는 건 역겹다

은 언제나 남자에게서 금전적·직업적·감정적 후원을 받아왔지만 이제 미모가 빛이 바래지고 있으므로 어쩌면 진짜로 뭔가를 해야 할지도 모른다는 사실을 깨닫고 있다.

그녀를 조금은 안쓰러워해야 마땅할 테다. 혹은, 적어도 사회적 맥락을 감안해서 평가해야 공정하다. 어쨌든 그 시대에 여자로 산다는 건 힘든 일이었다. 그리고 그녀에겐 유년 시절 정서적으로 방치당한 아픈 기억이 있다. 하지만 부인, 미안하지만 지금도 이 사회에서 여자로 사는 건 힘들고 누구에게나 아픈 경험 하나쯤은 있지 않은가요? 어쩌면 그녀 자체보다 평전 작가의 잘못일지도 모른다는 생각이 스친다 ― 전기 작가들은 자꾸 연결고리를 만들려고, 모든 결과의 원인을 밝혀내려고, 덧없고 성스러운 것들의 뿌리를 인간 경험이라는 진흙탕에서 찾으려고 하면서 곧잘 실수를 저지르니까. 그러나 내가 평전을 한장 한장 넘기며 발견하는 리스는, 한마디로 역겹다.

나는 실망에 차서 무의식중에 이 책에 물리적인 벌을 주고 있다. 내가 소유한 책 중에 실수로 이렇게까지 훼손된 책은 없었다. 표지 위에 밀크티를 엎지른다. 욕조에서 책을 읽다가 물에 빠뜨린다. 손이 미끄러져서 겉표지가 찢어진다. 누더기가 된 책은 마치 내게 매질을 받은 것처럼, 정신적 채찍질을 물리적으로도 받은 것처럼 보인다.

인간 진 리스에 대해 알게 되자 작가 진 리스의 작품을 보는 관점이 달라졌다. 한때 약함으로 보였던 게 이젠 수동성으로 보

자신의 불편을 모면하려고 주위 사람들을 조종하고 쓰고 버리는
이런 여자들은 독이다.
나는 세상을 거닐며 끈끈한 거머리처럼 이런 여자들을 수집하고,
어느 순간 이들이 제거되어야 한다는 걸 깨닫는다.

인다. 한때 섬세함으로 보였던 것이 이젠 피해의식으로 보인다. 한때 사회와 성적 역학에 대한 명료한 견해로 보였던 것이 이젠 나쁜 행동에 대한 자기합리화로 보인다. 어쩌면 끊임없이 외로움에 대해 썼음에도 불구하고 리스의 곁에 사실은 언제나 그녀에게 물건을 사주고 월세를 내주고 책을 출판해주고 그녀를 다시 일으켜주는 남자가 있었기 때문일지도 모르겠다. 진흙탕에 누워 술을 퍼마시면서 누군가 자신을 일으키고 올바른 방향을 가리켜주기를 기다리는 게 그녀의 기본 태도였기 때문일지 모르겠다. 나는 언제나 이런 종류의 여자를 적대시했으니까.

나처럼 오랫동안 고독한 독신녀로 지낸 에마와 함께 면요리를 먹으러 나왔다. 나는 에마를 뉴욕에서 알았고 베를린에선 서로 이웃으로 살았으며 이제 런던에서 그녀를 만나고 있다. 진 리스 평전을 읽었다고 말하자 에마가 즉시 대꾸한다. "실망스럽지 않아요? 내 외로움을 이해한다고 생각했던 작가가 평생 남자 없이 하루도 살지 못했다는 것 말예요."

그렇다. 그건 깊이 실망스럽다.

●

친구 마거릿을 만나러 도심으로 오 킬로미터쯤 걷던 중 난 런던이 싫어라는 생각이 스친다. 사람들 틈을 비집고 보도 위의 카페와 공원을 이리저리 돌아다니며 나는 곱씹는다. 난 런던이 싫어. 사람이 너무 많고 모든 게 자본에 의해 돌아가고 물가가 너무 높다. 도시를 걷기만 해도 통장 잔고가 줄어드는 소리가 들리는 듯하다. 문득 발걸음을 멈춰보니 나는 또 한번 '크리스핀 푸드 앤 리큐어' 가게 옆에 서 있다.

지난밤 늦게까지 연인과 긴 대화를 나누었다. 그는 런던에 오고 싶지만 런던에 올 수 없다. 새로운 일상을 정돈하고 새 집을 찾고 이혼 절차를 마무리해야 한다. "결혼을 비밀로 했으니 이혼도 비밀로 해야 하거든." 나는 그에게 시간을 주고, 그에게 놀아나지 않겠다고 다짐한다. 그러나 부푼 마음을 안은 채 잠이 들기는 어렵다.

그게 내가 마거릿을 만나야 하는 이유다. 마거릿은 내 팔에 한아름 책을 안겨주고 내 입에 진을 쏟아붓고 내 귓가에 그녀가 운영하는 서점의 유명한 고객에 대한 소문을 속삭여주고, 근사한 뉴질랜드풍 웃음소리로 내 머리를 채운다. 우리는 열기와 사람들을 피할 곳을 찾는다. "우리 아버지 출생증명서를 한 부 더 제출하래."

"어디서?"

"비자 당국에서. 근데 말이야." 느릿느릿 말하는 마거릿의 등 뒤로 대형 텔레비전이 켜지고, 밝은 화면 속에서는 내가 이해할 수 없는 크리켓 경기가 펼쳐진다. "우리 아버지가 스파이였을지도 몰라. 돌아가시고 나서 뭘 좀 발견했거든."

"그렇다면 비자 갱신에 도움이 될 수도 있겠는걸. 한번 이렇

연약한 척 우는 건 역겹다

게 적어 봐. 아버지 직업: 영연방 스파이. 그럼 비자 정도야 쉽게 내주겠지.”

마거릿에게서 선물받은 책 무더기 가운데 도시에 온 젊은 여자 이야기를 다룬 소설이 있다. 그녀는 죽는다. 혹은 죽음을 가장한다. 자살로 추정되는 그녀의 죽음을 조사하는 탐정은 사건에 푹 빠져서 우리 사회가 어디로 가고 있는지에 대해 수많은 선언을 늘어놓는다. 여자의 죽음은 곧 은유다.

“요새 나오는 광고 중에 이런 게 있어.” 대화 주제가 바뀌고, 진에 잔뜩 취해서 어떻게 돌아가나 걱정을 하고 있는데 마거릿이 말한다. “콜택시가 아니면 택시를 타지 말라는 거야. 포스터엔 택시 뒷좌석에 탄 연약해 보이는 여자 사진 아래에 이런 말이 적혀 있어. ‘예약한 택시가 아니라면 그건 낯선 이의 차에 불과하다.’”

“세상에.”

“팔십 퍼센트의 택시에서 강간이 일어날 수 있다는 거지.”

지하철을 타러 에스컬레이터를 내려갔다가, 잘못된 방향으로 가는 다른 기차들의 속임수에 넘어가지 않으면서 정확한 역에서 내려서 정확한 방향으로 가는 정확한 기차를 타는 환승을 세번이나 해야 한다는 걸 알고 차라리 위험을 감수하기로 한다. 그게 덜 위험해 보였으니까.

나는 낯선 사람의 차 뒷좌석에 탄다. 그는 나를 곧장 집으로 데려다준다.

마거릿에게서 받은 '아주 나쁜 소설'에서 죽은 여자는 때로 '잃어버린 순수'고 때로 '미쳐버린 세상'이며 때로는 '아버지의 죄'다. 그녀는 도시에 잡아먹혀 돌아갈 길을 영영 찾지 못한다. 그녀는 그녀를 보호해줄 공동체의 문 안에 머물렀어야 한다. 나는 리스의 평전을 찾는다. 침대와 벽 사이에 끼어 있던 책은 반절이 구겨졌거나 젖었다 말라서 우둘투둘하다.

진 리스는 학교 교육을 마치러 런던에 왔고, 적응하지 못한 상태의 여학생 시기에 처음 런던을 보았다. 섬에서 온 그녀는 잘못된 옷을 입었고 잘못된 억양으로 말했고 잘못된 헤어스타일을 했다. 다른 여자애들은 돈이 있었지만 그녀의 구두쇠 이모는 소녀들에게 겉모습이 얼마나 중요한지 이해하지 못했다. 남들과 같되 튀는 것, 남들과 어울리되 색다른 모습 하나쯤 보이는 것. 어쨌든 리스는 끔찍한 시절을 보낸 뒤 배우의 삶을 꿈꾸며 예술공연 학교로 전학했다.

수많은 '길을 잃은 여자' 서사에서는 큰 꿈은 쉽게 죽지 않는다는 이야기를 늘어놓는다. 그러나 스스로 화려함과 명성으로 가득한 삶에 어울린다고 생각하더라도 무대 위에 설 수 있는 사람의 수는 한정되어 있다. 나머지는 합창단으로 밀려나거나 배경이 되는 인물로 살다가 무명으로 죽는다. 혹은 일생일대의 순간만 기다리다가 어둠 속에서 생을 마친다. 매력과 생기, '딱 보면 아는' 무언가가 없다면 아무리 노력해도 마법은 일어나지 않는다. 그런 요소는 타고나는 것이라 노력해서 얻을 수 없다. 리스에겐 그런 재능이 없었다. 그녀는 풍자극과 합창단 사이를 오가면서 맨살을 살짝 드러낸 채 엉덩이를 씰룩댔고, 극단과 함께 방방곡곡을 돌아다니며 우울한 공연장에 섰다.

그렇다면, 그녀에게 어떤 대안이 있었을까? 모든 욕망은 원형이고, 우리는 인생 내내 우리에게 맞는 변형을 찾아 헤맨다. 명성은 관심과 보호를 불러온다. 명성은 당신이 중요한 사람이라는 걸 알려주는데, 그건 사람들이 당신을 중요한 인물처럼 대우하기 때문이다. 리스는 세계적으로 명성을 얻을 팔자는 아니었지만 명성이 주는 것들에 대한 갈망 ─ 죽은 자식들을 애도하느라 어린 진/그웬에겐 별 신경을 쓰지 않은 어머니와 전형적으로 자식에게 소원했던 아버지에 의해 빚어진 그 갈망을, 그녀는 남자들을 통해 충족시켰다. 어쨌든 남자들의 호감은 대중의 호감보다 얻기도, 다루기도 쉽다. 남자들은 선물과 섹스의 형태로 당신에게 관심을 주고, 더 좋은 집을 구해주고 낙태 비용을 대주는 것으로 당신을 보호해준다. 그들은 당신을 중요한 인물처럼 대우함으로써 당신이 중요한 사람이라는 걸 알려준다.

그리고 세상엔 약한 어머니나 부재했던 아버지와 같은 특정한 종류의 역학 관계로 빚어진, 수동적인 여자들의 영웅 행세를 하고 싶어하는 부류의 남자들이 있다. 진 리스는 끊임없이 그런 남자를 찾아냈다. 한 사람이 가면 다른 사람이 왔다. 그래서 그녀의 인생사는 수동성과 유치함 —— 남자의 관심을 잃으면 짜증을 내고 난리법석을 치고, 완벽한 헤어스타일에 눈물 젖은 화장을 하고 예술적으로 흐트러진 옷을 입고 비극적인 진주 목걸이를 걸치고 "당신이 날 떠나면 확 죽어버리겠어"라는 말을 일부러 창밖으로 들리도록 소리치는 유의 지루한 클리셰가 반복된다. 이런 부류의 사람에겐 언제나 공연이 필요하다. 그런 여자가 되는 건, 괴물이 되는 방식 중 하나일 따름이다.

맥락을 알고 진 리스 소설을 다시 읽었을 때 내가 느끼는 실망감은 그녀가 자신이 얼마나 괴물 같은지 미처 인지하지 못했다는 데 있다. 그녀는 자신의 행동이 가부장적이고 여자의 우위에 서려 드는 남성들의 경향성을 강화한다는 것, 이런 식의 인생관이 대단히 냉소적이고 유독하다는 것을 전혀 몰랐다. 내가 읽는 책 속 여자들이 전부 거친 말투를 쓰고 범죄에 맞서 싸우길 바라는 건 아니다. 그건 그것대로 혼란스럽고 역겨울 테다. 하지만 리스의 이야기가 더 들을 가치가 있는지는 잘 모르겠다. 나는 현실에서 그런 여자들을 너무 많이 만나봐서, 허구에서조차 그런 여자의 이야기를 읽고 싶진 않다.

나는 영국박물관 옆 작은 카페에 앉아 『어둠 속의 항해』를 다시 읽고, "한권을 놓고 한권을 가져가세요"라는 메모가 붙은 먼지 쌓인 책 뭉치에 리스의 책을 던져버리고 문을 나선다.

연약한 척 우는 건 역겹다

꽤 오래전에 알려진 사실로, 도시 지역에서 조현병은 끊임없는 보살핌과 관리가 필요하고 완치가 불가능한 만성질환인 반면 시골 지역에서 조현병은 나을 수 있다. 병이 발발하면 치료가 가능하다는 거다. 정신병이 도시에서 더 잘 발병한다는 것, 이민자들이 특히 정신병에 걸릴 확률이 높다는 것도 상당히 오래전에 알려진 사실이다. 이민자들의 머릿속에는 세상이 무엇으로 어떻게 구성되는가에 대한 현실이 존재하는데, 외부에는 그 현실과 모순되고 그 현실을 부정하는 다른 현실이 존재한다. 우리 모두가 그리 튼튼하게 만들어진 건 아니라서 어떤 사람들은 낭떠러지에서 미끄러지고 만다.

런던은 '보아디케아(Boadicea, 로마 제국 점령군에 저항했던 이케니 족 여왕 — 옮긴이)'의 강간당한 딸들부터 '잭 더 리퍼'의 희생자들까지, 여자들의 피 위에, 아니 정확히는 여자들의 피로 세워진 도시다. '길을 잃은 여자'는 '나쁜 남자'만큼 전형적이다. 두 사람이 추는 춤을, 우리는 어찌나 사랑하는지. 우리는 그들에 대해 노래하고 이야기로 쓰길 좋아한다. 그 이야기를 우리 삶에서 연기하기도 한다. 약한 척 구석에 웅크리고 앉아 커다랗고 못된 늑대가 나타나길 기다린다. 그러면 늑대는 나타날 것이다. 자신이 무해한 토끼라고 충분히 오랫동안 주장하면 그

앞에 포식자가 나타나기 마련이니까.

그게 내가 '길을 잃은 여자' 서사에서 느끼는 문제다. 도시의 삶, 아니 모든 삶은 그 자체로 충분히 힘겹다. 페르세포네의 별 아래서 태어난 척하며 플루토가 자신을 지하로 끌고 갈 기다리는 여자들. 그런 여자들에게 내줄 시간은 없다.

그때 메일함에 긴급 구조요청이 도착한다. 네팔에서 여행 중인 동료 한명이 항공편 취소로 패닉 상태에 빠진 것이다. 처음에 내가 그녀에게 끌린 이유 중 하나는 세계 곳곳을 여행한 사람이라서였다. 그 여행들이 죄다 남자들의 돈으로, 남자들의 동행하에 이루어졌다는 걸 알고 호감은 급격히 떨어졌다. 그녀의 이야기는 흔한 싸구려 서사였다. 이번에 그녀는 처음으로 혼자 여행을 떠났는데, 비행기 환승편이 취소되었고 수중에 전화가 없어 항공사에 연락할 방도가 없다고 한다.

"부탁 좀 해도 될까요? 다음 날 항공편을 다시 예약해야 해서요."

"저도 여행 중이라 전화가 없는데요. 스카이프로 통화를 할 수는 있어요."

"아, 그러면 되겠군요."

나는 사십오분 동안 수신 대기음을 듣고, 그만 연결이 끊겨서 다시 전화를 걸고 한시간 동안 대기한다. 그동안 그녀가 이 문제를 스스로 해결하기 위해 할 수 있었을 일들을 생각한다. 그녀가 예약한 항공편은 당장 내일이 아니라 며칠 뒤 출발하는 것이었다. 버스를 타고 공항에 가서 항공사 직원과 대화하거나, 고급 호텔에 들어가서 영어를 할 줄 아는 사람을 찾아 부탁할 수도 있었다. 그녀의 술책에 넘어가는 사람이 분명 있었을 거다. 하지만 여행 중 뭔가 잘못되면 그에 익숙지 못한 사람의 머릿속에는 죽음의 *위기*라고 적힌 경고등이 켜지고, 유연한 사고가 불가능해진다.

그녀의 항공편을 다시 예약하는 데 네시간이 걸린다. 확인 코드를 보내주려고 스카이프 창을 열었다가, 그녀가 접속 중임을 알리는 초록색 불이 처음부터 켜져 있었다는 사실을 깨닫는다. 그녀가 직접 전화를 해도 되었을 것이다. 그래도 됐지만, 그럴 필요가 없었다.

그녀는 고맙다는 말조차 하지 않는다. "다리가 자주 저려서 통로 자리를 예약했으면 했는데요. 다시 전화해서 통로 자리로 바꿔달라고 해주면 좋겠군요."

이런 여자들. 계산서를 보면 시선을 피하고, 팔 힘이 없는 척하면서 누군가 짐을 들어주기를 기다리고, 자신의 불편을 모면하려고 주위 사람들을 조종하고 쓰고 버리는 이런 여자들은 독이다. 남자들이 지갑을 열게 만드는 여자, 자기가 스스로 걸어 들어간 위기 속에서 다른 사람의 등에 업혀 빠져나오는 여자들. 나는 세상을 거닐며 끈끈한 거머리처럼 이런 여자들을 수집하고, 어느 순간 이들이 제거되어야 한다는 걸 깨닫는다.

나는 답장한다. "미안해요. 방금 헤드셋이 망가져서 전화를

내가 아름답고 부드럽고 매혹적이지 않을지는 몰라도,
가방을 메고 유럽을 누비고 있는 지금의 나는 강하다.
나는 정당한 수단으로만 무언가를 손에 넣는다.

할 수가 없네요. 공항에 도착하면 항공사에 말해 보세요. 안전한 비행 되길!" 내가 이 여자와 얽힌 건 처음이 아니다. 그녀는 일전에 날 위해 열린 파티에 참석하길 거절했는데, 그게 자신을 위한 파티가 아니라는 게 불공평하다는 이유에서였다. 나는 연락처에서 그녀의 이메일을 지워버린다.

그리고 스스로와 다툰다. 혹시 네겐 현금으로 바꿀 성적 매력이 없어서 그녀를 질투하는 거 아니야? 너는 못생겼기로 유명하니까. 항상 네 가방을 직접 들고, 네 돈으로 직접 계산을 하기 때문에, 아무에게도 도와주겠다는 제안을 받지 못하기 때문에 신경질을 내는 거 아니야?

어쩌면 그럴지도 모른다. 하지만 나는 이제 내가 동경하는 사람의 힘이 기생하여 얻어낸 것인지 판별할 수 있고, 그렇다면 존경을 거둔다. 내가 아름답고 부드럽고 매혹적이지 않을지는 몰라도, 가방을 메고 유럽을 누비고 있는 지금의 나는 강하다. 나는 정당한 수단으로만 무언가를 손에 넣는다. 나의 적인 '길을 잃은 (척 하는) 여자'에게 그런 힘을 빼앗기진 않을 거다.

•

리베카 웨스트는 진 리스의 『매켄지 씨를 떠난 뒤』*After Leaving Mr. Mackenzie*의 리뷰에 이렇게 적었다. "미스 진 리스는 이미 『좌안』*The Left Bank*과 『태도들』*Postures*로 최고의 청년 작가 대열에 올랐음을 조용히 입증했으며, 또한 어처구니없이 우울에 매혹되어 있다는 것도 입증했다."

나의 죽은 숙녀들끼리 싸우는 게 달갑진 않지만 나는 웨스트의 평가에 동의한다. 실제보다 더 강하고 독립적인 척하는 여자가 진 리스의 약한 척에 얼마나 진저리 쳤을지 알겠다. 진 리스의 전기를 쓴 작가는 리스의 편을 들면서 웨스트가 허버트 조지 웰스Herbert George Wells의 정부였을 뿐이라고 폄하하고, 리스가 이 리뷰로 얼마나 상처받았는지를 과장한다. 평생 약한 척을 하며 산 리스는, 한달음에 그녀 곁으로 달려와 다독여주고 달래주는 사람들을 죽어서도 거느리고 있다.

이렇게까지 가혹하게 말하는 건 내가 그런 행동 양식을 잘 알아서다. 가족에게 받지 못했던 방식으로 세상에게 보호를 얻어내기 위해 고통과 약함을 가장하는 여자들. 그들은 자신이 보호받을 권리가 있다고 믿기에 모든 상호작용을 뒤틀어 거래로 만든다. 물론 여기엔 사회 내 여성의 위치나 가부장제 운운하는 합리화가 이어진다. 이런 행위가 직접적으로 가부장제를 공고히 한다는 건 모르는 척한다. 이 무척이나 여성적인 무기, 이러한 약함, 자신이 피해자의 역할을 맡고 타인에겐 깡패의 역할만 남겨주겠다는 결의.

진 리스는 필사적으로 수동적이다. 그녀의 상상력은 소설 속에서 개인사를 되풀이해 들려줄 뿐 진정한 창작은 행하지 못한다. 그녀에게 묻고 싶다. 무언가를 갈망하는 게 좋지 않겠어? 무언가를 위해 노력하는 게 좋지 않겠어? 바다에 둥둥 떠다니

연약한 척 우는 건 역겹다

며 파도와 조류에 떠밀리는 대신, 놀고 있는 근육을 사용해서 앞으로 나아가보면 어때?

그녀의 전기 작가가 내게 을러대는 소리가 들린다. 노처녀, 정부, 깡패라고.

•

기대에 들뜬 이메일 몇통이 오갔으나, 연인이 런던에 오지 않으리라는 사실이 곧 명백해진다. 그는 사랑하지만 나는 사랑하지 않는 이 도시에서, 나는 진정 혼자다. 그의 사랑이 전염성이 있길, 내가 놓치고 있는 무언가를 보여주길 바랐는데.

그러던 어느날 길을 걷고 있는데 비가 쏟아진다. 부드러운 런던의 안개비가 아니라 속옷까지 푹 적셔버리는 폭우다. 나는 지하철역까지 달린다. 친구와의 약속에 늦게 생겼다. 드디어 두려움을 이기고 지하철을 타야 할 때가 온 거다.

한번도 지하철을 좋아한 적이 없다. 내가 어디로 가고 있는지, 내 주위에서 무슨 일이 일어나고 있는지 보지 못하는 채로 이동하는 게 싫다. 나는 전차와 지상 열차가 좋다. 중간을 이어주는 정보 없이 한 장소에서 갑자기 다른 장소로 나를 데려다놓는 지하철은 마치 정신병 발작처럼 느껴진다.

하지만 이미 여기까지 왔으니 이제 참을 도리밖엔 없다. 마거릿이 준 교통카드를 꺼내고 이동 경로를 계획한다. 열차 하나를 탔다가 내려서 다른 열차에 타고, 또 내려서 다른 열차에 타야 한다. 지하철이 움직일 때 내는 굉음과 바쁜 걸음, 이 모든 것에 어찌나 결의와 목적의식이 가득한지 나까지 별안간 대단히 능력 있는 사람이 된 기분이다. 대도시 여자인 나를 좀 봐, 터널에 누워 꼼짝도 못하는 신세를 면했잖아.

출구로 향하는 계단 아래에 수트케이스를 들고 낑낑대는 여자가 있다. 내 동족이다. 남자들은 그녀를 지나치고 도움의 손길은 어디서도 오지 않는다. 나도 그녀를 지나쳤다가 뒤를 돌아본다. "도와드릴까요? 제가 아래쪽을 잡으면 같이 계단을 오를 수 있을 것 같아요."

그녀의 얼굴에 즉시 안도의 기색이 떠오른다. "무거워요, 안 도와주셔도 되는데." 그러나 나는 이미 가방을 들고 있다. 그녀는 거기 서서 입술을 뾰족 내밀고 한숨을 쉬면서 지나가는 남자들에게 약한 척을 하지 않았다. 되든 말든 홀로 해내려 했다. "도와주시는 게 신기해요. 남자들은 거들떠도 안 보더라고요."

나는 그녀에게 일러주고 싶다. 그건 당신이 도움을 청하는 연기를 잘못하고 있기 때문이라고, 여자들이란 무력하고 끊임없이 고통받는다고 생각하는 남자들의 가부장적 천성에 호소하지 못했기 때문이라고. 아주 미묘하게 맨다리를 드러내고 눈엔 보란 듯 눈물을 그렁그렁 매달고 있어야 한다고. 하지만 그 대신 이렇게 말한다. "남자들이란 형편없죠." 나는 그녀를 도와 계단을 오르고 다시 군중 속으로 사라진다.

무력감에 젖어 그냥 나가지 말고 여기서 인터넷으로 스시나 배달시
켜 먹자 하고 자포자기하고 싶은 기분에 맞서는 방법은 단 하나,
움직이는 거다. 런던이 프렛 샌드위치 가게와 스타벅스와 현금
인출기만으로 이루어진 차가운 부동의 물체라는 생각을 타파
하는 유일한 방법은 바로 반박하는 것이다. 그러려면 관찰력이
필요하다.

진 리스는 런던이 지나치게 냉혹하고 무관심하다고 불평했
지만, 런던은 어떤 이가 기대한 바로 그 모습을 보여준다는 세
간의 말을 떠올리자 심술궂은 생각이 들고 만다. 진 리스는 남
들이 자신의 욕구를 채워주길 바라는 사람이라서 도시에도 같
은 걸 기대했을 거라고. 그러나 수많은 사람들이 런던을 냉혹
하다고 느낀다. 작은 마을과 소도시의 일상은 뻔하다. 길을 걷
다 만나는 행인들은 죄다 낯이 익고, 그가 다른 사람들과 어떻
게 연결되었는지도 잘 안다. 반면 무한한 변수를 지닌 채 쉴 새
없이 변신하는 런던을 걷는 것은 산처럼 쌓인 씨앗을 분류하는
것과 같다. 런던은 끝이 없고, 그 역사와 문화와 사람에 대한 책
이 아무리 많이 쓰여도 결코 망라될 수 없으며, 그 비밀이 완전
히 폭로될 일도 없으니까. 런던을 설명하는 데 쓰인 잉크가 바
다를 이루지만, 그것은 내가 이 도시를 이해하는 데에는 손톱

만큼도 보탬이 되지 않는다.

어쩌면 이런 도시들, 영원하게 느껴지는 이런 도시들, 당신의 런던과 뉴욕과 멕시코시티와 도쿄는 너무 오래 도시로 존재한 나머지 시간과 공간으로부터 비껴서게 된 걸지도 모른다. 단지 지금의 영역이 아니라 모든 영역에 존재하게 된 건지도 모른다. 당신이 지금 서 있는 도시는 오늘의 런던이 아니라 영원의 런던, 과거와 미래와 실재와 상상의 런던이다. 런던이 냉혹한 건 무관심 때문이 아니라 사람이 짚신벌레를 현미경으로 들여다보듯 하늘에서 인간을 바라보고 있기 때문일지도 모르겠다. 도시를 이해하려 노력하는 우리는, 현미경을 올려다보며 전능한 신의 깜박이지 않는 눈을 보고 있다고 생각하는 짚신벌레와 같을지도 모른다.

그 깨달음이 이 도시를 여는 열쇠다. 거대한 도시가 개개의 단위로 바뀌어 내게 열린다. 군중은 제각기 희망과 욕구와 일상을 지닌, 각자의 현실을 살아가는 개인들로 화한다. 이들 사이를 지나가는 것은 단순한 선형적 이동이 아니라 하나의 평행우주에서 다른 평행우주로 발을 내딛는 행위다. 매 순간을 고심하고, 이해해야 한다. 당신의 바로 뒤에서 걷는 사람 역시 자신의 순간들을 여행하고 있다. 유약한 정신이 이런 이행을 견디지 못하고 균열되는 것도 무리는 아니다. 방향을 잡아줄 자연적 표지가 거의 없고 침범할 수 있는 현실이 이토록 적은 곳에서, 현실이 하나가 아닌 곳에서, 지치고 취약한 사람들이 부서지는 것도 무리는 아니다.

우리는 무한과 끝없는 가능성의 개념을 잘 받아들이지 못해서 모든 걸 개개의 단위와 이야기로 조각낸다. 그러고는 공교롭게도 그 이야기를 믿고 그대로 연기하기 시작한다. 사랑과 행복이 무엇인지에 대한 이야기. 남자가 어떻고 여자가 어떤지에 대한 이야기. 우리는 자신을 둘러싼 광기에 대한 이야기를 직접 빚지 못해서 남들의 이야기에 감염되길 택하고, 이야기의 틀에 들어맞지 않는 불편한 부분은 무시하려 한다.

문득 이런 생각이 든다. 런던 사람들은 언제나 스스로에게, 또 세상에게 자신들을 설명하려고 애써 왔다. 우상파괴자들이 순결과 추상의 성스러움을 부르짖으며 예술의 전통을 끊은 이래 런던에 남아 있는 건 오로지 말들뿐이다. 그러나 이제 고귀함을 잃은 런던이 품고 있는 이야기는 무엇인가? 돈이면 원하는 모든 걸 얻을 수 있고, 우리가 해야 할 일은 돈을 열심히 버는 것밖에 없다는 뉴욕의 이야기를 그대로 베낄 것인가? 이건 우리 땅이니 파키스탄 사람들과 집시들은 꺼지라고 외칠 것인가? 런던이 들려주는 이야기는 이윽고 일어날 일의 열쇠가 될 것이다. 런던은 이야기를 찾아내야 한다.

신이시여, 나는 런던이 좋아지기 시작했다.

•

켈트의 동화에서 여성에게는 두가지 역할이 있다. 신부新婦와 마녀. 신부는 아름다워서 남자들이 그녀가 원하는 건 무엇이든 주고자 한다. 그녀는 아버지의 보호 속에서 남편의 보호 속으로 곧바로 이동한다. 그녀는 욕망하지 않지만 그녀의 이야기는 언제나 '영원히 행복하게 살았습니다'라는 지루한 문장 근처 어딘가에서 막을 내린다.

마녀는 거부당한 추한 생물로서, 도움의 손길을 기다리고만 있다가는 길가에서 수동적으로 죽을 운명이다. 그녀는 지혜를 키우고 강해져야 한다. 그녀는 자신의 힘으로 원하는 걸 손에 넣고 투쟁을 통해 현명해진다. 모든 비밀을 알고 세상을 이해한다. 심지어는 천체의 운행과 강에 사는 물고기의 언어와 어떤 문제를 위해서는 어떤 신에게 말을 걸어야 하는지도 안다. 그럼에도 그녀는 신체적으로 혐오스럽다.

당연히 마녀는 언제나 신부를 괴롭히려고 한다. "망할 년, 독사과나 먹어라"라고 말하는 것도 무리는 아니다. 세상을 손에 넣기 위해 싸우는 대신 자신에게 세상이 주어지기만을 기다리는 신부는 혼쭐이 나야 한다. 가만히 앉아서 세상이 자기에게 오기만을 기다리고, 자신에게 주어진 걸 아무렇지도 않게 받음으로써 세상에 무례를 범하는 신부에겐 욕을 퍼부어야 한다. 독을 먹이고 탑에 가두고 아름다운 머리카락을 잡아당겨야 마땅하다.

켈트족마저도 우리가 부러워하는 건 지혜가 아닌 아름다움임을 알았던 거다.

✦

어쩌면 진 리스를 향한 내 적의는 단지 열아홉살의 내게 향하는 적의가 자리를 잘못 찾은 걸지도 모른다. 직접 머리 자르는 건 그만둬. 그 슬럼프는 대체 왜 온 건데? 진짜로 아버지 옷장에서 슬쩍한, 팔꿈치에 구멍이 난 카디건을 입을 거야? 세상에, 울지 마, 미안해, 하지만 이제 너는 모든 자극에 똑같이 반응하는 것 같구나. 입을 벌리고 우는 게 능사니? 상황이 그렇게 나쁘지만은 않아. 일어서서 콧물이나 좀 닦아.

미스터리 소설에서 아름답고 변덕스러운 열아홉살의 조수는 머리가 희끗희끗한 탐정과 사랑에 빠진다. 그녀는 '되찾은 희망'이다. 그녀는 희생자보다 덜 똑똑하지만 '문제'가 더 적고 남을 조종하려 들지 않아서, 더 '순수'하고 덜 '훼손'되어서 목숨을 부지한다.

'길을 잃은 여자' 서사에서 우리에게 주입되는 교훈은 세상이 안전하지 않다는 거다. 세상은 위험과 포식자들과 '몰락' 천지다. 그러니 안전하고 돌봐주는 사람이 있는, 순수와 순결을 유지할 수 있는 집에 머무는 게 좋다. 그러지 않으면 언젠가는 머리 없는 시신의 등짝에 별자리처럼 뿌려진 점의 모양을 보고 부모님이 당신의 신원을 확인해야 할 테니까.

기질(네가지 체액의 배합에 따라 체질이나 기질이 정해진다는 옛 믿음—옮긴이)이나 그 비슷한 것들을 믿던 시절 우리는 향수병이 사람을 죽음으로 내몰 수 있다고 생각했다. 어머니에 대한 그리움이 체액을 굳혀서 심장을 멈추거나, 간을 뒤틀거나, 정확한 원리는 몰라도 몸을 망가뜨려 정지시킨다고 믿었다. 나는 계속해서 도시에서 길을 잃어버린 시골 여자들의 발라드를 흥얼거리고, 무력감과 절망에 대한 진 리스 소설을 읽으면서, 왜 스스로에게 들려줄 다른 이야기가 없는지 의아해 한다.

세상이 여자에게 위험하지 않다는 뜻은 아니다. 그러나 통계와 경고와 신문 기사들은 결국 대학에 입학한 당신에게 어머니가 자꾸 재전송하던 도시전설과 다를 바 없다. 차 밑에 숨어 있다가 여자의 발꿈치를 칼로 따서 과다출혈로 죽게 만든 다음 유유히 운전해 달아나는 남자, 혹은 차 뒷좌석에 앉아 있다가 여자가 운전석에 앉으면 '깜짝 놀랐지?' 하면서 목에 칼을 들이밀고 여자를 영영 흠 있는 상품으로 만드는 강간범 이야기. 도시 곳곳을 배경으로 하는 이런 도시전설은 히스테리가 되어 우리를 조종한다.

걱정스러운 건 이 이야기들이 남자가 어떠한지, 여자가 어떠한지에 대해 우리가 스스로에게 즐겨 들려주는 이야기라는 것이다.

몇 년 전 시골 마을 출신의 젊은 영국 여자가 일거리를 찾아 도쿄로 갔다. 금발의 호스티스가 외로운 회사원들을 상대로 큰

돈을 벌 수 있다는 말을 들은 것이다. 남자들의 수작을 받아주고 대화를 하고 매력적으로 웃어주는 것으로 돈을 벌려던 그녀는 결국 연쇄살인마의 표적이 되어 죽었다. 런던의 한 저널리스트가 그녀의 이야기를 책으로 펴냈다. 대단한 책이었다. 어린 딸이 일본에서 죽으리라는 전조를 느낀 어머니, 어려서부터 자기가 요절할 거라는 기묘한 예감을 갖고 있던 여자, 젊고 약한 여자들을 먹어치우는 도시.

이 책은 베스트셀러가 되었다. 정확히 우리가 듣기 좋아하는 종류의 이야기니까 당연하다. 이 책은 작은 마을 주민의 순수를 앗아가는 대도시의 폭력을 그린다는 점에서『인 콜드 블러드』와 비견되었다. 나는 그 마을에서 멀지 않은 곳에서 유년기를 보냈고, 캔자스 사람들은 커포티가 때로 도를 넘는다고, 그가 작은 마을의 순수를 묘사하는 방식이 우리 모두를 무지렁이처럼 보이게 한다고 투덜거리곤 했다. 캔자스 사람들이 어둠과 공포를 모르는 건 아니다. 단지 이번만은 어둠과 폭력을 집 안이 아닌 집 밖에서 얻었을 뿐이다.

•

진 리스는 자신에게 주어진 것들에 대해 이야기했어야 하나, 대신 자신이 피해자가 되는 것에 대해 이야기했다. 역사적으로 흑인들의 섬이었던 식민지에서 권력을 잡은 그녀의 가족 이야기는 식민주의의 이야기다. 후에 리스는 모든 백인 가족이 흑인 하인들을 혹사시킨 건 아니라는, 조금 터무니없는 주장을 펼쳤다. 불균형한 힘의 역학이 그녀에겐 혹사로 보이지 않았나 보다. 원하는 걸 얻기 위해 타인을 이용하는 환경에 태어난 사람에겐 그런 이야기가 익숙해진다. 이용하는 대상이 달라질 뿐이다.

나는 물리적 영역을 초월한 런던의 또다른 공간, (마법과 밀교 및 오컬트를 전문으로 하는) 트레드웰스 서점에 가서 타로점을 본다. "늘 그렇듯 이번 사랑도 망했다" 말고 나 자신에게 들려줄 다른 이야기가 필요해서다. 점술가는 친절하고 나는 엉망진창이다.

"당신의 관계는 우정이 아니라 권력 투쟁이에요." 그가 쓰는 켈트 덱을 잘 몰라서 나는 그의 해석에 반론을 펼 수 없다. "이 관계는 끝을 향해 가고 있군요."

나는 테이블 위에 다시 카드를 깔았다가 한데 모아 점술가에게 건네준다. "하지만 육주에서 팔주 뒤에 새로운 사람이 나타날 거예요. 그는 돈이 있고 당신을 돌봐줄 수 있어요."

"감정적으로요, 금전적으로요?"

"둘 다요."

어휴. 타로카드로 앞날을 예언하려 드는 것도 싫은데, 설상가상으로 잘생긴 새 남자가 나타나 내가 살 장소를 정해주고 내 인생을 고쳐줄 거라니. 그는 나보다 연상이고 부유해서 내 꿈을 뒷바라지할 수 있다고 한다. 점술가는 정말로 내가 이런 이야기를 듣길 원한다고, 남자가 나타나서 내 대신 내 인생의 결정들을 정해주길 원한다고 생각하는 걸까? 내가 내 꿈을 직접 뒷바라지할 수 있다는 걸, 성급하고 보잘것없는 방식일지언정 내 힘으로 해낼 수 있다는 걸 모르는 걸까? 내게는 일이 세상에서 가장 중요하다는 걸 알지 못하는 걸까? 그런 사실들은 타로 해석에 드러나지 않는 모양이다.

나는 그에게 시간을 내줘 감사하다고 말하고 복채를 내고 불안한 마음으로 떠난다. 바로 옆 와인샵에 들어가서 내가 사랑했던 세 나라, 헝가리, 우크라이나, 독일에서 온 와인을 한병씩 산다. 이 세 나라를 여행할 때 나는 직접 기차표를 사고 숙박비를 지불하고 술값을 냈다. 언제나 나의 일을 하면서. 타로카드 점괘에 나온 그 남자는 존재하지 않는다. 내가 나 자신에게 들려주고 싶었던 그 이야기는 사실 내게 맞지 않는다.

나는 하나의 이야기를 마무리하는 참이지만 아직 새로운 이야기를 찾지 못했다. 그렇다면 나는 탑의 이야기에 ─ 새로 짓기 전에 무너져야만 하는 탑의 이야기에 남아 있는지도 모르겠다. 지금으로서는 그것으로도 충분하다. 놓치지 말고 타야 할 비행기가 있으니까.

9
그녀들의 고독하고
위대한 저항

클로드 카엉, 저지 섬

Claude Cahun,

Jersey Island

클로드 카엉
Claude Cahun, 1894-1954

프랑스의 예술가, 사진가이자 작가.
연인이자 동료였던 마르셀 무어와 사십년 넘게 정치적·개인적인 작품,
때로는 전통적 성역할을 깨부수는 작품을 만들었다.
나치에 반대하는 레지스탕스에 가담하여 활동했다.

아니, 나는 공기 중의 흔적을, 물 위의 자취를,
동공 속의 환영을 좇을 것이다… 나는 나 자신을 추적하고
나 자신과 투쟁하고 싶다.

— 클로드 카엉, 『부정』*Disavowals*

"저지에 뭐가 있는지도 잘 몰라. 내 말은, 영화 「디 아더스」
를 보긴 했지만 영화랑 똑같지 않으면 아주 실망할 거라고."

"유령 아이들과 안개 말이니?"

"응."

나는 마거릿과 버번을 마시고 파스트라미를 먹으며 런던에
서의 마지막 밤을 보낸다. "거기 소도 있을 걸? 저지 소라는 품
종 이름이 거기서 기원한 거 아니야?"

"아!" 저지라는 장소와 저지 소의 연관을 미처 깨닫지 못했
다. 돈깨나 있는 영국인들이 해변에 누워 일광욕 하는 모습만
그리고 있었다. 갑자기 기분이 훨씬 좋아졌다. 특별한 품종의
소들이 기원한 곳들을 여행하며 여생을 보내도 괜찮겠다는 생
각이 들었다.

저지 섬으로 떠나기 전 내가 그곳에 대해 아는 거라곤 이게 전부였다.

ㅡ소.

ㅡ니콜 키드먼이 근사한 의상을 입고 불안한 표정으로 뛰어다니던 영화 「디 아더스」의 배경.

ㅡ학교인지 대형 보육원인지 기억나지 않는 어떤 성인 집단이 아이들에게 표백제를 먹이고 그들을 지하실에 묶어두는 등 학대를 했다는 언론 보도가 있었던 곳.

ㅡ제2차 세계대전 중 나치에 점령당한 유일한 영국 땅.

ㅡ클로드 카엉이 살았던 곳.

잠깐 머물 작은 섬에 대한 사전 지식은 이 정도면 충분할 듯하다. 이 작은 섬은 여전히 영국령이다. 작은 섬도 영국도 내겐 익숙하다. 작은 마을은 모두 비슷한 양식으로 돌아간다 ― 외지인을 만나면 어떻게 대해야 할지 몰라 곤란해 한다. 나는 평소보다 더 많은 책을 가지고 갈 것이고, 수상쩍은 시선을 받을 마음의 준비를 할 거다. 사실 고향을 방문하는 것과 다를 바 없다. 캔자스에 갑자기 해안선만 생긴다면 말이다.

●

그녀들의 고독하고 위대한 저항

클로드 카엉의 사진을 처음 본 건 비행기에서 『런던 리뷰 오브 북스』를 읽던 중이었다. 나는 잠시 사진 속 여자가 캐시 애커Kathy Acker라고 착각했다. 빡빡 민 머리, 두툼한 입술, '저리 꺼져'라고 말하는 듯한 눈빛 때문이었다. 십대 소녀 시절 나는 그로브출판사에서 펴낸 애커의 페이퍼백 소설 전권을 소유하고 있었다. 표지에 실린 저자 사진은 책마다 달랐지만 자세와 태도만은 전부 같았다. 가죽부츠와 빨간 립스틱, 한 손으로는 상대의 얼굴에 한방 먹이고 다른 손으로는 상대의 바지를 끌어내리는 태도.

그래서 카엉을 처음 봤을 때 나는 융합체를 떠올렸다. 사진 속 카엉은 캐시 애커와 닮았고, 머리를 밀었고, 각도로 인해 얼굴은 다 죽어가는 사람처럼 약하고 아파 보였다. 홀로코스트가 벌어지기 직전 아우슈비츠 생존자 같았달까. 그럼에도 그녀의 입매는 반항적이었고 격분한 듯한 시선은 카메라에 담기 부담스러울 정도였다. 그 힘, 그 충격이라니. 애커의 소설 『푸시캣 피버』Pussycat Fever에 나오는 문장이 내 머리를 스쳤다. "우리 여자들은 너무 오랫동안 죽어 있었다. 그러나 이제 더는 죽어 있지 않을 테다." 사진 아래에 붉은 립스틱으로 적어두면 어울릴 듯한 문장이었다.

카엉은 애커의 무성 쌍둥이 같았다. 두 사람은 정체성과 젠더의 유희를 벌이고, 메시지를 전달하기 위해 몸을 사용한다는 점에서 같았다. 그러나 카엉은 사진 속에서 계속 자기 몸을 감췄다. 마치 엽기적인 요부로 치장하고 가슴에는 '견습생이니 키스하지 말 것'이라고 써놓은 사진을 연상시켰다. 그녀의 작품은 전부 이처럼 젠더가 있되 성적이지는 않은 메시지를 전시했다.

그렇다면 내가 애커는 처녀 시절에 알았고 카엉은 고통스럽게 몸을 굴리던 시절에 발견했다는 사실에는 의미가 있을 것이다. 마치 내게 다른 길이 있다는 제안처럼 느껴졌다.

아서 케스틀러Arthur Koestler는 하늘에 특별한 부서가 있어서 모든 사람이 자신에게 꼭 맞는 책을 마주치도록 하는 신의 섭리를 관장한다고 주장했다. 열다섯살 때 신들은 내게 캐시 애커의 『푸시캣 피버』를 보냈다. 나는 그것이 신의 뜻이었다고 생각하길 좋아한다. 서점 하나 없는 마을, 인터넷이 들어오지 않는 집에 살면서 영화나 드라마와는 달리 철사 원숭이(먹이를 주는 철사원숭이와 그렇지 않은 솜털원숭이를 어미로 두고 새끼원숭이의 애착행동을 관찰한 해리 할로우의 실험이 있다. 새끼원숭이는 먹이를 먹을 때 말고는 솜털원숭이에게 애착을 보인다. ─옮긴이)에게 키워진 듯 야만적인 아동의 잠재력을 발견하고 그녀를 자기 깃 아래 품고 지적으로, 또 감정적으로 그녀를 키워 주는 상냥한 멘토를 갖지 못한 십대 소녀가 그 책을 발견할 확률은 극히 낮았기 때문이다. 그러나 나는 언제나 신을 믿었고 신은 내게 책을 통해 모습을 드러냈다.

그래서 열다섯살에 나는, 아마 8호까지 나오고 종간된 『허』

*huH*라는 잡지에서 캐시 애커의 『푸시캣 피버』 리뷰를 우연히 발견했다. 천사들의 합창 때문인지 무의식적 끌림 때문인지 모르겠지만, 네문단짜리 그 리뷰를 읽고 나는 에이케이프레스 배급사에 회신용 봉투를 보내 카탈로그를 요청했다. 카탈로그가 도착하자 나는 원하는 책에 동그라미를 쳤다. 캐시 애커 책도 포함되어 있었다. 나는 방과 후 아버지 약국에서 일해 번 용돈을 모아 지역 신용협동조합에서 우편환을 구매해서 봉투에 넣어 보냈다. 그 대가로 내 머릿속 구조를 바꿔놓을 책 한 무더기가 캔자스 링컨에 도착했다.

나는 그 책들을 읽을 준비가 되어 있었다. 브론테 자매는 읽을 만큼 읽었다. 자해의 실험도 해보았다. 내겐 다른 길이 없다고, 영영 제자리에 머물 거라고 결론을 내린 판이었다. 그때 캐시 애커가 도착했다. 마치 다른 방법이 있다고 말하는 것처럼.

그녀가 내게 낙관적 세계관을 소개했다는 건 아니다. 그녀의 이야기는 장밋빛 회복과 영혼의 깨어남과 요가매트 위에서 부드럽게 나누는 사랑 이야기가 아니다. 그건 내게 먹히지 않았을 거다. 나는 피투성이로 상처가 패이고 트라우마에 시달리는 양서류로서 세상에 들어갈 방법을 몰랐다. 그런 이야기를 접한 적이 없기에 내가 세상에 들어가도 된다는 걸 몰랐다. 폭력적이고 성적이고 불경하고 멋진 애커의 책들은, 그 책들은 나를 알았다. 내 머릿속의 역겨운 내용을 알아보고 그래, 여기도 그런 게 있어라고 말했다. 의식을 가진 채로 살아 있는 것이 그 무엇보다 최악이라고 말했다. 그러나 죽음은 너무 쉽고 너무 예측 가능했다. 그러니 자기, 칼을 내려 놔. 아니면 적어도 그 칼끝을 다른 사람에게 겨눠.

●

　노래나 책이나 시가 자기 인생을 구했다는 말의 진짜 의미는 이렇다.

　—내 머릿속에 갇혀 있던 나를 구해서 그 찰나에 다시 땅에 발을 붙일 수 있었다.
　—저 멀리로 불씨 하나를 쏘아주어 그것을 단서로 앞으로 나아가는 길을 찾을 수 있었다.
　—전에는 몰랐던 무언가를 상상할 수 있게 해주었다.

　왜냐면 자살은 상상력의 죽음에서 비롯되니까. 가능한 다른 미래를 꿈꾸는 방법을 잊는다, 새로운 작전과 새로운 길을 그릴 수 없다, 모든 게 비극적 현재일 뿐이라서 거기서 벗어날 수 없다. 이것들이 우리를 죽이는 생각이다.
　우리를 구하는 건, 스스로에게 들려줄 수 있는 다르게 사는 방법의 이야기다.

나는 클로드 카엉을 오해했다. 20세기 개인의 영혼을 있는 그대로 포착한 영리한 자화상을 창조한 그녀는 내 생각과 달리 고독한 천재가 아니었다. 잠깐만 멈춰서 생각해봤더라면 상식적인 질문이 떠올랐을 것이다. 누가 사진을 찍었나? 카엉이 모델이자 아티스트라면 카메라의 작은 촬영 버튼을 물리적으로 누른 건 누구일까?

클로드 카엉과 마르셀 무어Marcel Moore는 의붓자매이자 협업자이자 연인이었다. 십대 시절 두 사람은 이미 사랑에 빠져 있었지만, 부모의 재혼으로 자매가 되었다. 가족들에겐 당혹스러운 일이었다. 클로드와 마르셀의 본명은 루시와 수전이었지만 두 사람은 작업 내용에, 그리고 사진에 담긴 사람들에게 더 잘 어울리는 양성성을 택했다. 클로드는 어려서부터 정체성과 젠더와 신체의 실험을 벌이며 사진을 찍었지만, 기본적으로는 스스로를 작가라고 생각했다. 파리에서 두 사람은 함께 책을 쓰고 공연을 했다. 클로드는 대담하게 무대에 서서 이목의 중심이 되었고 마르셀은 언제나 조금 옆으로 비켜서서 그림을 그렸다.

두 사람은 1937년 초현실주의자들과 아방가르드의 파리를 떠나 저지 섬으로 이주했다. 유년 시절 두 사람이 여름휴가를 보내곤 했던 저지 섬은 전쟁을 향해 서서히 나아가는 유럽의 광기에서 도피할 곳으로 보였을 것이다. 그러나 전쟁과 광기는 두 사람을 따라갔다. 어쩌면 저지로의 이주는 동료들로부터의 도피였을지도 모르겠다. 카엉과 무어는 양성성을 연기했음에도 앙드레 브르통이 쥐고 흔들던 예술가 파벌 내에서 여자 취급을 받았다. 초현실주의자들 사이에서 따돌림을 받았던 레오노르 피니Leonor Fini에 따르면, 모델로 서서 고분고분 고개를 끄덕이기보다 직접 생각하고 창조하려 드는 여성들은 브르통의 패거리에서 환대받지 못했다. 혹은 그들이 저지로 간 건 단지 그 해안선, 목젖을 간지럽히고 양팔을 뻗은 채 바다로 걸어 들어가고 싶게 만드는 그 해안선 때문이었을지도 모른다. 명상을 하고 단식을 하는 대신 창밖을 보는 것만으로 황홀경에 도달할 수 있다면 누가 마다할까.

카엉과 무어는 저지 섬으로 와서 정원과 해안에서 사진을 찍었다. 카엉은 카메라 앞에, 무어는 카메라 뒤에 섰다. 그러나 결과물은 두 사람 공동의 작품이었다. 두 여성 사이의 공간에서 아이디어가 꽃피었다. 후세는 안중에도 없었으나, 두 사람의 아이디어들은 필름에 기록되어 수년 뒤 우리에게까지 전해졌다.

●

창밖으로 바다가 보이는 작은 집의 방 한칸을 빌렸다. 직사광선이 들지 않고 찬 바닷바람만 들어와, 인디언 서머인데도 불구하고 얼어죽을 만큼 춥다. 이 숙소를 운영하는 키 크고 위압적인 여자는 인간의 말을 배워 살다가 칼에 찔려 죽어가는 칠면조를 연상시키는 목소리로 휘트니 휴스턴 노래를 부르면서 집 안을 돌아다니는데, 히터를 켜주거나 그게 어렵다면 여분의 담요라도 달라는 내 요청은 들은 척도 않는다. 몸을 덥힐 수단은 스카치 위스키밖에 없다.

아침에 눈을 뜨자마자 수트케이스에서 옷가지를 죄다 꺼내 걸치며 스스로에게 말한다. 이럴 가치가 있다. 밖으로 나가면 바로 뜨거운 태양 아래다. 두 블록만 걸으면 바다가 나온다. 썰물 때는 전혀 다른 세계에 온 듯한 풍경이 펼쳐진다. 날카로운 바위가 드러나고, 모래 위에는 기묘하게 말린 갯지렁이 잔해가 점점이 흩뿌려져 있다. 밀물 때는 바다가 부서지고 넘실대고 소용돌이치며 극적인 자연의 아름다움을 뽐낸다. 갑자기 가을이 오기를, 그래서 품이 너무 큰 카디건을 입고 바람결에 짭짤한 바닷물이 머리 위로 흩뿌려지는 것을 느끼며 위스키를 탄 뜨거운 커피를 들고 걸을 수 있기를 바란다. 가을이라면 난방을 틀어줄 테니 더더욱 좋다.

내가 머무는 작은 집에서 삼 킬로미터 정도 걸으면 세인트 헬리어에 도착하고 거기서 버스를 타면 카엉과 무어의 집에 갈 수 있다. 짧은 길은 아니지만 바닷가 산책이라 싫지 않다. 섬의 이쪽 편 해변은 조용하고 시장엔 늘 인적이 드물다. 창밖에서 까치 한떼가 놀다가, 세마리가 지붕에 내려앉더니 부리로 지붕널을 물고 당기기 시작한다. 지붕널 아래 무언가 있어서가 아니라 그냥 괴팍한 불량배 놀이를 하는 거다. 녀석들은 결국 지붕널 하나를 빼내 굴리고 놀다가 사악한 소리로 울며 날아가 버린다.

•

진심으로 하는 말인데, 이건 대단한 얘기다. 나를 이곳까지 오게 만든 이야기는 이렇다. 중년의 레즈비언 예술가 두 사람이 사는 섬이 나치의 손아귀에 들어간다. 두 여자는 묵묵히 견디거나 섬 주민들을 모아 저항하는 대신 직접 독일군을 쫓아내겠다고 결심한다. 독일군 전부가 광적인 나치는 아닐 거라고 생각한 거다. 그래서 독일어로 수백장의 전단지를 써서 살포한다. 그들의 독일어가 엉망이라는 건 스카이프로 베를린의 친구에게 남아 있는 문서를 번역해서 보여주면서 알게 된 사실이다. 그녀는 내게 말한다. "그 사람들, 꼭 너처럼 독일어를 하네." 동료에게 반역을 촉구하는 독일군, '이름 없는 병사'의 목소리로.

솜씨 좋은 소매치기이자 사회적으로 눈에 띄지 않았던 두 사람은 점령군의 주머니에 선전물을 집어넣는다. 죽은 군인들의 유령인 척 편지를 쓴다. 최근 사망한 독일 군인의 장례식에서 팸플릿을 돌린다. 두 사람의 집은 묘지 바로 옆이지만 그럼에도 아무도 그들을 의심하지 않는다. 두 사람은 의상을 차려

그녀들의 고독하고 위대한 저항

입고 다른 정체성을 연기하며 섬을 돌아다닌다. 그들은 독일군에게 그들이 정말로 어떤 일을 하고 있는지, 이 모든 게 어떻게 비극으로 끝날지 일깨우려 한다. 섬을 떠나거나 자취를 감추는 독일군이 차츰 생겨난다.

독일군 간부들은 초조해진다. 수십명의 인원이 소속된 체계적인 조직이 있으리라고 추측한다. 바닷가에 사는 두 여자의 짓일 거라곤 생각지 못한다. 독일군이 레지스탕스 운동을 색출하러 나선 사이 두 여자는 집에 앉아 선전물을 쓴다. 동맹군이 전진하고 있다, 베를린이 불타고 있다, 당신들에겐 희망이 없다, 탈출할 수 있을 때 탈출해라. 두 여자는 사년 동안 이를 반복했다.

그리고 체포당해 사형을 선고받았다.

나를 정말 의아하게 만드는 건 이 이야기가 유명하지 않다는 사실이다. 지인들에게 카엉을 언급하면 모르겠다는 표정을 짓는다. 카엉과 무어가 전시에 벌인 행동에 대해 들려주면 그들은 몸을 앞으로 숙이고 귀를 쫑긋 세운다. "이렇게 놀라운 얘기를 어째서 처음 듣는 거지?" 나도 모르겠다. 만일 그녀가 바닷가에서 무해한 수채화나 그렸다면 지금쯤 스필버그 감독이 그녀의 일생을 다룬 전기 영화를 만들었을지도 모른다. 그는 카엉을 이성애자로, 무어를 연인이 아니라 자매로 그릴 것이다. 동료들이 파리의 점령군에게 협력하거나 잘해봤자 눈감고 있는 동안 깡패들에게 맞선 여성 영웅이라니. (코코 샤넬에겐 나치 연인이 있었고 장 콕토는 히틀러의 친구들에 대해 좋게 말했으며 거트루드 스타인은 경악스러운 괴물이었다.) 분명히 이 역할을 연기해서 오스카상을 받고자 하는 미국인 여배우가 있을 것이다.

카엉이 워낙 암호 같아서 그녀의 내면세계가 우리에게 미스터리라는 게 또다른 이유일지 모른다. 우리가 그녀에 대해 아는 건 그녀의 외적 자아, 그녀가 카메라와 숨바꼭질을 벌이고 있는 사진들뿐이다. 이야기가 퍼지려면 공감대를 사야 한다. 사람들이 상상 속에서 그 공간 안으로 걸어 들어가서 이야기를 자신들의 것으로 받아들일 수 있어야 한다. 약 백년 정도 시대를 앞서간, 고갈되지 않는 연민과 용기를 지닌, 모든 걸 초월한 천재 레즈비언 이방인… 그녀의 이야기를 읽고 정말 나 같네라고 생각할 사람은 없다.

또한 나치 독일군을 연민할 수 있고 이성적 사고를 할 수 있는 잠재력이 있는 존재로 대우하는 것, 그 역시 아무도 보고 싶어하지 않는 이야기일 테다.

•

성을 빙 돌아 세인트 헬리어까지 걸어가서 저지 헤리티지의 미술 큐레이터 루이즈 다우니를 만난다. 수집품은 이미 보았다. 꽤 괜찮은 사교회 초상화들과 망명 시절의 빅토르 위고 사

우리를 구하는 건,
스스로에게 들려줄 수 있는 다르게 사는 방법의 이야기다.

진 몇점 사이에서 클로드 카엉이 자신의 이상함을 폭발시키고 있다. 한 사진에서 그녀의 얼굴은 금빛이고 다른 사진에서 그녀는 몸에 색칠을 하고 있다. 한 사진에서 그녀는 얼굴 대신 꽃을 달고 있다. 다른 사진에서 그녀는 앙상한 몸을 웅크리고 있다. 또다른 사진에선 찬장 서랍에 꼭 맞게 접혀 있다. 한 사진에서 그녀는 남자고 다른 사진에서 그녀는 어린 소녀다. 어떤 사진에서 그녀는 신이다.

"괴짜로 여겨졌어요." 루이즈가 섬의 다른 사람들을 대표해서 말한다. 레즈비언이라서가 아니었다. "두 사람은 연인이 아니라 자매로 통했거든요." 그들은 고양이에게 목줄을 묶어 산책을 시켰고, 파티를 열어 다른 예술가들을 섬에 초대했다. 그러나 네거티브 필름을 인화한 사진관 외에 그들의 사진에 대해 아는 사람은 없었다. 사진은 둘만의 비밀이었다.

루이즈가 카엉과 무어를 계속 자매로 지칭해서, 혹시 두 사람이 레즈비언이었다는 게 내 착각이었나 싶을 정도였다. 내가 연인이라고 말하면 그녀는 자매라고 답한다. 박물관 전시품 설명에서는 두 사람을 '초현실주의자 자매'라고 칭한다. 독일 전쟁묘지에 대한 소책자에서조차 그들은 자매로 묘사된다. 이 현상이 더더욱 이해하기 어려운 이유는, 카엉의 작품이 전시된 바로 아래층 역사관에 이 섬에서 처음 법적으로 혼인관계가 된 게이 커플의 턱시도 사진도 전시되어 있다는 사실이다. 그러니 단순히 섬사람들을 향해 '호모포비아'라고 손가락질할 수는

그녀들의 고독하고 위대한 저항

없다. 어쩌면 의붓자매이자 연인 관계라는 근친상간이 혼란스러워서일지도 모르겠다. 두 관계 중 하나를 골라야 한다면 자매 쪽이 서류상으로 명확하고, 더 부정하기 어렵다. 그러나 두 사람이 감정적으로 얼마나 끈끈했는지를 감안하면 하나의 관계를 이렇게 지워버리는 건 못할 짓이다.

루이즈가 말을 잇는다. "두 사람을 나치에 밀고한 건 물론 섬 사람이었어요. 다들 그렇게 생각해요. 문구점 사람이라면 말이 되죠. 두 사람은 선전물을 아주 얇은 종이에 썼거든요……." 말 끝을 흐리지만 나는 나머지 내용을 알 것 같다.

아름다운 햇살 아래에서 커피를 마시면서 나는 그녀에게 이 박물관에서 카엉이 얼마나 인기 있느냐고 묻는다. "아, 인기 있어요." 그녀는 소장품 대여를 요청한 여러 대도시 박물관 이름을 댄다. 그러나 내가 궁금했던 건 그게 아니라 방문자들에게 인기가 있느냐는 것이었다. 루이즈는 말을 멈추고 커피잔 안을 들여다본다. "그녀의 작품을 보러 일부러 오는 사람이 있죠. 그쪽처럼요. 하지만 휴가로 저지 섬을 찾는 사람들은 대체로 그녀의 작품에 관심을 가질 만한 부류는 아니에요." 루이즈가 돌려 말하는 속뜻은 오십년이 지난 지금도 카엉이 길들여지지 않은 인간이라는 거다. 신디 셔먼의 사진이 엽서로 만들어지고 우리 부모님마저 마리나 아브라모비치의 다큐멘터리를 보는 이 시대에, 카엉은 여전히 받아들여지지 않는다.

인기만 있다면 추한 것도 아름다운 것이 된다. 충격적인 것은 일상적인 것이 된다. 나는 익숙해지는 것으로부터, 반 고흐의 작품 앞에서 아는 척을 하는 하품으로부터, 매분 매초를 해안에 무릎 꿇고 팔을 벌리고 할렐루야를 외치며 보내지 않는 저지 섬 사람들로부터 카엉의 사진을 숨기고 보호하고 싶지만, 동시에 현재 유일하게 그녀를 인정해주는 학계로부터도 보호하고 싶다. 그녀의 인생과 작품을 검색하면 학계 저널 링크와 젠더 이론가들이 끼적인 단어 수천개가 쏟아진다. 하지만 신이시여, 우리를 이 모든 정체성 정치에서 구원해주시길. 카엉은 자신의 정체성을 폭발시키려 했지, 규정하려 들지 않았다.

카엉은 여전히 혐오감을 일으키고 그게 내가 그녀에게서 시선을 뗄 수 없는 이유다. 자신이 못생기지 않았다고 스스로를 절실하게 설득하며 셀피를 수십장씩 찍어대는, 그 셀피에 담긴 사람에게 칼을 대고 싶어 하는 십대 소녀들에게 카엉의 사진을 보여주고 싶다. 그들이 자신을 알아볼 수 없는 하나의 각도를 찾아서, 처음 자기 자신을 만나는 것처럼 혐오가 아닌 다른 렌즈를 통해 자신의 얼굴을 보도록 하고 싶다. 그들에게 알려주고 싶다. 그래, 그것도 괜찮아, 하지만 다른 방법도 있어.

·

나는 클로드와 마르셀이 촬영용 가발을 쓰고 의상을 입고 세인트 헬리어로 버스를 타고 가서 독일군의 주머니에 심판의

그녀들의 고독하고 위대한 저항

메시지를 슬쩍 밀어넣는 모습을 생생하게 볼 수 있다. 체계적인 대규모 레지스탕스 조직의 소문을 듣고 웃음을 터뜨리는 모습도.

●

박물관에서 게스트하우스로 돌아오자 집에서 연락이 와 있다. 어린 시절 친했던 남자애, 이젠 성인 남자가 됐을 그 애가 총으로 한 남자를 죽였다는 소식이었다. 마약과 여자와 돈 때문이라던가. 소꿉친구 마크와 나는 이메일을 주고받으며 그 애의 살인 동기를 짐작하려 애쓴다. 우리는 성인 살인자가 된 그를 이야기하지만 내가 머릿속에서 그릴 수 있는 건 여덟살짜리 그 애, 강아지 페퍼와 동생 커트를 데리고 우리 집 뒷마당에서 놀던 그 애뿐이다. 차고 뒤 살구나무를 오르고 길 건너 빈집으로 몰래 숨어 들어가던, 찢어지고 때 묻은 티셔츠를 입고 빨간 머리에 주근깨가 있던 그 애. 그 소년이 총을 들고 인생의 다른 모든 선택지를 끝장내는 장면을 상상한다. 총구가 어디를 향하고 있든 사실은 상관이 없다. 결과는 어차피 다르지 않으니.
 살인과 자살은 같은 행위다. 머리가 굳어 버리고, 미래를 말살한다. 나는 이 소식을 어찌 대해야 할지 모르겠다. 내 음울한 과거로 무얼 해야 할지 모르겠다. 마크는 지금 잠비아에서 상상도 못했던 삶을 살고 있다. 밖으로, 밖으로, 밖으로 나가야 한다는 것 외에 다른 미래를 상상할 수 없던 시절, 우리는 서로를 살게 했다.

나는 저지 섬에서 실제로 벌어진 범죄 선집을 읽고 있다. 여기엔 작은 마을의 절망이 가득하다. 어린 시절 익숙했던 형태의 사건들도 있다. 알코올과 외로움과 우울함이 불을 붙인다. 남편이 아내와 맞선다. 아들이 아버지와 맞선다. 어머니가 아이들과 맞선다. 사람들은 해결할 수 없는 상황에 처하면 그냥 걸어 나가는 대신 폭발한다. 그러나 섬에서 걸어 나갈 방법이 있겠는가?

작은 마을은 당신을 가둔다. 맥락과 장소를 준다. 당신의 이름과 이력을 안다. 당신이 주위 사람들에게 어떻게 반응하는지 안다. 아늑하거나, 혹은 숨통이 조이는 상황이다. 도시에서 당신은 백지에서부터 정체성을 만들어갈 수 있다. 과거의 실패를, 칠학년 때 체육관 바닥에 널브러졌던 모습을, 이빨이 빠져 턱에 피가 줄줄 흐르던 모습을 아는 사람이 없는 곳에서. 누구와 교류할지 어떤 모습을 보일지 어떻게 빚어질지 전부 당신의 선택이다. 자유롭거나, 혹은 정신분열증을 일으키는 상황이다.

그러나 타인에 의해 너무 많은 선택지가 이미 정해져 있는 작은 마을에서는, 나쁜 결정을 내리고 불운에 처하고 다른 이들로부터 나쁜 영향을 받고 사람들을 가둔 벽이 더 빠르게 좁혀 들어갈 수 있다. 그 마을에 머무는 한 역할이 절대 변하지 않기 때문이다. 아들, 아버지, 이웃, 루터교도, 마을의 주정뱅이. 캐스팅은 죽을 때까지 불변이다. 갑자기 전혀 다른 삶의 방식을 택하는 행로 변경은 많은 사람들에게 불가능하다.

사면에 벽이 쳐진 장소에 산다는 건, 삶 전체로 침입자들을 막는 동시에 스스로를 가두는 셈이다.

•

저지 섬은 요새와 방파제와 성과 탑과 포를 통해 이방인에 대한 경계심을 둘러치고 있다. 이 섬은 프랑스 해안 바로 옆, 적의 영토에 위치해 있고 그에 걸맞게 행동한다. 저녁 식탁에서도 갑옷을 벗지 않는다는 의미다. 저지 섬은 프랑스군에게 섬을 점령당할 뻔했던 시기에 대해 아직도 예민하게 굴고, 헤리티지재단에선 그에 관한 다큐멘터리가 반복 상영된다. 침략전은 삼십분만에 끝났지만 그 삼십분은 주민들의 심장에서 아직도 메아리치는 모양이다.

우체국에는 저지 섬의 자매이자 바로 옆에 위치한 건지 섬의 우표를 쓰지 말라는 경고문이 붙어 있다. 어떻게 조치하겠다는 말은 없지만 아마 우표를 잘못 붙인 편지를 발견하면 못되게도 뒷마당에서 불태워버리리라는 상상을 한다. 섬의 한쪽 끝에서 다른 쪽 끝까지 걸으면 이 섬이 얼마나 견고하게 방어되고 있는지 알 수 있다. 우선 부자들의 요트가 보이고 그 다음엔 소들이 나온다. 소들은 멋지다. 유순하고 예의 바르며, 벨벳 같은 눈

망울과 영화배우 뺨치는 속눈썹을 지니고 있다. 하지만 아무리 천천히 걸어도 목초지와 드문드문 흩뿌려진 집들을 지나면 곧 다시 바닷가 레스토랑과 요새와 바다로 돌아오게 된다.

저지 섬 지도에는 여덟개의 요새, 열두개의 요새탑, 독일군이 지은 포와 회전포탑 여러개가 표기되어 있다. 면적 약 백십오 평방킬로미터의 작은 섬치고는 대단한 방어력이다. 자살 희망자의 머릿속 상징들이 시각적으로 표현되면 저지 섬과 똑 닮아 있으리라 생각한다. 수많은 탑과 벽과 경계들. 요새와 성과 복잡한 입구들. 자살자의 머리는 말한다. 이건 너를 위해서야. 이건 너를 보호하기 위해서야. 그리고 스스로 그 말을 믿는다.

세계를 방황하는 자살자의 정신은 과연 적대적인 적들과 치고받는다. 우리를 실망시킬 수 있는 사람들, 우리를 거절할 수 있는 남자들, 무산될 수 있는 기회들. 절망 혹은 불안 혹은 정신병 혹은 PTSD(post traumatic stress disorder, 외상 후 스트레스 장애 — 옮긴이)로 진단되는 그 상태는 오로지 자기보호에 몰두하고 있다. (하지만 무엇으로부터 보호하는 것이냐는 질문에 답해야 한다면 유일하게 가능한 대답은, 희망으로부터 보호한다는 것이다.) 왜냐면 한때 우리는 사람들과 남자들과 기회들 앞에서 불안하고 흔들렸기에, 머릿속의 목소리는 다시는 그러지 않겠노라 말한다. 그래서 우리는 잠재적인 위험을 전부 없애면서 도움의 손길과 아주 닮은 것조차 없앤다. 그렇게 모든 걸 제거하다 보면 최후의 방어행위인 자살에 이른다.

그녀들의 고독하고 위대한 저항

카엉은 종전 직후 건강이 악화되어 죽었다. 무어는 제 손으로 목숨을 끊었다. 무어는 자신을 나치에 밀고한 섬에 홀로 남겨졌고, 사진을 찍을 모델도 없었다. 다른 미래가 있었을지 모른다. 가령 파리로 돌아간다거나. 지금껏 둘만의 비밀로 해온 작업을 누군가에게 보여줬을 수도 있다. 새로운 피사체를 찾을 수도 있었다. 그러나 무어는 그런 미래를 상상할 수 없었거나, 혹은 그 미래가 소녀 시절부터 사랑했던 사람과 바닷가 집에서 사는 것만큼 좋을 리 없다는 걸 알았을 것이다.

　　죽음의 매력과 장점은 확실하다는 거다. 크고 둔탁한 정지. 모든 것의 끝에 어떤 일이 일어날지는 몰라도, 적어도 바로 이 머리를 가지고 바로 이 상황에 처한 존재는 끝이 난다. 나머지는 ― 천국에서의 영원한 권태 혹은 이승에서의 윤회는 ― 바로 이 존재의 정체성을 끝낸 다음에 생각하자. 내가 가장 좋아하는 사진에서 카엉은 눈을 감고 태양 아래에 누워 있다. 마르셀은 햇살을 등지고 있어서, 그녀의 그림자가 카엉 옆에 누워 있다.

카엉과 무어의 사진은 카엉이 죽고 이십년이 흘러 무어가 자살한 후에 발견되었다. 무어의 집이 경매에 넘겨져 물품 목록을 작성하던 중 바닥 위에 널브러지고 마분지 상자에 아무렇게나 처박히고 옷장 뒤에 떨어진 놀라운 사진과 네거티브 필름들이 발견되었다. 어떤 사진은 문 아래에 껴서 문이 여닫힐 때마다 먼지 쌓인 바닥에 쓸리고 있었다.

사진들은 저지 헤리티지로 넘겨졌다. 나는 신청서를 작성해서 몇몇 물품을 열람했다. 사진과 네거티브 필름과 프로파간다에서 떨어져 나온 페이지 몇장과 종전 후 영국 친구가 보낸, 어째서 나치에게 너를 밀고한 사람들의 섬에 머물고 있느냐고 묻는 편지 사이에 독일어 편지가 한통 있다. 저지 섬에 주둔했던 독일 군인에게서 온 편지로, 그의 신원에 대한 다른 정보는 없다. 그는 영국군에게 구류된 채 병원에 있으며 안부를 전한다고 말했다. 이곳 날씨는 좋군요, 당신도 잘 지내고 있길 바라요.

카엉이나 무어가 레즈비언으로 밝혀졌다면 더 빨리 처형되었겠지만, 미루어 짐작건대 동거하는 중년 여성 두명이 독일군에게 '레즈비언'으로 보이진 않았던 모양이다. 두 사람은 처음 투옥되었을 때 동반 자살을 기도했다가 실패했고, 아이러니하게도 그로 인해 이송당할 건강 상태가 되지 않았기에 살아났다. 두 사람은 섬 교도소에 아홉달을 갇혀 지냈다. 서로에게 편지를 전달할 방법을 찾아내고, 전쟁포로들이 교도소에 들어왔다가 어디인지 모를 곳으로 사라지는 걸 지켜보고, 독일군 반역자들과 대화하면서, 그들은 버텼다.

⦁

묘지에서 길을 잃었다. 카엉과 무어의 묘석을 찾으려고 하지만 그것들은 내게서 도망치는 듯하다. 만을 내다보는 위치에 지어진 묘지와 교회는 작은 명판이 달린 카엉과 무어의 집 바로 옆이다. 그들의 정원에서 두 사람은 아름답게 펼쳐진 해초와 모래, 바위와 물을 감상할 수 있었다. 사진이야 평생 찍었지만 이 섬에 온 뒤로는 야외 사진의 수가 늘었다. 이유를 알 만하다.

그러나 오늘, 나는 두 사람의 시신을 찾을 수 없다. 교회에 딸린 커피숍에 들어가 길을 묻는다. 카엉의 이름을 들은 여자는 어깨를 으쓱할 따름이다. "내일 미사 뒤에 마거릿 수녀님이 오실 텐데, 그분께 물어보세요. 사망 연도가 어떻게 되죠?"

"1954년요."

"아, 그렇다면 묘지 앞쪽이 독일군 전쟁묘지로 쓰이고 있었을 때군요. 아마 뒤쪽 부지에 묻혔을 거예요." 그러나 나는 묘지 뒤쪽에서도 그들을 찾을 수 없다. 시신들이 묻힌 땅을 성큼성큼 밟고 아주 희미한 이름과 날짜의 윤곽선만 남기고 녹아버린 대리석을 들여다보면서, 나머지는 전부 무시하고 오로지 두 명의 죽은 여자를 찾아다니는 스스로가 무례하게 느껴진다.

한 남자가 커피숍에서 나와 묘지를 헤매는 내게 다가온다. "찾았어요?" 오스트리아 억양이 짙게 느껴진다. "누구라고 했죠? 당신의 친척인가요?"

나는 그녀가 나와 같은 핏줄이라고 말하고 싶지만, 사실대로 전쟁 중 이곳에 살았던 예술가라고 말한다…

"아, 그 예술가들이요!"

그는 두 사람의 이야기를 희미하게 기억해내고, 묘비를 찾는 법도 어렴풋이 떠올린다. 우리는 교회 오른쪽으로 이동해 함께 묘석들을 살핀다. "우리 가족은 전쟁 후 이 섬에 왔어요." 그가 전시에 이 섬에서 무얼 했는지 내가 궁금해할 거라고 생각한 모양이다. "묘석 제일 꼭대기에 다윗의 별이 새겨져 있을 거예요. 우선 그걸 찾아야 해요. 유대인 묘지는 하나뿐이거든요." 우리는 헤어져 수색을 이어나간다. 몇 분 뒤 그가 내 이름을 부른다. 만면에 미소를 띠고 손짓을 하고 있다. 나는 급히 그에게로 간다.

그는 내 팔에 손을 대더니 조용히 떠난다. 꽃이라도 가져올걸 그랬다. 혹은 다른 무엇이라도. 무덤을 순례하는 유형의 여행자가 아니라서 준비를 하지 못했다. 돌을 놓고 가도 되나? 그건 유대인에게만 허용되던가? 그 대신 나는 차디찬 묘비를 손끝으로 어루만진다. 그리고 말한다. "고맙습니다."

●

그녀들의 고독하고 위대한 저항

해법은 자신의 경계를 격렬하게 밖으로 밀어내는 것,
자신의 모순을 찾아내고 자신을 다른 것들과 분리시키는 무언가를
이와 발톱으로 파괴하는 걸지도 모른다.
나는 노력하고 있다.

요새화된 섬, 요새화된 뇌는 외부에 나타나는 모든 것에 '괴물' 또는 '침입자'라는 딱지를 붙인다. 외부의 것은 아무리 잘 처줘도 '위협'이고, 전부 하나의 못된 패거리에 속해 있다. 독일군은 섬을 점령하고, 이웃들을 죽음으로 내몰고, 노예 노동 캠프를 만들고, 전세계를 상대로 전쟁을 벌였다. 제복을 입은 그 군인들을 보고 그 안에 일말의 인간다움이 남아 있다고 믿으려면, 그리고 그 인간다움을 북돋기 위해 행동에 나서려면, 얼마나 많은 인정과 연민이 필요할까.

•

며칠간 찾아 헤맨 끝에 마침내 섬의 서점을 찾아낸다. 서점은 내가 평소 다니던 상점가보다 더 멀리, 커피를 사러 둘러가던 길에 있었다. 카엥이 무엇보다도 자신을 작가로 생각했다니 그녀가 쓴 글을 읽어 보고 싶다. 영어로 번역된 책이 두어권 있다고 들었다. 존경받는 문학적 거물을 길러내지 못한 이 지역 사람들은 수양딸 격인 카엥을 자랑스러워할 것 같다. 게다가 그녀는 나치에 맞서 싸웠는데, 알다시피 영국인들은 아직도 나치에 집착하고 있지 않은가. 그러니 카엥의 책이 당연히 서점에 전시되어 있으리라 생각했다.

하지만 서점에서는 먼저 내 연인의 소설을 찾아야 한다. 그게 어떤 서점에 들어가든 내가 처음으로 하는 일이다. 사랑과 헌신의 의식을 치르는 것이 아니라, 우연히 그의 이름을 마주치면 큰 타격을 입기 때문이다. 나를 죽인 사람과 버스에서 우연히 마주치는 것과 유사한 감각일 거다. 입안이 붓고 목 뒤에 뜨겁고 차가운 바늘이 번갈아 꽂히고 무릎 아래로 모든 게 사라지는 감각. 내가 먼저 그를 찾고, 미리 나 자신을 준비시킴으로써 갑작스러운 만남을 통제할 수 있다면 반응도 통제할 수 있다. 그래서 나는 픽션 서가로 간다.

하지만 이 작고 기묘한 서점에는 작가 이름순으로 A-F 서가가 있고, 그 뒤에 오는 이름을 가진 작가들을 위한 서가는 없다. 픽션 서가는 파울러Fowler를 마지막으로 끝난다. 나머지 절반을 찾아 위층과 아래층을 헤매지만 보이지 않는다. 적어도 연인의 이름을 갑자기 마주칠 가능성은 없어졌다. 카엉은 서가에 포함되어 다행이라고 생각한다. 그러나 C로 시작하는 작가들 사이에 카엉은 보이지 않는다. 그녀의 책이 다른 곳에 모여 있으리라 싶었다.

"실례지만 클로드 카엉이 쓴 책이나 그녀에 대한 책이 있나요?"

"누구요?" 카운터의 여자는 고개를 들 의지조차 없다. 특이한 색깔의 체인이 달린 안경을 쓰고 빨간 판초를 입은 그녀는 책상에 놓인 문서로 아주 중요한 작업을 하는 중인 모양이다.

"여기 살았던 예술가인데요."

그녀는 시선을 문서에 고정한 채「지역 관심사」코너 쪽을 손짓한다. 거기엔 자비로 출판한 소설 여러권과 단편소설 선집들, 지역 민담집, 내가 손에서 뗄 수 없는 범죄 실화 선집, 뜨개질 책 등이 꽂혀 있다…

카엉이 서가를 점령하고 있으리라 생각했지만 틀렸다. 나도 작은 마을 출신이라서, 사람들이 역사를 자기 입맛에 끼워 맞춘다는 걸 안다. 유일하게 점령군에 가시적 저항을 함으로써 현지인들을 낯부끄럽게 한 괴짜 퀴어 예술가들은 지역 사람들의 셈에 들어맞지 않았을 것이다. 작은 마을 사람들은 보고 싶은 것을 본다.

•

아침에 나는 에리히 프롬의『자유의 공포』*The Fear of Freedom*를 들고 식당으로 내려가 아침식사를 주문한다. 책이 손에서 뗄 수 없을 만큼 재미있어서가 아니라, 영국식 아침 정식이 나오기를 기다리는 동안 다른 사람들로부터 나를 가려줄 방패막이 필요하기 때문이다. 친절한 독일인 커플이 게스트하우스를 떠나고 늦여름 비수기로 접어들자 남아 있는 숙박객은 몇 되지 않는다. 그들은 똑같은 이야기 두개를 되풀이한다. 안개 때문에 비행기가 착륙할 수 없어서 계속 섬 주위를 맴돌다가, 팔분 뒤면 연료가 떨어져 회항하여 런던으로 돌아가야 할 시점에 ─ 기적적으로! ─ 가까스로 착륙이 가능할 만큼 안개가 걷혔다는 이야기. 또다른 이야기는 손자의 축구 시합 얘기였다. 나는 두 이야기를 모조리 기억했다. 잠시 말을 멈추는 부분과 강조와 억양까지도. 나는 계속 책에 고개를 파묻는다.

말소리가 잦아들어 고개를 들자, 비행 이야기를 끝도 없이 늘어놓던 부부가 나를 보며 귓속말을 하고 있다. 나는 별안간 알아차린다. 그 사람들에게 나는 과묵하고 매력적이고 신비로운 이방인이 아니라 괴상한 옷차림을 하고 끝없이 소시지를 먹어대는 미친 노처녀 아웃사이더다. 얼마나 끔찍한 일인가 ─ 기꺼이 그 사실을 받아들이고 고양이에게 목줄을 매서 데리고 다니며 계란프라이를 먹이고 프롬의 책을 소리 내 읽어줄 수 없다는 건 아니지만.

방 안의 괴짜가 되는 건 괜찮다. 이미 수십년을 겪은 일이니까. 하지만 남들에게 거부당하기 전 먼저 남들을 거부할 기회조차 없었다는 걸 깨닫는 건 괜찮지 않다. 어렸을 적 어딘가에 깊이 뿌리내리는 느낌을 받아본 적이 없는 사람이 자기에게 맞는 장소를 영영 찾을 수 있긴 한 걸까? 태생부터 뿌리 뽑히고 흔들린 사람은 끝끝내 강한 소속감을 느낄 수 없을지 모른다. 책에는 종종 도시로 도망쳐서 자신의 '동족'을, 영혼의 고향을 찾는 사람들 이야기가 나온다. 하지만 나는 세계 각지를 여행하면서 어느 도시에서도 그런 순간을 맞지 못했다. 한곳에 한달 이상 머물러야 하는 모양이다. 아니면 내가 천장에 매달려

공중에서 살아가는 식물이거나.

클로드와 마르셀의 정신적 고향은 저지 섬이 아니라 두 사람의 집이었다. 엄밀히 말해 두 사람은 서로의 정신적 고향이었다. 카엉은 이렇게 적었다. "세상에서 떨어져 나온 뒤 나는 말했다. 나는 다른 모든 것보다도 하고 싶은 일을, 누구보다도 그것을 함께 하고 싶은 사람과 하고 있어." 어쩌면 그거면 충분했을지 모른다. 내가 너무 거창한 걸 찾고 있었던 건 아닐까. 내게 정말 필요한 건 단지 몇 평방미터였을지도. 그러나 그렇게 작은 공간은 그냥 지나치기도 더 쉽다. 길을 걷다가 고개를 잘못된 방향으로 돌리기만 해도 영원히 찾지 못하는 거다. 하지만 일단 그런 공간을 찾으면, 구운 콩과 베이컨이 담긴 접시 위로 속닥여지던 험담들은 영영 중요하지 않게 될 것이다.

⬩

다시 생각해보면 내가 언제나 방문객일 뿐, 거주민이 되지 못한다는 사실에 지나치게 예민한 걸지도 모르겠다. 이튿날 아침식사 중 전날의 그 부부가 대화를 나눈다. "여기가 정말 마음에 들어. 하지만 이곳 사람들은… 그리 친근하진 않아, 그렇지?"

⬩

그녀들의 고독하고 위대한 지향

문제는 클로드 카엉이 누구인가 하는 것인데, 나는 정답을 댈 수 없다. 금을 두른 신, 굶주린 부처, 멋쟁이로 치장한 버전의 그녀는 알지만 진짜 클로드는, 혹은 루시는 누구인가? 머리를 밀고 남자 이름을 가명으로 쓰면서 레즈비언 연인과 함께 파리에서 달아난 젊은 여자인가? 나치에 대항한 중년의 주부인가? 동정녀 마리아, 유디트, 신데렐라의 목소리를 빌려 자신에 대해 쓴 급진적 페미니스트 작가인가? 이 서로 다른 피조물들을 연결시키는 서사의 실은 무엇인가? 나는 연결고리를 찾을 수 없고 다른 사람들의 제안도 썩 설득력 있지는 않다. 진짜 클로드 카엉 전기는 존재하지 않는다. 그녀를 미치광이로 묘사한, 영어로 번역되지 않은 프랑스판 전기가 전부다.

우리 문화는 자아와 내적 자질을 계발하는 데 집착하면서, 각자 개별적 존재가 되는 것이 공동체의 좋은 구성원이 되는 첫 단계이며 개인적인 게 보편적이라는 등의 이야기를 늘어놓는다. 그럼에도 우리 독특하고 개성적인 영혼들의 집단은 평등과 조화와 우애가 넘치는 우주를 빚어내지 못했다. 우리는 분리되는 단위들로, 방 1.5개짜리 아파트로 뿔뿔이 흩어졌고 우리가 공유하는 것은 저녁식사 사진이 전부인 듯하다.

그래서 나는 '나'라는 개념에 몰두하게 될 때마다 (신이시여, 그만둘 수가 없군요) 내가 나 자신의 내장 속으로 점점 더 깊이 파고들고 있는 게 아닌지, 내가 너무 내 안으로 후퇴하고 있어서 다시는 태양빛을 보지 못하는 게 아닌지 걱정이 된다. 중국에 가고 싶어서 비행기를 타는 대신 뒷마당에 구멍을 파기 시작하는 멍청한 아이처럼. 외로움과 절망에서 나를, 또 내가 아닌 누군가를 구해줄 유일한 수단은 공동체와 사회의 감각을 느끼는 것이다. 끈끈한 가족이 없는 이들은 동족을 찾고 인정받기를 갈망한다. 글을 쓰는 행위 — 인생의 어느 시점에 우리의 목숨을 구해준 철학자와 이야기꾼과 양성적인 괴짜들로 우리의 앙상한 가계도를 채우는 행위는 그래서 중요하다.

어쩌면 해법은 스스로를 자기 경험과 생각을 담는 용기로 규정하지 않는 것일지도 모른다. 우리는 지난 세월 느낀 것들로 국한되는 존재가 아니라고, 우리의 역사는 몸으로 행하거나 겪은 일의 목록이 아니라고, 우리의 가족은 어렸을 때 많은 시간을 함께 보냈거나 유전자를 공유하는 사람이 아니라고 믿는 것일지도 모른다. 해법은 자신의 경계를 격렬하게 밖으로 밀어내는 것, 자신의 모순을 찾아내고 자신을 다른 것들과 분리시키는 무언가를 이와 발톱으로 파괴하는 걸지도 모른다.

나는 노력하고 있다.

그녀들의 고독하고 위대한 저항

또다른 방황을
시작하며

자킨토스

Zakynthos

어쩌다 여기까지 왔는가? 정신을 차려 보니 나는 똑같은 파리의 지하철역에 서 있다. 똑같은 기차를 타고 똑같은 공항의 똑같은 터미널에 가서 다시 동쪽으로 비행하려 하고 있다. 다만 멍청한 발권기가 신용카드도 지폐도 받지 않아서 몇분에 걸쳐 내가 가진 동전 전부를 기계 안에 집어넣었는데 9.50유로의 요금에 딱 50센트가 모자란다. 이제 내 뒤에는 화난 프랑스 남녀들이 길게 줄을 서 있다. 동전 하나만 빌려달라고 부탁할 신사도 없다.

내 뒤의 남자가 영어로 묻는다. "문제가 뭐죠?" 세상에, 이제야 물어보다니 하는 생각이 든다. 하지만 내가 50센트만 빌려줄 수 있느냐고 묻는 순간 방금 넣은 동전들이 와르르 소리를 내며 쏟아져 나온다.

지레 포기하고 택시를 타면 현금을 받아주겠지 생각하고 있
는데 내 뒤의 남자가 기계에 자기 신용카드를 넣는다. 기계는
그에게 훨씬 친절하다. 기계도 프랑스산이고 그의 카드도 프랑
스 것이라서다. 프랑스의 기계들이란 대개 그렇다. 그의 손에
20유로 지폐를 쥐어 주려는데 손사래를 친다. "요금은 10유로
잖아요. 너무 많아요." 하지만 당신은 내 영웅인걸요, 라고 말
하고 싶지만 그가 말을 잇는다. "법인카드라 상관없어요."

남자는 군중 속으로 사라지고 나는 열차 플랫폼으로 향한다.

지난 이주 동안 나는 연인과 함께 리옹에서 지냈다. 그는 별
거를 시작하고 이혼 절차를 밟고 있는 중이다. 그는 꽃다발을
들고 레스토랑에 나타나 와인과 염장고기를 주문했다. 그가 내
손을 어루만지자 몸 아래쪽으로 피가 쏠렸다. 배신하는 몸이
저주스러웠다.

질문과 대답이 오가지만 그럼에도 어쩐지 혼란과 고통은 잦
아들지 않는다. 열차 플랫폼에 서서, 나는 고통받고 있어라고 생
각한다. 나는 고통 속에서 아테네로 향하고 있다.

"시카고에서 만나." 그게 작별의 말이었다. 적어도 내가 기
억하는 마지막 말은 그랬다. 이 모든 걸, 정확히 무엇인진 모르
겠지만 내가 지금 하고 있는 이 모든 걸 끝내고 나면 여정을 시
작했던 도시로 돌아가 그를 만난다는 계획이었다. 완전히 한바
퀴를 돌아서.

그러나 내가 뒷걸음질 쳤던 순간들을 감안하면 원은 기하학

적으로 너무 단순하다. 내 여정은 그보다는 헝클어진 낙서에 가까울 거다. 아이들이 벽에 끼적이고 야단을 맞는 낙서. 어렸을 적 벽에 낙서를 하는 쪽은 내가 아니라 언니였다. 나는 벽에 녹은 냉동딸기를 던지고 그것이 미끄러져 내려오는 걸 지켜보는 쪽이었다. 그게 내가 혼나는 이유였다.

신이시여, 머릿속이 엉망이다. 에게항공 보안검색대를 통과하면 ─ 그러니까, 명백한 정신병의 징후가 보인다고 내쫓기지 않으면 놀랄 일이다. 얼마나 오래 잠을 자지 못했는지 기억도 못 하겠다. 경계에 놓인 공간, 배와 기차와 공항에서, 물과 바다 사이, 땅과 바다 사이 문턱에서, 움직이기 위해 먼저 뿌리가 뽑혀야 하는 공간에서 나는 가장 약해진다. 나는 공항에서 제일 잘 운다. 애석한 눈빛을 가리기 위해 실내에서도 선글라스를 끼고, 그 아래로는 콧물이 줄줄 흘러내린다. 거의 영화의 한 장면 같다.

무엇이 더 위압적인지 모르겠다. 그리스의 섬으로 향하는 여정인지(기차, 기차, 비행기, 택시, 버스, 페리, 택시), 혹은 다시 집을 지어야 한다는 생각인지. 일년 반 동안 작은 수트케이스 하나로 버틴 나의 여정이, 영구한 주소지나 돌아갈 곳 없이 살았던 한 시대가 이제 끝을 바라보고 있다. 내 소유물은 전부 베를린의 창고에 있다. 리하르트 바그너 설화석고상이 어둠에 겁을 먹진 않았을까? 서머싯 몸의 초상과 옥신각신하고 있지는 않을까?

'집'에 대한 생각은 가능한 한 미뤄둘 것이다. 몇달 전 파리의 한 햇살 좋은 날, 친구 존과 『오디세이』 이야기를 했다. 그는 말했다. "기억해, 오디세우스는 책 중반에 이타카로 돌아갔어. 실제 여정은 이야기의 절반뿐이었다고. 집에 정말로 돌아가는 데에는 물리적 귀환만큼의 시간이 또 걸려."

●

아끼는 이가 방황할 때 우리는 염려한다. 어떻게 그들을 다시 정착시킬 것인가? 경험은 그들을 바꿔놓을 것이다. 놀라운 것들을 보았을 테니까. 돌아왔을 때 그들이 갖게 된 새로운 관점에서는 갑자기 주변 공간의 한계와 결함이 보이지 않을까? 더 많은 것을 갖게 된 그들에게 다시 이 작은 땅이 충분하다고 여겨질 수 있을까?

거리도 생길 것이다. 우리 사이엔 공간이 생길 것이다. 과거에 거리가 없었다는 얘기는 아니다. 그러나 이제는 그 거리를 인정할 도리밖에 없는데, 우리 사이에 구체적인 것들이 버티고 있기 때문이다. 경험과 이야기. 이미지. 소리와 냄새.

혼자 여행하면 아무리 애써도 그 순간들을 다른 사람과 공유할 수 없다. 친구나 연인을 앉혀 놓고 여행 사진을 끝없이 보여주며 당신을 웃고 울게 만든 이야기들을 들려주면 상대는 기뻐할 것이고 그 순간들을 공유하려 노력하겠지만, 그들에게 그건 결국 한낱 이야기일 뿐이다. 당신은 이야기에 빠져 눈을 빛내고 그들은 당신이 환하게 빛나는 것을 본다. 어느 쪽에게나 무척 외로운 일이다.

나는 떠나는 자와 남는 자 양쪽을 다 경험해 보았다. 마침내 물리적 거리가 다시 줄어들었을 때, 바에서 모험가 친구의 손을 잡고 그의 경험담을 따라가려 애쓰고 있을 때, 우리는 물리적이지 않은 거리는 좁힐 수 없다는 걸 깨닫는다. 때로는 그 친구가 바에 오지 않고 때로는 우리도 바에 가지 않는다.

한 남자가 내게 말한 적이 있다. 나와 부에노스아이레스 여행 둘 중 하나를 선택하라고.

나는 부에노스아이레스를 택했다.

인생을 한껏 확장시켜나가는 사람 앞에 서면 자기 인생이 너무나 작게 느껴질 수 있다. 여행 사진 첫장이 화면에 뜨기 전에 이미 갑갑하고 움츠러든 기분을 느끼고 있었다면 더더욱. 그게 네가 결혼했을 때 내가 느낀 거라고, 마음 한켠이 허전했다고 설명해봤자 도움이 되지는 않는다. 나는 네가 행복해져서 기뻤지만 기쁘지 않았어, 나는 네 결혼식에서 춤을 췄고 화장실에서 울었어. 그렇게 말해도 친구에게 내 삶의 빈 공간은 자기 삶의 빈 공간보다 훨씬 크고 구체적인 것으로 와닿는다.

친구들은 생일파티와 크리스마스 모임에 참석하지도 못 하고 세살, 여덟살 먹은 자기 아이들을 만나러 오지도 않는 내게 말한다. "그래, 하지만 너는 모험을 떠나야 했잖니."

마치 떠나는 이가 정착과 평온의 부재를 느끼지 못하는 것처럼. 내게 떠나지 말라고 부탁하는 사람이 없다는 걸 느끼지 못하는 것처럼.

그러나 부탁을 받는다 해도 나는 어차피 떠날 테다.

•

기차, 기차, 비행기, 택시, 버스, 페리, 택시. 나는 이타카가 아니라 자킨토스로 간다. 책을 곧이곧대로 따를 필요는 없다는 생각이다. 적어도 눈물은 멎었다. 새로운 땅에 도착했다는 흥분감이 공포를 쫓아낸 거다. 길을 떠나면서 나는 이제 못 보게 된 친구들과 못 가게 된 식료품점과 일주일 내내 내 창문 아래서 클라리넷으로 영화 「브라질」의 테마곡을 연주하던 남자를 그리워했다. 그러나 여기선 새로운 친구들, 새로운 식료품점, 새로운 아침 일과가 펼쳐질 것이다.

성수기의 막바지에 접어들고 있어서 관광객들의 이목을 끄는 시끄럽고 단조로운 소음 — 크루즈 관광! 버스 관광! 한순간이라도 불편함이나 낯섦을 감수하지 않아도 되도록 당신을 위해 준비한 영국식 아침식사와 미국 햄버거! — 이 줄고 있다. 구별할 수 없는 획일성이 줄고 있다. 스쿠터 대여와 스노클링 레슨과 점심 특선 메뉴 광고판, 세상의 어떤 아름답고 빈곤한 지역에서도 찾을 수 있는 그 광고판들이 내려가고 마을은 제

또다른 방황을 시작하며

모습으로 돌아가고 있다.

운전수가 성수기가 끝나자마자 문을 닫을 음식점과 비수기에도 영업하는 식당을 귀띔해 준다. 미국 정부 휴업 이틀째다. 라디오 뉴스에서 그 이야기를 하고 있는지, 운전수가 공식적인 말투로 들리는 그리스어 방송 볼륨을 높이고 키득대며 말한다. "미국에선 계속 그리스가 최악이라고, 답이 없다고 말했죠. 이제 미국엔 정부가 없군요! 미국 정부는 어디 갔나요?" 그는 상쾌하게 웃음을 터뜨린다.

나도 그와 함께 웃는다. 이 마을 출신이냐고 묻자 그는 섬 반대쪽에서 왔다고 말한다.

"이곳은 아주, 아주 조용했어요. 방문객 따윈 없었죠. 그러더니 갑자기 돈 많은 영국, 독일 사람들이 오기 시작했어요. 대출을 받아 관광객 대상으로 이런 가게들을 열더군요." 그가 창밖을 손짓한다. 가게들은 세개에 하나 꼴로 싸구려 선글라스와 공기주입식 수영장 장난감과 기념 티셔츠를 팔고 있다. 자외선 차단제와 벌레 퇴치용 스프레이도 산처럼 쌓여 있다. "이제 돈 있는 사람도 별로 없어서 방문객이 줄었어요." 거리는 조용하고 뜨거운 태양 아래 반바지와 샌들 차림으로 걷는 창백한 커플 몇쌍이 있을 뿐이다. 사람보다 길고양이가 더 많이 보인다.

"어디 출신이에요?"

"시카고요."

"시카고! 갱단 소속인가요?"

"네."

그는 웃음을 터뜨리고 나도 그를 따라 웃는다.

나는 이곳의 집 아닌 집에서 여든번째로 수트케이스를 풀고 원피스를 옷걸이에 걸고 어디든지 지니고 다니는 노란색 조개 껍데기와 납작한 회색 돌을 꺼내 놓는다.

방은 아주 작고, 조그마한 침대 두개와 의자 딸린 작은 책상 하나가 놓여 있다. 샤워기 대신 가슴 높이에 수도꼭지 하나가 달랑 있다. 발코니에 서면 석류와 오렌지와 올리브와 레몬 나무 너머로 바다가 보인다. 완벽하다.

●

페넬로페에 대해 생각하고 싶지 않다. 사랑에 빠진 사람은 누구나 어떤 식으로든 페넬로페라는 것에 대해, 우리 모두가 인생의 어느 시점에는 연인이 돌아오길 기다리고 있다는 것에 대해. 우리는 책상에 앉아 시간을 기록하고 사랑하는 사람의 귀환을 기다리고 그러지 않는 척을 한다.

나는 연인이 돌아오기를, 내 인생과 그의 인생 사이의 거리는 우리를 갈라놓는 틈이 아니라 초대장임을 그가 깨닫기를 기다리고 있다. 그는 내가 내 인생의 적당한 속도를 찾아내기를 기다리고 있다.

그러나 페미니스트의 시각에서 페넬로페의 이야기를 교정

하고 싶은 욕구를 억누르기 어렵다. 가령 그녀가 다른 남자와 자게 만든다거나, 그녀를 입 다물게 만든 것에 대해 아들을 혼쭐낸다거나. 젠장, 나는 수동태가 아니다. 나는 동사다. 그러나 나는 이곳 그리스의 섬에서 기다린다. 굳건히 버티는 페넬로페의 이미지는 너무 완벽하다. 어떤 식으로 표현되든 그것은 정절이다. 생식기 치안유지 활동의 형태를 취한 정절이 내게 큰 의미로 다가온 적은 없었다. 그러나 안전하게 돌아오길 기다리는 것, 그것은 나도 할 수 있다.

"누구 새로운 사람 만났어?" 그가 스카이프 대화에서 묻는다.

"당신이 알 바 아니야."

그가 말을 멈춘다. "알겠어. 하지만 돌아가면 널 따라다니던 남자들을 전부 죽여놓을 거야."

•

아래층에 호텔 주인 가족이 산다. 남자와 여자와 장성한 아들. 그들은 내 이름을 잘 알아듣지 못한다. 제사라고 말하면 체스카라고 듣고, 다시 제사라고 말하면 프란체스카라고 듣는다. 나는 프란체스카로 불리기로 한다. 나 역시 그들의 이름을 잘못 알아들어서 남자가 빨간 식탁보에 손가락으로 철자를 적어준다.

점심식사에 초대받았다. 테이블엔 마늘을 넣은 으깬 감자 한 무더기가 쌓여 있고 오일에 적신 푸성귀와 신선한 토마토, 작고 짭짤한 생선이 있다. 올리브유는 집 위로 자라는 나무에서 짠 것이라고 한다. 그들은 직접 양조한 와인을 아낌없이 내준다.

젠장, 나는 취했다. 모두에게 티가 날 만큼 취했다. 오후 한시부터 취하다니 부끄러워해야 마땅하다. 내 잘못은 아니다. 내가 한모금을 홀짝일 때마다 남자가 잔을 다시 채워줘서 술을 얼마나 마셨는지조차 모르겠다. 와인은 훌륭하다 ― 조금 거칠지만 과일향이 좋고 날카로운 맛도 있다. 위층 방에서 나는 이 섬 안쪽의 농장 ― 와이너리라고 부르기엔 작은 농장 ― 에서 나온, 커다란 플라스틱 저그에 담긴 3유로짜리 테이블와인을 마신다. 반면 주인 가족이 내주는 와인은 흠잡을 데 없이 맛있다. 젠장, 정말 취했나보다. 낮잠을 자야겠다.

아들이 호두를 따러 갈 건데 동행하겠느냐고 묻는다. 이 점심 식탁에서 영어를 할 줄 아는 사람은 그가 유일해서, 내 귀에는 신의 목소리처럼 들린다. 물론이죠. 호두는 어떻게 따나요? 쉽습니다, 라고 그는 대답한다. 모자를 쓰고 올게요, 라고 나는 대답하고 위층에 가서 선글라스와 모자를 챙긴다.

선드레스는 호두 수확에 어울리지 않는 옷차림이다. 언덕을 반쯤 올라갔을 때 속옷을 입지 않았다는 걸 깨닫는다. 남들보다 언덕 낮은 쪽에 있어야겠다고 생각한다. 아들이 내게 절차를 설명한다. 긴 장대를 들고 호두나무 위로 올라가 장대로 나무를 때리면 끝이다.

또다른 방황을 시작하며

호두 수확은 술에 취해 할 수 있는 최고의 활동이다. 햇살 아래서 술을 땀으로 배출하면서 장대로 아무렇게나 나무를 내려치는 일이라니, 정말 굉장하다. 호두가 비처럼 쏟아지지만 머리를 얻어맞는 아픔은 술기운에 무뎌진다. 남자가 나를 이끌고 얽히고설킨 포도넝쿨 아래 그늘로 데려가서 햇볕에 말린 호두를 먹으라고 건네준다.

나는 남자가 다른 나무에 가서 똑같은 절차를 반복하는 걸 본다. 그물을 깔고 기다란 장대를 꺼내서 나무를 때리면 테니스공만큼이나 커다란 녹색 호두가 우레 같은 소리를 내며 떨어진다. 잿빛이 섞인 머리칼의 주인집 아들은 호두나무 아래에서 매끈한 몸을 유연하게 움직인다. 나무를 때리려고 머리 위로 팔을 들면 티셔츠가 살짝 들려 청바지 위로 따뜻한 살결이 조금 내보인다.

누워야겠어, 라고 생각한다.

아들은 차를 타고 나를 언덕 아래로 데려다주며 도와줘서 고맙다고 말한다. 생색을 내는 태도지만 귀엽다. "장대로 뭘 때릴 사람이 필요하면 언제든 불러주세요."

•

돌아갈 집이 있다면 이 모든 게 더 쉬웠을까, 아니면 더 어려웠을까? 다른 갈 곳이, 나를 받아줄 사람이 없다는 걸 알면 사람은 대담해지는 동시에 소심해진다. 오로지 자기 자신만 책임진다는 건 자신의 실수를 스스로 교정해야 한다는 뜻이자 자신의 실수가 남에게 상처를 주지 않는다는 것이다—여기엔 밀고 당기는 장단점이 있다.

과거에 돌아갈 집을 두고 여행했을 때는 창문을 통해 비추는 아침 햇살이나 따뜻하고 안전한 실내에서 창밖에 내리는 눈을 보는 것, 음악과 친구들로 채워진 공간, 웃음과 대화가 가득한 낭만적인 이상이 내 발목을 잡아당겼다. 여행을 계획보다 짧게 마치거나 여행 막바지 며칠을 내 방 침대를 그리워하며 보낸 뒤 집에 돌아오면 싸늘한 집과 언제나처럼 뭉쳐 있는 매트리스와 연락이 닿지 않는 친구들이 기다리고 있는 현실에 놀랐다.

나는 항상 내가 지금 있지 않는 장소를 갈망한다. 집에 있을 때는 한없이 독서 시간이 주어지는 (조용한 객차 안에서 도무지 입을 다물 생각이 없는 두 취객이나 고성으로 떠드는 젊은 여자들과 함께하지 않는) 장거리 기차 여행을 꿈꾼다. 새로운 맛과 냄새와 사람들을 꿈꾸지, 호텔 침대에 누운 채 일어나서 밥을 먹으러 가자고 스스로를 설득하는 자신을 꿈꾸지 않는다.

여행 중에는 집이 빛나는 완벽함의 성소로 여겨진다. 연인은 흠잡을 데 없고 친구들은 필요할 때 내게 달려와 주며 내가 프리랜서로 하는 작업의 보수가 제때 주어진다.

내가 쌍둥이라면 한 사람을 집에 남겨 가정을 돌보게 하고 다른 한 사람은 오디세우스처럼 바다 너머로 모험을 보내겠다.

또다른 방황을 시작하며

나는 나를 받아줄 가족을 찾아 나섰다가 그 대신
유령으로 가득한 서재만 발견했다.
집을 찾으러 나섰다가, 그 대신 세상을 발견했다.

두 사람은 질척한 노스탤지어에 빠져 모든 걸 망쳐버리는 대신 각자의 역할을 전형적으로 완벽하게 해낼 것이다.

∙

방에 말벌이 들어와서 호텔 복도에 서 있다. 녀석이 모퉁이에 도사리고 있을 때는 괜찮았는데 내 머리를 향해 돌진하기에 얼른 도망쳐 나왔다. 이제 뭘 어찌해야 할지 모르겠다. 베개를 들고 나와 여기서 자야 할지도 모른다. 녀석은 열린 발코니에는 도통 관심이 없어 보이니까.

남자가 내 옆을 지나가며 말을 건다. 뭘 하고 있느냐고 묻는 듯하다. "말벌요." 이해하지 못하는 기색이라 나는 손가락으로 작은 더듬이를 그려 보이고 붕붕 소리를 내며 원을 그린다. "말벌요."

"아!" 그가 내 방으로 직진해 들어가더니 주머니에서 칼을 꺼내 말벌을 찌른다. 녀석은 단숨에 죽는다.

오디세우스, 드디어 당신을 찾았군요.

"이리 와요. 먹어요." 그가 아래층으로 손짓하며 말한다.

여자가 내게 푸성귀와 고기와 감자와 토마토가 얹힌 접시를 내준다. 그리고 내가 알아듣지 못하는 언어로 말을 건다. 나는 그녀가 웃을 때 웃고 그녀가 말을 멈추면 고개를 끄덕이고 그녀가 다시 말을 이으면 더 말해보라는 표정으로 미소를 짓는다. 나는 접시에 올리브오일을 듬뿍 뿌린다. 평생 이렇게 피부가 좋았던 시절이 없었다. 그도 그럴 것이, 올리브유를 병째 마시다시피 하고 있으니.

우리는 함께 석류 씨앗을 심는다. 그녀는 나보다 배는 재빠르다. 손가락 끝이 루비빛으로 물든다. 이만 가야겠다고 말하자 그녀는 씨앗과 아몬드와 황금빛 건포도를 그릇 가득 담아 간식으로 삼으라고 한다. "내일?" 그녀가 식탁을 손으로 가리키며 말한다. 그래, 내일.

●

나는 둘로 찢어졌다. 여기 영원히 머물 수 있을 것 같다. 아침에 동전을 던진다. 앞면이 나오면 떠난다. 뒷면이 나오면 머문다. 뒷면이다.

●

올해는 내내 돌아갈 집이 없어서 노스텔지어가 머리를 들지 못했다. 슬슬 이게 내게 맞는다고 생각하는 참이었다. 고향처럼 느껴지는 도시가 여태 없었다는 건 앞으로도 없으리라는 뜻일 테다. 뒤집어 보면, 모든 도시가 내게는 똑같이 고향이라는 뜻이다.

길을 떠나면서 한 도시라도 내게 말을 걸 줄 알았다. 마음속 깊은 곳에서 드디어 집에 도착했다는 기분이 들 줄 알았다. 방 건너편의 누군가에게 시선을 고정하고선 "저 남자와 결혼할 것 같아"라고 말하는 것처럼. 그 확신이 부럽지만, 무언가가 영원히 정해진다는 건 무섭다. 여기서 부럽다는 건 언니의 아이와 친구들의 결혼과 아버지의 성공적인 지역 사업이 부러운 것과 같다. 다시 말해 내게 어쩌다가 그런 것이 주어진다면 즉시 그것을 잃어버릴 방법을 찾아 헤맬 거라는 뜻이다.

나는 거리를 두고 부러워하는 편을 선호한다. 윤곽선이 너무나 아름답게 흐려진 저 멀리에서.

이 여정에서 나는 하나의 도시를 선물로 받진 못했지만, 그만큼이나 넉넉한 것을 얻었다. 세상 속을 누비는 능력을 얻었다.

◦

아침에 동전을 던진다. 앞면이 나오면 떠난다. 뒷면이 나오면 머문다. 뒷면이다.

◦

다시 주방 식탁에 앉는다. 오늘은 아들도 동석한다. 오늘의 화제는 마을이다. 아들은 몇몇 부분을 개선하면 다시 관광객을

또다른 방황을 시작하며

끌 수 있으리라고 말한다. 요즘 관광객들은 유기농과 자연 그대로의 식품, 고급 음식을 원하지 싸구려 플라스틱을 원하지 않는다. 그는 관광객들에게 유기농을 줄 수 있다.

그의 어머니가 말을 시작한다. 나는 그녀를 보며 가만히 미소 짓는다. 그러나 아들이 다시 나를 대화에 끌어들인다. 어머니의 말을 끊고 자기 말을 시작하지만 어머니 역시 아직 할 말이 많은 듯하다. 아들은 성난 표정으로 어머니를 볼 뿐, 그녀의 말을 통역해주지는 않는다. 어머니는 슬픈 얼굴로 고개를 숙인다.

아들은 다시 돈 얘기를 꺼낸다. 그는 이곳 부모님의 호텔에서 일하고 올리브 밭에서 일하고 아테네의 호텔에서 부기를 맡고 있다. 아버지는 호텔을 운영하고 시장에 내놓을 식품을 재배하고 와인과 오일을 만든다. 어머니는 다른 호텔에서 청소를 하고 커튼과 식탁보 재봉을 한다. 모두가 이렇게 일을 많이 하는데 돈이 없다.

어머니가 여전히 슬픈 목소리로 무언가 말한다. 아들이 마침내 통역해준다. "영어를 할 줄 알아서 대화를 알아들을 수 있으면 좋겠다고 하네요." 아들이 어머니를 보고 웃는다.

나는 그녀의 손을 건드린다. 우리는 함께 미소 짓는다.

•

아침에 동전을 던진다. 앞면이 나오면 떠난다. 뒷면이 나오면 머문다. 뒷면이다.

●

마을은 거의 비어 있다. 열린 건 식료품 시장 하나뿐이다. 대부분의 음식점이 봄까지 쭉 영업을 하지 않는다. 길 아래의 호텔은 문은 열려 있지만 로비에 사람이 있는 걸 본 적이 없다. 내가 머무는 호텔의 손님은 나와 다른 커플이 전부다. 어떤 날은 하루 종일 싸우고 싸우고 싸우는 소리가 들린다. 다음 날은 하루 종일 섹스하고 섹스하고 섹스하는 소리가 들린다.

욕조가 없다는 게 내가 이곳에 영구적으로 정착하지 못하는 유일한 이유다. 나는 전기주전자로 물을 덥히고 큰 그릇에 담아 컵과 수건과 비누로 몸을 닦는다. 마을에 인적이 없을 때는 벌거벗은 채 바다로 걸어 들어갔다가 햇볕에 몸을 말린다.

읍내로 나가 후추를 뿌린 돼지고기와 치즈, 테이블와인으로 저녁을 먹는다. 거의 매일 밤 손님은 내가 유일하다. 주인이 공짜 와인과 음식과 치즈와 빵을 준다. 그가 내게 보여주는 약함과 관대함의 조합이 나를 돌게 만든다. 이곳은 약하다. 다시 변해야 할 것이다. 어떻게든 다시 시작해야 할 것이다. 그 과정에서 이곳 사람들이 다칠지도 모른다. 예감이 든다. 나는 어두운 밤이 어떤지 안다.

또다른 방황을 시작하며

그럼에도 세상은 너무나 아름답고 멋진 곳이라, 한순간이라도 여길 떠나겠다는 생각을 했다는 게 믿기지 않는다. 그래, 지금 난 취했지만 그렇다고 해서 이 선언이 진실하지 않은 건 아니다.

●

아침에 동전을 던진다. 앞면이 나오면 떠난다. 뒷면이 나오면 머문다. 뒷면이다.

●

페넬로페가 마침내 남편을 알아보는 그 장면은 언제나 나를 무너뜨린다. 당신은 내 남편이 아니야, 당신은 내 남편이 아니야, 하며 그토록 오랫동안 기다려온 사람을 알아보길 거부하는 내면의 싸움. 친절한 신이 내려와 '이게 네 남편이야, 멍청아' 라고 말해줬더라면 좋았을 것이다. 네가 몇년 동안 수평선을 바라보며 기다려온 사람이 지금 네 눈앞에 서 있어.

기다리던 남편은 텁수룩하게 수염을 기르고 혹이 난, 기묘한 모습으로 돌아온다. 우리는 문을 닫고 내가 기다리던 건 이게 아니라고, 썩 꺼지라고, 진짜가 금방 나타날 거라고 말한다.

나를 구해줄 것을 돌려보낸 적이 몇번인가? 내게 주어졌으나, 보지 못하거나 거절한 선물들. 나는 나를 받아줄 가족을 찾아 나섰다가 그 대신 유령으로 가득한 서재만 발견했다. 집을 찾으러 나섰다가, 그 대신 세상을 발견했다.

．

아침에 동전을 던진다. 앞면이 나오면 떠난다. 뒷면이 나오면 머문다. 앞면이다. 떠날 시간이다.

● 　이 책을 사랑하지 않을 도리가 없다. 바닥에 있기 때문에 떠날 수밖에 없었던 사람, 움직이지 못하기 때문에 오직 꿈꾸었던 사람, 자신이 여성이라서 기록될 방식을 쓸쓸하게 회의해본 사람이라면, 제사 크리스핀이 왜 죽은 이들과 대화를 나누기 위해 길 위에 섰는지 이해하리라. 이것은 절박한 여행의 기록이며, 망설임 없는 존재의 증명이다. 아, 나도 이런 글을 쓰고 싶다.

이다혜(『씨네21』기자, 작가)

● 　누구나 탈주를 꿈꾼다. 나에게 붙여진 이름들로부터. 선택지는 생각보다 좁다. 은둔하거나, 죽음을 실행하거나, 실종되거나. 작가는 실종을 선택했다. 정확하게는 자신을 게워냈다. 그리고 그 자리에 타자의 삶을 앉힌다. 일종의 빙의다. 죽은 예술가들의 고통을 추적하면서 그녀는 그들이 되어 꿈을 꾸고, 질문한다.
　그녀는 해가 지면 땅이 아니라 하늘의 지도를 보면 된다고 썼다. 그녀는 알고 있다. 이미 있는 지도는 모험의 여정을 담지 못한다는 걸. 그녀의 지도에는 취한 사람들이 있다. 건물들에 붙여진 추상적인 이름과 영광이 아니라, 재현할 수 없어서 다만 더듬을 수 있는 뒷골목, 그곳을 비틀거리며 지나 침대로 기어갔을 외로운 밤들을 추적하며 지도를 다시 그린다.

젠더를 해체하고 나치 독일군에게 반나치 선전물을 돌린 퀴어 예술가 자매이자 연인, 피해자서사에 갇혀 가부장과 공모한 여성 작가, 남성의 마차에 올라타 모험을 할 수 밖에 없었던 여성, '위대한 천재' 작가의 아내였기에 천재의 아내로만 불렸던 존재, '위대한' 시인의 청혼을 무시하고 인생의 통제권을 쥐고자 악마에게 영혼을 팔았던 여성. 작품과 역사에서 각주로만 달렸던 여성들. 그녀는 이들에게 실망하기도 하고 연민에 젖기도, 혼쭐을 내기도 한다. 같은 공간에 앉아 함께 취하면서. 그녀의 한탄에 공감하며 나는 분노를 일으키는 의문들을 안주 삼아 씹었다. 여성의 투쟁은 왜 투정이 되는가. 남성 작가의 광기는 천재성이 되는데 왜 여성 작가의 광기는 (여성의 기본값인) 히스테리가 되는가. 그녀들의 독특한 감수성은 왜 자신의 것이 되지 못하고 자연의 산물, 숭고한 모성, 남성의 뮤즈로 전락하는가?

그녀는 다독이듯 역설했다. 변방이 가능성이고, 결핍이 영감이고, 제약이 창조성의 조건이 될 수 있다고.

그녀는 밖으로 나오라고 손짓한다. 혼자서 배낭을 메고 갈 수 있다고, 거기서 말라죽는 것보다는 길거리를 떠도는 것도 괜찮은 매혹이라고. 그녀는 고정된 정체성과 사방의 벽을 부수자고 은밀히 제안한다. 이 책은 그 도구가 될지도 모른다. 도덕의 부도덕성을 고발하고, 변방과 미지와 고통과 충동과 모험의 윤리를 말하는 그녀 역시 변방에서 다듬어진 날카로운 연필이다.

그녀의 방에 실종될 채비가 된 사람들을 초대하고 싶다. 변방과 주변부의 이름으로 한껏 억압받아온 모든 이들, 혐오의 목소리와 건물 사이에서 불확실한 삶을 응시하면서 현기증이 나는 이들을. 어지러운 세상에서 분노하고 무기력한, 그럼에도 심연과 방랑이 여전히 궁금해서 가슴 뛰는 사람들에게 이 책은 다양한 영감을 수혈해줄 것이다.

홍승희(작가)

● 『죽은 숙녀들의 사회』는 책에 관한 책이지만, 읽기에 관한 책이라고 말하는 건 실수일 테다. 이 책은 살기에 관한 책이다. 내게 통한 것이 당신에게도 통할 테다. 바로 당신 말이다! 지금 이 글을 훑어보면서 『죽은 숙녀들의 사회』를 읽을지 말지 망설이고 있는 당신. 당신도 크리스핀처럼 마음이 찢어진 적이 있거나, 남의 마음을 찢어놓았을 것이다. 술에 취해서 바닥에 누워 훌쩍인 적이 있을 것이다. 어떤 작가들은 당신의 인생에 큰 영향을 미쳤고, 책을 읽다가 작가를 죽이고 싶을 만큼 화가 난 적도 있을 것이다. 원한다면 그렇지 않은 척, 구질구질하지 않은 척할 수 있다. 하지만 당신이 정말 똑똑하다면 그 대신 이 책을 펼쳐 들고 당신과 닮은 영혼을 만나 삶을 조금 더 버틸 방법을 찾아낼 것이다.

『로스앤젤레스 리뷰 오브 북스』

●   어릴 적부터 독서에 몰두한 사람들은 삶을 문학과 떼놓을 수 없다. 죽은 작가들의 일기와 편지를 읽다보면 그들이 우리 주위 사람들보다 친숙하게 여겨지고 심지어 그들 역시 우리를 아는 듯 느껴지기도 한다. 『죽은 숙녀들의 사회』는 어떻게 살지 실험하는 이야기인 동시에, 그 실험을 위해 책들과 교감한 기록이다.

『가디언』

●   『죽은 숙녀들의 사회』는 치열한 투쟁과 명료한 혼란을 담고 있다. 그리고 아주, 아주 재미있기도 하다. 이 책은 시시각각 모습을 바꾸며 돌아다니는 야수 같다. 세련된 만큼이나 거칠고, 치열한 만큼이나 별난.

『시카고 트리뷴』

죽은 숙녀들의 사회
유럽에서 만난 예술가들

초판 1쇄 발행 / 2018년 1월 25일
초판 3쇄 발행 / 2018년 5월 8일

지은이 / 제사 크리스핀
옮긴이 / 박다솜
펴낸이 / 강일우
책임편집 / 한인선
조판 / 신혜원
펴낸곳 / (주)창비
등록 / 1986년 8월 5일 제85호
주소 / 10881 경기도 파주시 회동길 184
전화 / 031-955-3333
팩시밀리 / 영업 031-955-3399 편집 031-955-3400
홈페이지 / www.changbi.com
전자우편 / nonfic@changbi.com

한국어판 ⓒ (주)창비 2018
ISBN 978-89-364-7451-5 03300